PPP
从理论到实践

王天义 刘世坚 罗桂连 邬彩霞 / 著

中信出版集团·北京

图书在版编目（CIP）数据

PPP：从理论到实践 / 王天义等著 . -- 北京：中信出版社，2018.10
ISBN 978-7-5086-9221-0

Ⅰ.①P… Ⅱ.①王… Ⅲ.①政府投资－合作－社会资本－研究 Ⅳ.① F830.59 ② F014.39

中国版本图书馆 CIP 数据核字（2018）第 155510 号

PPP：从理论到实践

著　　者：王天义　刘世坚　罗桂连　邬彩霞
出版发行：中信出版集团股份有限公司
　　　　　（北京市朝阳区惠新东街甲 4 号富盛大厦 2 座　邮编　100029）
承　印　者：北京诚信伟业印刷有限公司

开　　本：787mm×1092mm　1/16　　印　　张：22.75　　字　　数：206 千字
版　　次：2018 年 10 月第 1 版　　　　印　　次：2018 年 10 月第 1 次印刷
广告经营许可证：京朝工商广字第 8087 号
书　　号：ISBN 978-7-5086-9221-0
定　　价：90.00 元

版权所有·侵权必究
如有印刷、装订问题，本公司负责调换。
服务热线：400-600-8099
投稿邮箱：author@citicpub.com

前言

PPP（Public-Private Partnership，政府与社会资本合作）这个词在国内的流行始于2014年，是中央政府及有关部委积极推动的结果。推广PPP旨在扩大国内基础设施投资，提高公共服务的效率，推动政府治理的现代化。更进一步，通过在国内推广PPP模式的经验积累，熟悉、对接、完善甚至主导国际PPP标准与惯例，支持国内企业通过PPP模式走出去，积极参与全球各国特别是欠发达国家的巨大基础设施投资建设运营市场，体现了我国经济高质量发展和提升国际竞争力的现实需要。

从理论和理念层次看，PPP是指负责提供基本公共服务（及相关公共基础设施）的各级政府，遵循公共治理理念，与各利益相关方合作，整合包括设计、融资、建设、运营、维护等方面的优质资源，让各方各尽所能并按对最终绩效的实际贡献获取合理利益，目的是扩大基本公共服务的提供能力并尽力提高基本公共服务全生命周期的综合效率。

理论与理念层次上的PPP，是不考虑现实约束的理想化状态，犹如完全竞争的市场结构，并非现实世界中的实际状况。实践中推行PPP模式，需要总结和借鉴国内外的经验和教训，需要尊重历史、立足现实、适度超前，在行稳致远、规范发展的前提下适度追求"诗和远方"。

基础设施项目投资规模大、投资回收期长，涉及普通民众生存权和区域发展权，涉及能力和资源差异很大的地方政府及其下属公共机构，涉及策划、规划、设计、融资、施工、建设、运营、维护等各类市场主体，特别需要相对稳定的法律政策环境，让各方形成并维持合理、长期、稳定、可信的预期。

现实世界中推进PPP模式，需要在PPP核心理念的指导下，根据不同国家的法律政策环境、不同行业的竞争结构、不同项目的边界条件，量身定制实施模式、交易结构、合同体系和规制机制。PPP模式是很多国家基础设施投资建设的模式之一，但不能说是优选模式。截至目前，全球PPP项目数超过1 000个的国家只有两个，一个是中国，一个是巴西。作为PPP概念起源地和PPP模式输出国的英国，也只实施了700多个PPP项目。日本有500多个PPP项目，平均规模折合成人民币为几个亿，项目数不算太多，项目规模也不算太大。新加坡十几年来只推出了十几个PPP项目，大致平均一年一个。中国最近几年风风火火的PPP实践，经验不少，教训也很深刻。

国内要推广PPP模式，还存在以下主要制约因素：

（1）缺乏权威规范的法规政策支持，与现行相关法律还存在不一致甚至冲突。

（2）地方政府的公共治理能力不足，甚至经常会出现行为不当乃至违约现象。

（3）地方政府的规制与监管能力不足，普遍缺乏这方面的能力和团队积累。

（4）缺乏众多合格的候选投资者，组建联合体还存在诸多问题和挑战。

（5）民营企业存在进入限制，特别是融资成本较高，存在竞争劣势。

（6）难以实现基于项目/资产现金流的融资模式，无法普遍实现有限追索或无追索的项目融资模式。

（7）缺乏中长期稳定资金支持，适合以股权方式投资公共基础设施项目的金融产品仍然缺位。

（8）缺乏合格的批量PPP咨询项目负责人，咨询市场特别混乱。

面对这些制约PPP模式推广的短板，需要在理论理念、法律政策、实践操作等方面总结经验，提供系统性交流与引导，掌握PPP项目的实施要领，防止出现全面性失误和系统性风险。为此，我来牵头，邀请在基础设施市场化运作领域有丰富实践经验积累的专业人士，共同编写本书。

总体结构上，本书分为三个部分。第一部分为理论篇，包括第一至第四章，由我与清华大学PPP研究中心主任助理邬彩霞博士共同撰写。第一章聚焦PPP的概念解读，界定PPP的定义，提出PPP的三大核心要素和模式集群，解析基于中国现实的PPP模式。第二章介绍PPP的理论依据，梳理PPP的思想起源和理论基础。第三章论述PPP的关键理念，包括"风险分担和利益分享、合理回报、契约精神、物有所值、力所能及、长期稳定"等在内的六大核心理念。第四章为PPP的价值认知，从项目、国家、国际三个层面，系统论述推广应用PPP的价值与意义。

第二部分为法规篇，包括第五、六章，由北京清控伟仕咨询有限公司总经理刘世坚撰写。该篇从PPP模式在我国的发展阶段划分入手，就PPP相关立法情况进行系统性梳理，并着重分析了2014年以来出台的一系列PPP政策文件。以此为基础，提炼得出中国PPP立法所面临的四大问题及对应解决方案，并对PPP立法体系的整体搭建给出了明确的建议。

第三部分为实践篇，包括第七、八章，由中国国际工程咨询有限公司研究中心投融资咨询处处长罗桂连博士撰写。第七章介绍PPP项目操作流程中涉及项目储备、项目论证、社会资本方选择、项目执行等关键环节的重点工作任务及其要点。第八章介绍基础设施的项目特点、实施模式、项目融资和资产证券化的实务要点，探讨在国内推进基础设施 REITs 的发展路径与政策建议，还介绍了十余个具有可复制、可推广意义的典型案例。

本书主要定位于满足资深专业读者加深知识理解和接受最新行业信息的系统需求，同时还能满足经验相对欠缺的读者构建知识结构的初步需求，也适合作为学生的教材或参考书。本书可以帮助读者突破知识瓶颈，通过介绍必要的理论知识、法规政策及实践案例，帮助他们更深入地掌握 PPP 模式的核心要点。本书特别适合于以下目标群体：

（1）负责基础设施项目的政府部门，特别是相关部委、地方政府主管部门及下属公共机构，财政部门、审计机构等政府监管部门。

（2）战略投资者，如建筑施工企业、运营及服务供应商、技术提供商、设施管理商等。

（3）财务投资者，如保险公司、养老基金、基金管理公司及商业银行。

（4）国有及民营基础设施企业，如燃气公司、水务公司、环保基础设施公司、机场投资者、片区开发商等。

（5）支持社会资本参与基础设施投资的国际组织，如世界银行(World Bank)、亚洲基础设施投资银行（AIIB）、丝路基金等。

PPP 是个"好东西"，但容易被"用坏"，容易被政府用坏，容易被企业用坏，也容易被中介机构等用坏。用好 PPP 不容易但也不难，本书希望能帮助读者得出这个结论，并帮助读者获得做 PPP 不难的系统性能力。习近平总书记在 2018 年全国生态环境保护大会讲话中指出：要充分运用市场化手段，采取多种方式支持政府与社会资本合作项目。

王天义

2018 年 7 月于北京

目录

理论篇

第一章
PPP 的概念解读 3

第一节 PPP 的概念界定 4
　　一、海外机构及政府对 PPP 的定义 5
　　二、中国政府对 PPP 的定义 7
　　三、海内外学者对 PPP 的见解 9
第二节 PPP 的三大要素 10
　　一、合作主体 11
　　二、合作内容 11
　　三、合作关系 12
第三节 PPP 的模式集群 14
　　一、PPP 操作要素与模式集群 14
　　二、PPP 典型模式介绍 17
　　三、各国 PPP 模式应用述评 19
　　四、基于中国现实的 PPP 模式解读 22

第二章
PPP 的理论依据 27

第一节 公共产品理论 29
　　一、私人产品与公共产品 29
　　二、私人产品与市场效率 31

三、公共产品与市场失灵　32

四、PPP 模式与政府失灵　35

第二节　契约理论　37

一、契约与契约理论　37

二、契约与契约精神　40

三、PPP 与契约理论　41

第三节　合作剩余理论与交易成本理论　44

一、合作剩余理论　44

二、交易成本理论　47

第三章
PPP 的理念认同　51

第一节　风险分担和利益分享　52

一、PPP 项目中的风险　53

二、风险分担的基本原则　54

三、利益分享　55

四、风险分担与利益分享的机理　56

第二节　合理回报　57

一、合理回报是 PPP 的核心理念　57

二、合理回报的内涵　58

三、合理回报的量化指标　60

第三节　契约精神　61

一、契约精神的重要内容　61

二、契约/信用是现代文明的基石　62

三、PPP 中的契约精神　63

四、妥协精神　63

第四节　物有所值　64

一、物有所值的含义　65

二、物有所值的评估　65

三、其他国家的做法　67

第五节　力所能及（财政承受能力）　68

　　　　一、PPP 项目财政承受能力论证　68

　　　　二、财政承受能力论证的基本要求　69

　　　　三、财政承受能力论证的意义　70

　　　　四、财政承受能力论证的主体及内容　70

　　第六节　长期稳定　71

第四章

PPP 的价值认知　73

　　第一节　项目层面　75

　　　　一、融资价值　75

　　　　二、效率价值　77

　　第二节　国家层面　78

　　　　一、PPP 模式与新型政企关系　79

　　　　二、PPP 模式与国家治理能力现代化　82

　　　　三、PPP 模式与契约精神　84

　　第三节　国际层面　86

　　　　一、PPP 模式与"一带一路"　86

　　　　二、PPP 模式与可持续发展　90

法规篇

第五章

国际 PPP 规范解读与借鉴　101

　　第一节　国际组织相关规定　102

　　　　一、欧盟法下 PPP 的类别　102

　　　　二、政策目的　104

　　　　三、PPP 的定义　106

　　　　四、立法概况　107

　　　　五、参与主体　107

　　第二节　法国与英国的 PPP 法规　110

　　　　一、法国　110

　　　　二、英国　114

第六章

中国 PPP 法规体系　117

第一节　历史沿革——PPP 1.0：特许经营法规体系　118
- 一、概述　118
- 二、2014 年之前 PPP 领域的主要立法　122

第二节　发展近况——PPP 2.0：2014 年以来的 PPP 法规体系　124
- 一、中共中央与国务院的政策法规　124
- 二、国家发展改革委的规章及规范性文件　130
- 三、财政部的规章及规范性文件　133
- 四、其他部委和地方立法　137

第三节　问题与建议——PPP 3.0：PPP 立法的问题与建议　138
- 一、长远规划　138
- 二、法律冲突及解决方案　138
- 三、部委在管理 PPP 中的分工问题　154
- 四、潜在争议　155

第四节　PPP 立法体系建议　155
- 一、适合通过立法解决的问题　156
- 二、适合通过法律解释、政策性规定和操作指引解决的问题　159
- 三、适合通过合同指南及示范文本解决的问题　164
- 四、小结　164

实践篇

第七章

项目操作及流程　169
第一节　项目储备　170

一、项目策划　170
　　　二、进入项目库　174
　　　三、纳入实施计划　178
　　　四、建立工作机制　179
　第二节　**项目论证**　182
　　　一、项目前期准备工作　183
　　　二、编制 PPP 实施方案　185
　　　三、物有所值评价　193
　　　四、财政承受能力论证　197
　　　五、论证与审批　200
　　　六、起草合同草案　201
　第三节　**社会资本方选择**　204
　　　一、资格预审　204
　　　二、编制响应文件　206
　　　三、评审与比选　207
　　　四、合同确认谈判　208
　　　五、合同签约与审批　209
　第四节　**项目执行**　210
　　　一、设立项目公司、落实融资并正式
　　　　 签约　210
　　　二、组织项目建设与运营维护　211
　　　三、监管、绩效评价与支付　211
　　　四、争议解决机制与再谈判　211
　　　五、项目终止、移交和后评价　212

第八章
项目融资　213
　第一节　**基础设施及其实施模式**　214
　　　一、基础设施的分类　214
　　　二、多层级的实施主体　216
　　　三、多元化的公共资源　217
　　　四、主要实施模式　219

IX

　　　　五、实施模式的演进　224
第二节　**项目融资要点**　234
　　　　一、基础设施项目的投资特征　235
　　　　二、项目融资的特征　235
　　　　三、融资方案设计　237
　　　　四、股权融资要点　239
　　　　五、债务融资要点　243
　　　　六、保险资金的参与　244
第三节　**基础设施资产证券化**　248
　　　　一、出发点　248
　　　　二、业务发展潜力　250
　　　　三、实务要点　251
　　　　四、面临的挑战　253
　　　　五、政策建议　255
第四节　**PPP 资产证券化**　256
　　　　一、政策要点　257
　　　　二、配套政策　261
　　　　三、首批产品情况　264
　　　　四、发展 PPP 资产证券化的建议　268
第五节　**基础设施 REITs**　271
　　　　一、国外基础设施 REITs 的发展概况　272
　　　　二、基础设施 REITs 的合格基础资产　275
　　　　三、我国基础设施 REITs 的发展展望　276
第六节　**项目融资典型案例**　281
　　　　一、案例1：上海老港垃圾填埋场
　　　　　　项目　281
　　　　二、案例2：中信苏埃通道及统征地
　　　　　　项目　289
　　　　三、案例3：中建青浦重固镇项目　293
　　　　四、案例4：池州污水处理及市政排水 PPP
　　　　　　项目　298

五、案例5：开封市民生养老院PPP项目 304

六、案例6：宁波 "五路四桥" 存量PPP项目 311

七、案例7：青岛地铁4号线项目 313

八、案例8：上海自来水浦东公司股权转让国际招商项目 314

九、案例9：隧道股份BOT项目专项资产管理计划 330

十、案例10：中信证券-首创股份污水处理费收益权资产支持专项计划 335

理论篇

本篇通过分析PPP的思想起源，介绍国内外有关机构、学者对PPP的定义，对PPP的概念进行精准解读。随后梳理PPP的相关概念和理论依据，介绍支撑公私之间、政企之间实现伙伴式平等友好合作，需要认同并自觉坚守的共同理念，以及PPP在项目层面、国家层面和国际层面的价值认知和现实意义。

第一章
PPP的概念解读

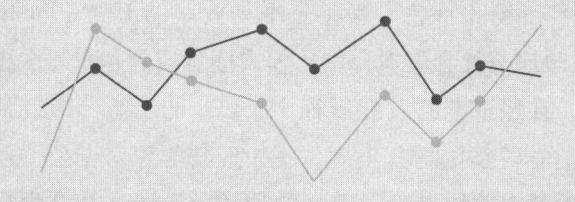

公共产品（基础设施和公共服务）在一国经济社会发展和民众生活中起着非常重要的作用。在传统模式中，因为存在市场失灵，通常由政府部门提供公共产品；但从世界各国的发展现实来看，公共产品政府单一供给模式出现了诸多问题和弊端，普遍出现了政府失灵。于是各国开始积极探索供给主体多元化的发展模式，公共产品供给的市场化改革已经成为各国关注的焦点和热点，其中，带有半行政化和半市场化特色、兼顾公平与效率的 PPP（Public-Private Partnership，政府与社会资本合作）模式逐步成为越来越多国家的重要发展方向。在经济学的发展历程中，PPP 的思想，即公私合作的思想在不同的学科领域均有出现，不少经济学家对于公共产品的提供方式、供给效率等均有不同程度的论述，形成了 PPP 发展的重要思想起源和理论基础。在 PPP 快速发展的当下，精准解读 PPP 的概念对于指导 PPP 实践，具有重要的现实意义。

第一节
PPP 的概念界定

PPP 作为一种理念、机制、模式，没有数理化般的统一的精准定义，但世界各国、各机构及学者们对 PPP 有着大同小异的界定。

一、海外机构及政府对 PPP 的定义

表 1.1 列举了部分海外机构及有关国家对 PPP 的概念界定。

表 1.1　PPP 概念界定

机构/国家	PPP 定义
联合国开发计划署（UNDP）	PPP 是指政府、营利性企业和非营利性组织基于某个项目而形成的相互合作模式。通过合作，政府与私人部门共同合理分担责任与风险，最终实现各方获得更多的收益
联合国亚太经济与社会理事会（ESCAP）	通过具有法律效力的合同或其他机制，PPP 的参与各方同意在基础设施项目的实施、经营和管理过程中共担责任。合理分享资源和收益，分担职责和风险。参与各方发挥各自优势满足公共需求。PPP 是一种更优的可行的项目实施机制，而不仅是基础设施服务问题的一种解决途径
世界银行（World Bank）	私人部门和政府机构间就提供公共资产和公共服务签订的长期合同，而私人部门须承担实质性风险和管理责任[①]
国际货币基金组织（IMF）	PPP 通常是指两个主体的长期合约，在该合约中，一个主体获取或建设一种资产或一系列资产，运营一段时期，然后把资产转移给第二个主体。这种合约通常发生在私人企业和政府之间[②]
亚洲开发银行（ADB）	为开展基础设施和提供其他服务，公共部门和私人部门主体之间可能建立的一系列合作伙伴关系。公共部门即政府部门，包括施工部门、组织部门、市政单位及国有企业。私人部门可以是国内的，也可能是国外的，包括在技术或资金方面有优势的企业或投资者，还可能包括非政府组织和（或）社区组织[③]

[①]资料来源：世界银行. PPP 模式应用指南［M］. 2 版. 北京：中国建筑工业出版社，2016：140.

[②]资料来源：国际货币基金组织. 公共部门债务统计：编制者与使用者指南［EB/OL］. http://www.tffs.org/PSDStoc.htm.

[③]资料来源：亚洲开发银行. 公私合作手册［R］.（2008 - 09）：1.

(续表)

机构/国家	PPP 定义
经济合作与发展组织（简称经合组织，OECD）	PPP 意味着公共资产的临时私有产权，这些权利是政府对基础设施建设、经营的让渡，最终会转移给政府。公私合作因结构不同而形式多样，但有两个关键特征：一是创造出不同于直接采用公共采购的资金流，二是政府载体与 PPP 公司或特殊目的载体（Special Purpose Vehicle，简称 SPV）签署单独合同，而不是政府机构直接与多个供给主体之间签署多个合同[①]
欧盟委员会（European Commission）	公共部门与私人部门之间的合作关系。双方根据各自的优劣势共同承担风险和责任，以提供本由公共部门负责的公共服务
英国	英国政府 2000 年发布的政策性文件《PPP——政府的方法》中从三个方面定义了 PPP：第一，转让一部分股份，通过各种结构安排在国有企业中引入社会资本；第二，PFI（Private Finance Initiative，私人融资计划）和其他安排，通过私人融资和承担风险形成激励机制，实现政府部门利用私人融资激励下所带来的社会资本在管理和技术上的优势，长期购买到高品质的服务；第三，将政府服务推向更广阔的市场或向其他合作方安排出售，利用社会资本的专业知识和融资开发政府资产的商业潜能[②]
美国	美国 PPP 国家委员会将 PPP 定义为一种公共产品的提供方式，介于外包和私有化之间，公共部门为满足公共需求，充分利用私人部门的资源，对公共基础设施和服务进行设计、建设、融资、经营和维护
加拿大	加拿大 PPP 委员会将 PPP 定义为公共部门和私人部门基于各自的经验建立的一种经营关系，通过适当的资源分配、风险分担和利益共享，满足公共需求

①资料来源：张碧波. 我国公共产品供给中的公私合作问题研究［D］. 2015 – 07。

②资料来源：HM Treasury. Infrastructure Procurement：Delivering Long-Term Value［R］. 2008 – 03。

从公共政策与公共管理的角度来看，PPP 可以表述为涉及私人部门和公共部门合作的总称，它的目标是基于互惠和共同利益把公共部门和私人部门各自的最优能力组合起来，最常见的类型是基础设施领域的项目合作，这类项目建立在公共部门和私人部门长期合约的基础上，包括一系列的项目设计、建设、运营和（或）资产维护及私人部门提供融资等构成要素。①

从上述诸多概念界定中，我们可以看出几点：一是尽管叙述有长短有侧重，但大同小异，有很好的一致性，二是在海外，Public（公共部门）具有多元性，而 Private（私人部门或私人企业）具有单一性，特别是在西方发达国家，公共部门不等于政府，政府当然是公共部门，而社区组织、非政府机构等也都是公共部门。

二、中国政府对 PPP 的定义

虽然 BOT（建设 - 运营 - 移交）、TOT（转让 - 运营 - 移交）等特许经营（concession）模式在中国已有 20 多年的应用实践，但中国官方正式将 PPP 概念引入国内还是 2014 年的事。中华人民共和国国家发展和改革委员会（简称国家发展改革委）在《国家发展改革委关于开展政府和社会资本合作的指导意见》（发改投资〔2014〕2724 号）中定义了 PPP，即政府为增强公共产品和服务供给能力、提高供给效率，通过特许经营、购买服务和股权合作等方式，与社会资本建立的利益共享、风险分担及长期合作关系。2014 年 9 月财政部下发的《关于推广运用政府和社会资本合作模式有关问题的通知》（财金〔2014〕76 号）指出："政府和社会资本合作模式是在基

---

① 资料来源：孟艳. 公私合作伙伴关系的全球发展趋势及政策启示［J］. 理论学刊，2013（5）.

础设施及公共服务领域建立的一种长期合作关系，通常模式是由社会资本承担设计、建设、运营、维护基础设施的大部分工作，并通过'使用者付费'及必要的'政府付费'获得合理投资回报。政府部门负责基础设施及公共服务的价格和质量监管，以保证公共利益最大化。"之后，财政部又给出了更为精准的定义：PPP是政府与社会资本为提供公共产品或服务而建立的"全过程"合作关系，以授予特许经营权为基础，以利益共享和风险共担为特征。通过引入市场竞争和激励约束机制，发挥双方优势，提高公共产品或服务的质量和供给效率。

无疑，中国政府是在借鉴诸多国际机构和有关国家PPP概念界定的基础上，提炼形成既遵循PPP本义又考虑中国国情的中国式定义。在中国政府的这个定义中，PPP中的3个P（Public、Private和Partnership）都有了中国式变通，体现了中国特色。我们把Public翻译成"政府"，因为在我国，公共部门基本可以与政府画等号，特别是负责基础设施和公共服务的机构更非政府莫属。我们把Private翻译成"社会资本"，主要的考虑是，在中国存在大量国有企业，包括中央国企和地方国企，它们曾是政府提供公共产品和服务的重要依靠。如今推广PPP模式，不能只限于民营企业或外资企业而排斥国有企业，这既不符合国情也不公平，但如果把国有企业也称为私人部门显然不妥，于是就用"社会资本"概括了民营企业、外资企业及国有企业。至于Partnership译为伙伴关系，用"合作"替代了"伙伴关系"，于是就有了PPP的中国式翻译：政府与社会资本合作。其实如果将"政府与社会资本合作"翻译成英文，可能连1个P都靠不上。我们曾建议，在我国将PPP更简洁明了地翻译为"政企合作"，"政"就是政府，"企"就是企业，包括民企、外企、国企等各类企业。

三、海内外学者对 PPP 的见解

佩里·戴维斯（Perry Davis）等（1986）指出，PPP 是企业、社会贤达和地方政府官员为改善城市状况而进行的一种正式合作。G. 佩尔森（G. Peirson）、P. 麦克布莱德（P. Mcbride，1996）认为，PPP 是指公共部门与私人部门之间签订长期合同，由私人部门实体进行公共部门基础设施的建设或管理，或由私人部门实体代表 1 个公共部门实体（利用基础设施）向社会提供各种服务。E. S. 萨瓦斯（E. S. Savas，2002）界定 PPP 是指公共和私人部门共同参与生产提供物品和服务的任何安排，具体是指一些复杂的、多方参与并被民营化了的基础设施项目。托尼·博瓦尔德（Tony Bovaird，2004）认为 PPP 是新型的合作伙伴关系及联盟，与交易契约关系是有区别的，具有关系契约的特点，相应的治理方式也应吸收关系契约的治理原则。艾格斯（Eggers，2006）指出，PPP 是指政府机构与私人部门实体之间签署的协议，使得私人部门可以在公共基础设施的建设中发挥更大作用。[1] 耶斯考比（Yescombe，2007）认为，PPP 具有如下几大要素：这是公共部门和私人部门之间的长期合同；目的是由私人部门设计、建造、运营公共基础设施并负责融资；私人部门获得的回报分布在整个合同周期内，由公共部门支付或由社会公众作为使用者来支付；设施的所有权归公共部门，或者在合同结束时移交公共部门。[2] 穆斯塔法（Mustafa，2009）指出，PPP 的主要原则包括：一是购买服务而非资产；二是对公共部门要物有所值；三是项目风险由公共部门和私人部门分担；四是充分发挥私人部门的专业技能和经验；五是在基础设施建设中通盘考虑整

---

[1] 资料来源：EGGERS W D, STARTUP T. Closing the Infrastructure Gap: the Role of Public-Private Partnerships [R]. Deloitte, 2006。
[2] 资料来源：YESCOMBE E R. Public-Private Partnerships: Principles of Policy and Finance [M]. 1st ed. Netherlands: Elsevier, 2007。

个项目周期内的成本。①

中国学者也对 PPP 做了不同的概念解读。贾康、孙洁（2009），关书溪（2011），邹慧宁（2011），郑志强等（2011），连红军（2011），吴国方（2011），刘娟（2011）认为，PPP 是公共部门与私人部门在基础设施建设中通过正式协议建立起来的一种长期合作伙伴关系；朱秀丽等（2011），袁永博等（2011），李凤兰（2011），何寿奎（2009）提出，PPP 是公共部门与私人部门通过建立伙伴关系来提供基础设施产品/服务的一种运行机制；李金波（2011），王守清等（2011），陈柳钦（2006）指出，PPP 是企业获得政府的特许经营权，提供传统上由政府负责的基础设施、公用事业的建设与服务的方式；汪耿（2011），杨超、唐莹（2011）认为，PPP 是私人企业与公共部门合作的融资模式；姚媛媛（2011），叶晓甦等（2011），马君（2011）指出，PPP 是公共部门和私人部门为提供公共产品或服务、实现特定公共产品的公共效益而建立的项目全生命周期合作的契约关系；姚鹏程等（2011）认为，将投资新建 PPP 项目的决策问题定义为一个基于市场供需条件的公共产品服务的最优投资决策问题。②

第二节
PPP 的三大要素

从上述概念界定和 PPP 的内涵来看，PPP 有三大核心要素。

---

① 资料来源：ALSHAWI M. Concept and Background to Public-Private Partnership (PPP) /Private Finance Initiative (PFI): UK Experience [R]. OECD, 2009.
② 资料来源：叶晓甦. 我国公共项目公私合作（PPP）模式研究述评 [J]. 软科学，2013, 27 (6)。

一、合作主体

在具体PPP项目合作中公共部门与私人部门（政府与社会资本或企业）两个主体同时存在，缺一不可。大千世界合作广泛，公共部门之间可以搞合作，私人部门之间更是离不开合作，但这种公与公、私与私之间的合作不是PPP所界定和规范的对象，只有公与私之间、政府与社会资本或企业之间的合作才有可能形成公私伙伴关系，即PPP关系。关于合作主体，需要探究的问题之一就是地方政府的平台公司或地方融资类或城建类国有企业。这里应该明确两点：一是作为企业，平台公司或地方国企不可以代表政府方去做PPP，即不可以充当PPP中的第一个P，因为如此形成的是企企之间而不是政企之间的合作关系；二是平台公司或地方国企不可以与其直接归属的本地政府去做PPP，即也不可以充当PPP中的第二个P，因为政府平台公司或控股国企替本地政府为民众提供公共产品和服务就是经济学意义上的政府提供公共产品。但城市平台公司或地方国企可以与其他城市政府构建PPP关系，中央国有企业则可以与全国各地政府建立PPP关系。这两个"不"貌似苛刻，实则必要，利大于弊，对规范PPP应用有积极意义，否则太过于变通的现实会伤害PPP的健康发展。

二、合作内容

政企合作提供的基础设施、公共产品与公共服务是PPP的合作内容。换言之，如果政企合作制造的是私人产品（private goods）而不是提供基础设施和公共服务，那就不是PPP关系。经济学中讲公共产品（public goods），日常经济社会生活中，则更多时候将其称为基础设施（infrastructure）。基础设施可以分成经济类基础设施（economical infrastructure）和社会类基础设施（social infrastructure）。经济类基础设施体现的是比较物化的硬的设施，如路、水、电、暖、垃圾、污水处理，服务于个体与群体；社会类基础设施强调的是比较软化的核心服务，比如医疗、养老、司法等。

在当今世界范围内，各国基础设施的提供方式大致有3种：公立（Public）、私立（Private）与公私合立（PPP）。所谓公立，就是基础设施由政府或公共部门单独提供，如公立学校、公立医院等。所谓私立，就是基础设施由私人部门单独提供，如私立学校、私立医院等。对私立基础设施，政府往往要进行必要的价格管制。所谓公私合立，即PPP模式，针对社会类基础设施，由于存在设施和核心服务两个方面，在公私合立PPP模式中，又可以进一步分为3种形式：

一是私人部门既负责设施又负责核心服务，如养老院、公厕等，私人部门既负责物质设施的投资、建设与维护，同时又负责养老看护的管理与服务，政府负责价格管制和质量监管；二是私人部门负责设施，政府负责核心服务，如学校、医院、监狱等，私人部门主要负责物质设施的投资、建设与维护，而师资与教学管理、医务人员与医疗管理、狱警与犯人管理等核心服务仍由政府负责；三是政府负责物质设施的投资建设，私人部门负责核心服务，如大型体育设施，社会资本一般没有太大冲动去投资大型体育场馆，但是政府有这种需求，这种需求往往是一次性的特定重大赛事，之后日常的维护和经营由社会资本来承担，以提高经营效率，降低维护成本。

三、合作关系

PPP界定的是政企之间的一种特别关系，即伙伴关系。现实经济社会生活中，政府与企业之间存在多种关系，可以归纳为三大类：

一是分工关系。现代市场经济中，政府与企业都扮演着重要角色，而且有明确分工：企业是市场竞争的主体，也是资源配置的主体，即让市场在资源配置中发挥决定性的作用。企业是国力之基、财税之源、民生之本，在提升国家实力、增加政府税收、扩大民众就业等方面的作用是决定性的；而政府的职责则是维护市场竞争的公平秩序，同时弥补市场失灵，用企业及公民的缴税向社会提供公共产品和公共服务，以满足公共需求。显然，这样一种一般意义上的政企之间的分工关系不是PPP所要界定的，因为PPP是要界定具体政府与具体企业的某种具体关系。

二是监管与被监管的关系。具体政府与辖区内的具体企业之间的关系，是具体而生动的：企业合法经营，依法纳税，接受政府监管；而政府则要依法对企业进行监管，对违法企业进行处罚，对贡献大的优秀企业可以给予奖励等。显然，具体政府与具体企业之间的这种监管与被监管的关系也不是PPP所要界定的。

三是买卖关系。具体政府与具体企业存在的另外一种关系，就是买卖关系。企业作为生产者提供具体的私人产品，政府作为消费者购买企业生产的私人产品（如办公用品、车辆等），以满足政府机构运行的需要。显然，政企之间这种一次性短期买卖关系也不是PPP所要界定的。

既然政企之间的分工关系、买卖关系及监管与被监管关系都不是PPP所要界定的，那么PPP到底要界定哪种政企关系呢？我们知道，按照传统经济学的理论，由于存在市场失灵，私人企业不愿意提供社会共需的公共产品，所以只能由政府来提供，但政府在提供公共产品过程中由于存在垄断和竞争不足等原因而出现效率不高、成本不低、质量不好、服务不佳、民众不满的状况，这就是所谓的政府失灵。于是政府就会被动地思考，在政府提供公共产品和公共服务过程中可否邀请企业以某种方式加入进来，把政府主导的公平与企业追求的效率更好地结合起来,同时解决市场失灵与政府失灵,提高公共产品的供给效率和服务质量。

公私在合作提供公共产品和服务的过程中形成的是伙伴关系,平等、友好、长期、稳定是这种伙伴关系的通俗解读,从经济学和管理学角度来说就是风险分担、利益分享,套用天气预报的形象说法就是"分享阳光,分担风雨"。如何分担与分享,就风险分担而言,原则上 PPP 项目涉及的投资、建设、管理等内部经营风险应主要由企业分担,而涉及政策、法规等变动带来的外部风险应主要由政府分担,至于自然灾害等不可抗力导致的风险则应由政企共同甚至平均分担。西方 PPP 中有一个风险转移(risk transfer)概念,强调 PPP 机制设计中尽可能把风险转移到能更好承受和化解风险的一方。Partnership 强调的是伙伴般的合作关系,合作不等于合资,所以 PPP 要义中并不强调公共部门或政府一定要出资入股,更不强调公共部门或政府控股,我们有时把公共部门或政府出资入股的 PPP 界定为狭义 PPP。

第三节
PPP 的模式集群

一、PPP 操作要素与模式集群

PPP 强调的是一种公私合作关系,因此,PPP 的模式不是单一模式,是一个模式集群,是一系列的操作要素进行不同的组合形成的若干 PPP 模式。PPP 模式操作要素包括 D(Design,设计)、B(Build,建设)、O(Operate,运营)、O(Own,拥有)、T(Transfer,移交)、F(Finance,融资)、R(Rehabilitate,修复、重构或再造)、M(Maintenance,维护)等,而由这些不同要素组合而成的就是 PPP 模式群，常见的模式有：O&M（运营与维护）、DBO（设计－建设－运营，政府出资）DBOO（设计－建设－拥有－运营，企业出资）、BTO（建设－移交－运营）、BOT、TOT、ROT（改建－运营－移交）、BOO（建设－拥有－运营）、BOOT（建设－拥有－运营－移交）等。依据世界银行对 PPP 契约形式的划分，PPP 模式主要包括 12 类。从全球来看，目前流行的 PPP 模式有 20 种以上，不同的国家、行业、领域会有不同的 PPP 模式偏好。在追求公共价值不断提升的目标下，各国对于具体公共产品供给项目究竟应该采用何种公私合作模式仍有困惑，这与公共产品供给本身的复杂性密切相关。经过多年的实践，公私合作模式不断演变，日渐成熟，总的趋势是私人部门承担越来越多的职责。

2004 年，欧盟执委会《关于公私合作及政府采购与特许欧盟法规绿皮书》（简称绿皮书）发布后，其将公私合作分为 IPPP（机构型）和 CPPP（契约型）的方法遂成通说，IPPP 和 CPPP 也成为目前欧洲各国公私合作的两种主要实现形式。IPPP 是指公、私部门合资组成公司，或由公共部门参与业已存在的私人部门，将行政任务委托给该私人部门来完成公共任务，公共部门通过在项目公司中的持股（通常超过 50%）和地位来实施对公司的影响和控制。CPPP 则是指公私部门以合同为基础建立双方的合作，公共部门以合同为依据确保其实现控制和监督项目公司的目的。CPPP 根据资金来源的不同，可进一步分为委托模式和特许模式。在委托模式中，私人部门执行任务和提供服务，直接从公共部门取得相关费用；在特许模式中，则是由使用者付费。在特许模式中，为提高私人投资的效率和秉承对既定政策的遵循，仍存在着政府付费或投资的情形。此外，在特许模式中，由私人部门提供特定的服务项目，并直接承担盈亏风险。公共部门许可私人部门对使用者收费，收取的费用用于支付私人部门的财务开销。具体分类如表 1.2。

表 1.2　公私合作分类表

一级分类	二级分类	三级分类	四级分类
契约型公私合作	委托类	模块式外包	服务外包
			管理外包
		整体式外包	DBT：设计－建设－移交
			DBMM：设计－建设－主要维护
			O&M：运营和维护
	特许类	TOT：转让－运营－移交	DBO：设计－建设－运营
			PUOT：购买－更新－运营－移交
			LUOT：租赁－更新－运营－移交
		BOT：建设－运营－移交	BLOT：建设－租赁－运营－移交
			BOOT：建设－拥有－运营－移交
		其他	DBTO：设计－建设－移交－运营
			DBFO：设计－建设－融资－运营
机构型公私合作		部分私有化	股权转让/资产转让
			其他
		完全私有化	PUO：购买－更新－运营
			BOO：建设－拥有－运营

　　依据 PPP 模式中政府和私人部门的关系，PPP 模式又可以分为外包类、特许经营类及民营化类，这 3 类模式的公有化程度依次下降。例如，在外包模式中，SC（Service Contract，服务协议）是一种较为典型的形式，政府一般是将基础设施的服务外包给私人部门，但是仍负责设施的运营和维护，承担项目的融资风险，时间一般不超过 5 年，私人资本的风险也相对较低。

　　总之，PPP 是多种模式组成的组群与带谱，从 D&M、BF、DBFM、DBFMO 到特许经营，随着私人部门参与程度的不断加深，其承担的风险也在逐步加大，私有化的可能性也随着增加，从特许经营到私有化也就一步之遥。所以说，PPP 不是私有化，但它为私有化提供了可能的通道和路径，但在我国，由政府与国有企业做的 PPP 是不存在这种私有化的直接可能的。其实，纵观世界各国，基础设施和公共产品有的由政府单独提供，有的由私人部门单独提供，有的则由 PPP 公私合作提供，而现实中都有成功和失败的案例，问题的关键是尊重国情民意，从而因地制宜、因时制宜。

二、PPP 典型模式介绍

O&M（Operations & Maintenance），即运营维护或委托运营，是指政府保留存量公共资产的所有权，而仅将公共资产的运营、维护职责委托给社会资本或项目公司，并向社会资本或项目公司支付委托运营费用。社会资本或项目公司不负责用户服务的 PPP 运作方式。

BTO（Build-Transfer-Operate），即建设－移交－运营，是指社会资本或项目公司为设施融资并负责其建设，完工后即将设施所有权（无偿）交给政府，随后政府再授予其经营该设施的长期合同。

BOT（Build-Operate-Transfer），即建设－运营－移交，是指由社会资本或项目公司承担新建项目的设计、融资、建设、运营、维护和用户服务职责，合同期满后项目资产及相关权利等（无偿）移交给政府的项目运作方式。

BOO（Build-Own-Operate），即建设－拥有－运营，是指私人部门投资、建设并永久拥有和运营某基础设施，在与公共部门签订的原始合同中注明保证公益性的约束条款，受政府管理和监督。

TOT（Transfer-Operate-Transfer），即移交－运营－移交，是指政府部门将存量资产所有权有偿转让给社会资本或项目公司，并由其负责运营、维护和用户服务，合同期满后资产及其所有权等（无偿）移交给政府的项目运作方式。

ROT（Renovate-Operate-Transfer），即改建－运营－移交，是指政府在 TOT 模式的基础上，增加改扩建内容的项目运作方式。

DB（Design-Build），即设计－建设，是指私人部门按照公共部门规定的性能指标，以事先约定好的固定价格设计并建造基础设施，并承担工程延期和费用超支的风险。因此，私人部门必须通过提高其管理水平和专业技能来满足规定的性能指标要求。

DBO（Design-Build-Operation），即设计－建设－运营，是指承包商通过竞争取得将某设施（公共设施或非公共设施）的设计、建设和长期运营整合在一起的合同，投资由设施业主负责，承包商只负责项目的设计和建设，并在项目建成后独立进行设施的运营，从运营中获得投资回报和合理利润。合同期满后，资产运营权交回项目业主手中。

DBOO（Design-Build-Own-Operate），即设计－建设－拥有－运营。该模式实际上是 DBO 模式的衍生及延伸。在 DBOO 模式中，投融资主体是承包商，同时承包商也是项目的建设单位和运营单位。而依据投资者拥有产权和经营权的原则，项目合同期内的产权及收益权归承包商所有。当合同中规定的运营期和拥有期满后，政府部门将可以根据合同约定（有偿）收回项目的用地、产权或后续经营权。

DBFO（Design-Build-Finance-Operate），即设计－建设－融资－运营。在该模式中，私人部门投资建设公共设施，通常也具有该设施的所有权。公共部门根据合同约定，向私人部门支付一定费用并使用该设施，同时提供与该设施相关的核心服务，而私人部门只提供该设施的辅助性服务。例如，私人部门投资建设某医院的各种建筑物，公共部门向私人部门支付一定费用，使用建设好的医院设施，并提供门诊等主要公共服务，而私人部门负责提供饮食、清洁等保证该设施正常运转的辅助性服务。

三、各国 PPP 模式应用述评

伴随 PPP 概念的产生，也形成了越来越多的 PPP 模式。世界各国采用的 PPP 模式各不相同，选择何种模式取决于各国 PPP 政策执行的目标和目的。[①] 目前，PPP 模式在许多国家都有应用，不同国家所应用的领域与模式也不尽相同。虽然发达国家的实践已进入制度化与规范化轨道，许多国家都将公私合作以法律的形式确定下来，但是，不同国家、不同领域、不同项目会有模式选择的偏好，比如中国在用 PPP 模式新建城市垃圾发电、污水处理项目时主要选择了 BOT 模式，而新加坡则主要选择了 DBOO 模式，在他们看来，DBOO 模式比 BOT 模式在 PPP 过程中的产权关系更为清晰。具体实践中，如果政府资金充足而效率欠缺的话，就可以采用 O&M、DBO 等政府出资的 PPP 模式；如果政府资金和效率双缺的话，那就可以采用 BOT、TOT、ROT、DBOO 等企业出资的 PPP 模式。至于政府出资入股的狭义 PPP，如合资 BOT、合资 TOT 等，则不妨理解为政府在资金和效率方面的混合状态，或地方政府融资平台或地方国企的适度作为。下面会选取几个有代表性的国家加以介绍。

在英国，DBFO 是英国 PFI 的模式之一，是建设项目中采用最多的一种模式［夸克（Kwak）等，2009］。英国 PPP 项目分为两大类，一类是特许经营，另一类是 PFI（即 PFI、PF2）。凡是由使用者付费的就称为"特许经营"，凡是由政府付费的就称为"PFI"。自 1992 年英国保守党政府推出 PFI 以来，英国 PFI/PPP 的概念与实践就在不断的争议中发展，虽然其在公共服务领域的私人融资功能极其重要，但在随后的发展中依然存在显著问题。2012 年，英国政府发布了新版 PFI

[①] 资料来源：OSEI – KYEI R. Review of Studies on the Critical Success Factors for Public-Private Partnership (PPP) Projects from 1990 to 2013 [J]. 2015, 33. Netherlands：Elsevier.

模式，称为"PF2"，PF2保留了PFI模式的基本结构，同时针对PFI模式的问题进行了全面改革，包括增加PFI模式债务的透明度，改善成本效益，加强监督和控制，以及为应对日益复杂的经济条件而采取的一系列措施，推动公私部门之间建立真诚的伙伴关系。

在加拿大，根据政府部门的需求和项目的特征，项目的交付方式多种多样。传统的基础设施交付模式主要有设计－建设（Design-Build，简称DB）和设计－招标－建设（Design-Bid-Build，简称DBB）。DBB模式已经被大量的市政项目所采用。譬如不列颠哥伦比亚省（British Columbia，简称BC）的浅滩（SHOAL）中心项目、多伦多市的泛美运动会（Pan Am Game）项目、蒙特利尔市的大都会交通局维护中心（AMT Maintenance Centre）和地下停车场项目。依据政府和私人部门之间责任和风险分担比例的不同，PPP本身也存在一系列的模式。图1.1是加拿大PPP理事会（The Canadian Council for Public-Private Partnerships）以私人部门在项目中的参与度和风险承担程度为参数，对PPP模式做出的分类。

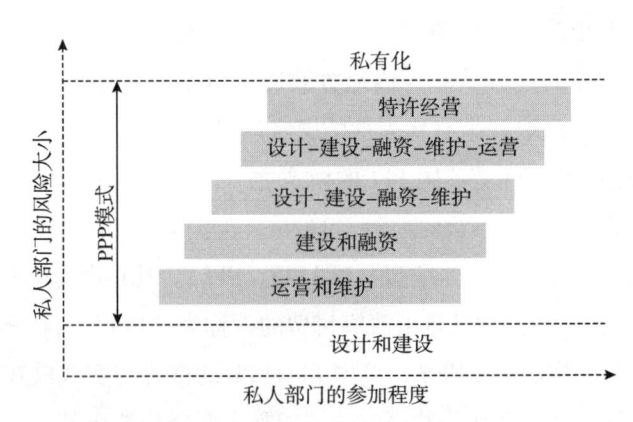

图1.1 加拿大PPP模式群特征图

资料来源：加拿大PPP理事会。

在澳大利亚历史上有几种常见的PPP模式，DBM（设计－建设－维护）、DBMO（设计－建设－维护－运营）、BOO、BOOT和DBFO等。其中DBFO模式是最为常见的，典型的项目结构是包括

25~30 年的特许经营期和全生命周期的服务交付。近期的 PPP 项目设计中通常要求政府部门以特定形式的投入，例如特定时点政府的资本投入。一个典型的设计是政府在项目建设完成或运营稳定初始时点，按照项目实际条件与约定条件的匹配情况，向该 PPP 项目中注入已约定的资本投入。

日本常见的模式是 BTO，即建设－移交－运营，在日本，BTO 占到了 PPP 模式的 71%，这是因为对一些敏感重要的基础设施，政府或公共部门希望在私人部门完成设施建设后第一时间把所有权拿回来，之后私人部门按照协议去使用这些设施来运营。相比较，日本 BOO/BOT 模式只占到了 PPP 模式的 15.7%，还有少量的其他模式。1999—2015 年日本 PPP/PFI 按项目模式分类情况如图 1.2 所示。

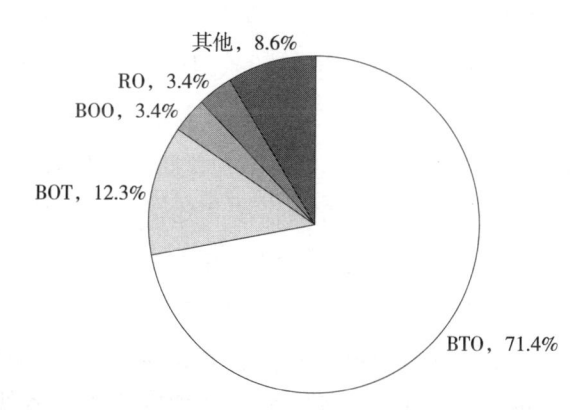

图 1.2　1999—2015 年日本 PPP/PFI 按项目模式分类情况
资料来源：日本内阁府。

新加坡常用的 PPP 模式是 DBOO 及 DBFO 模式，或者是两者的变体。DBOO 指企业设计、建设、拥有（自然要求企业投资融资）并运营，但到期后有偿处置资产而不是无偿移交。DBFO 是指设计、建设、融资和运营职能统一由一家服务提供商提供，即私人合伙人；根据整个项目持续期间提供的服务向该私人合伙人付款（但在服务交付前不付款）。这样确保高效利用政府项目的资本资源，同时提高现金流的确定性；DBFO 模式还把项目的财务风险转嫁给私人企业，让私人合伙人承担适当的尽职调查义务，确保项目的财务稳健，可以从银行得到融资。

四、基于中国现实的 PPP 模式解读

中国应用较多的 PPP 模式是 BOT 与 TOT，也有 O&M（Operate & Maintain，运营与维护）、DBOO 等模式，以下通过相关案例进行具体解读。

（一）O&M 模式

某城市政府用财政资金建好了一座污水处理厂，按常规应由政府自己运行管理，但考虑到政府在人员、技术、管理、经验等方面能力不足，于是政府决定找一家企业来管理这座污水处理厂，政府按企业处理的吨水量支付费用，并对污水处理效果提出明确要求（比如一级 A），环保部门实施在线监测和处罚。从政府角度，考虑到设施的公益性、垄断性、稳定性和严肃性的要求，自然想挑选一家信得过的企业，建立长期稳定的合作关系，比如 25 年到 30 年；政府愿意支付给企业的费用显然应该少于政府自己管理的成本，否则政府就"亏本"了，而不能实现物有所值（即不能省钱），这就意味着政府只能给企业以合理回报，而不是暴利。而企业之所以能在政府省钱的前提下赚钱，是因为在达到同样质量要求的情况下，企业比政府拥有更高的效率和更低的成本控制能力，当然政府省钱与企业赚钱的计算参照是不一样的。对被委托企业来说，它们也希望与政府建立长期稳定的合作关系，考虑到污水处理的垄断性和稳定性，也接受合理回报，但希望给点激励，能从提高效率、降低成本的努力中获得一些超额回报。同时，企业希望运管期间政府能适时根据员工工资、电价、药剂费用等 CPI（居民消费价格指数）因

素及税收等因素的变动（更多的是增加），来调整付费（更多的是调增），以维持相对稳定的合理回报。当然政府也会强调这种调整既可能往上调也可能往下调，如果说工资不太可能下降，但药剂费、电费、税收等都有可能下降。此外企业会强调风险分担问题，如外部政策、法律变动等风险以及处理量不足等风险，主要应由政府分担；而政府则会强调收益分享问题，如有可能实现的中水销售收入主要应归政府，也会强调企业日常运营管理的风险主要应由企业承担等。

于是，基于上述各自的利益诉求，并通过充分商洽（现实生活中更多的是通过招投标过程产生），政企就污水处理设施日常管理达成协议，期限25年，处理标准为一级A，则可确定如下调价机制：

每两年调整一次价格，调价公式为：

$$P_n = P_{n-2} \times K$$

其中，P_n 为调价后的污水处理价格，P_{n-2} 为调价前（两年前）的污水处理价格，K 为调价系数。

$$K = a(E_n/E_{n-2}) + b(L_{n-1}/L_{n-3}) + c(Ch_{n-1} \times Ch_{n-3}) + d(D_n/D_{n-2}) + e(Tax_n/Tax_{n-2}) + f + g(CPI_{n-1} \times CPI_{n-3})$$
$$(a + b + c + d + e + f + g = 100\%, f = 10\%)$$

其中，a、b、c、d、e、g 分别为电力费用、人工费用、化学药剂费用、污泥运输费、企业所得税、其他费用在价格构成中所占比例，E_n/E_{n-2}、L_{n-1}/L_{n-3}、$Ch_{n-1} \times Ch_{n-3}$、D_n/D_{n-2}、Tax_n/Tax_{n-2}、$CPI_{n-1} \times CPI_{n-3}$ 分别为上述几个方面的变动比值。

显然这里述及的政企关系不是前述的简单分工关系，不是简单的监管与被监管的关系，也不是简单的买卖关系，而是一种非常复杂的政企关系，这种关系要求长期稳定、合理回报、物有所值、风险分担、利益分享、激励约束等，这种关系就是PPP所要具体界定的具体政府与具体企业的具体关系，即政企合作关系或政企伙伴关系，这种模式就是 PPP 模式群中的 O&M 模式。

（二）TOT 模式

如果企业运营维护的效率和效果令政府满意，政府就会进一步考虑把污水处理厂资产先有偿转让给企业，便于其更高效地管理维护、技术改造及融资安排等，政府变现资金以作他用。企业通过上调吨水处理费来继续维持企业投资后的合理回报，期限（比如25年）结束后再把满足约定数量和质量要求的资产无偿地还给政府。这就是 PPP 模式群中的 TOT 模式。

（三）BOT 模式

如果企业的运营管理得到政府的充分认可，政府则提出把拟新建的污水处理厂直接交由企业出资建设并运营，政府通过支付污水处理费满足企业合理回报的要求，期限（比如25年）结束后企业把满足约定数量和质量要求的资产无偿地还给政府。这就是 PPP 模式群中的 BOT 模式。

（四）DBOO 模式

如果政府和企业觉得 TOT/BOT 模式在二三十年运营中的资产产权不够清晰，不利于企业运营管理及融资安排，则可以考虑一开始就明确企业出资建设，产权归企业所有，运营到期后再商定资产具体处置方案（比如政府有偿收购、政府出资企业拆除等）。这就是 PPP 模式群中的 DBOO 模式，新加坡政府更多地使用了这种模式而不是 BOT 模式来进行垃圾焚烧发电项目及再生水项目招标。

中国大规模推广 PPP 模式始于2014年，但中国用三四年的时间催生了世界最大的 PPP 市场，全国统计有上万个 PPP 项目，十几万亿元的投资规模。现在全球 PPP 项目数超过 1 000 个的国家只有两个，一个是中国，一个是巴西，其他国家，包括 PPP 概念的起源地英国，也只有 700 多个 PPP 项目。日本现在有 500 多个 PPP 项目，平均规模折合成人民币大概有几个亿，项目数不算太多，项目规模也不算太大。新加坡十几年内只推出了十几个 PPP 项目，大致平均一年一个。

由此可见，公共产品市场化或者私有化具有越来越大的发展空间。如果市场竞争充分，金融机制完善、有效，那么市场机制的效率就比 PPP 模式更高。同样，公立跟私立也是非常有效的模式，前提是公共产品是否具有两性：竞争性和可替代性，如果有了很好的竞争性，以及很好的可替代性，市场化就没有问题。

第二章
PPP的理论依据

PPP 模式作为公共产品供给市场化探索的路径和制度安排，在公共产品理论、契约理论、合作剩余理论和交易成本理论等经济学相关理论中均有过系统的研究和阐述，这些理论是界定 PPP 概念、运用范围和程度等相关问题的重要依据。

公共产品理论在从 18 世纪的思想萌芽到 20 世纪的纵深发展过程中，经历了最初与政治学、社会学、伦理学的结合到后来向经济学、管理学的过渡。该理论分别对公共产品的特点、产生的影响以及解决导致市场失灵问题的路径进行了不断的完善。19 世纪中后期，历史学派代表瓦格纳（Wagner）指出，公共经济与私人经济的不同在于其代表主体特点和产品形式的特殊性，第一次明确地提出了公共产品理论并进行了系统分析。19 世纪 80 年代，边际学派从经济学的角度，发展了公共产品的基本理论，帕塔罗尼（Pattaroni, 1883）在《公共支出的分配原则》中指出，可以根据边际效用最大化的原则，对公共产品进行有效供给。马佐拉（Mazzola）提出，公共产品与私人产品最显著的特点在于其具有的不可分割性，公共产品是对私人产品的补充，可以满足个人需要。爱弥尔·萨克斯（Emil Sax）则提出了纯公共产品是公共需求的核心，政府要为国民服务。林达尔（Lindahl, 1919）均衡是公共产品理论最早的成果之一，是指如果每一个社会成员都按照其所获得的公共物品或服务的边际效益的大小，来捐献自己应当分担的公共物品或服务的资金费用，则公共物品或服务的供给量可以达到具有效率的最佳水平。保罗·萨缪尔森（Paul Samuelson）论证了公共产品最佳供应的萨缪尔森条件（Samuelson Conditions），提出了解决公共产品的市场失灵问题的路径，在遵循林达尔公共产品自愿交换的市场效率规则的基础上，兼顾公共产品的消费特性，确定了根据社会福利原则进行分配的方式，用一般均衡方法给出了实现公共产品供给条件的规范性证明。詹姆斯·布坎南（James Buchanan，1965）首次提出了准公共产品的概念，桑得莫（Sandom，1973）从消费技术的角度分析了准公共产品。20世纪70年代兴起的公共选择理论，则从社会利益冲突的角度完善了公共产品的选择问题。随后的博弈论、信息经济学针对公共产品消费过程中产生的"信息不对称"（asymmetric information）问题，进一步完善了公共产品理论。埃莉诺·奥斯特罗姆（Elinor Ostrom）在《公共服务的制度构建》（1978）一书中，以美国"警察产业"为例，为公共服务经济的研究提供了一套概念框架。她认为公共产品是具有多经济属性、多层次、异质的物品，而并不是单一属性、单一层次和同质的产品；以生产提供公共产品为基本职责的公共经济也是多中心的，而非"铁板一块"。为了提高公共产品的生产效率，在公共产品的生产制度设计中，可以从不同的公共部门与私人部门以及各自内部的竞争组合的制度安排中，选择效率比较高的一种来付诸行动，由此将公共产品的实证理论发展到了一个新的高度。奥斯特罗姆的论述为PPP的发展提供了重要的理论基础。

第一节 公共产品理论

一、私人产品与公共产品

1954年、1955年，萨缪尔森在《公共支出的纯理论》和《公共支出纯理论的图解》中将社会产品分为私人产品与公共产品，以及介于纯公共产品与纯私人产品之间的中间产品。公共产品是指那种"不论个人是否愿意购买，都能使整个社会每一成员获益的物品"，即某社会成员对公共产品的消费行为不会导致其他社会成员对该种公共产品消费的减少，也就是说公共产品被平等地提供给每个社会成员。[①] "公共物品是这样一些产品，不论每个人是否愿意购买它们，它们带来的好处不可分开地散布到整个社区里。"[②] 公共产品不限于实物类产品，如公路、公园、公共水利、公益设施等；一些政府提供的非实物类产品和服务也属于公共产品，如公共教育、公共医疗、社会福利、国防等社会类公共产品，公共安全、法律、交通规则、行政管理、高效的政府治理等制度类公共产品，文化、艺术、宗教等文化类公共产品等。私人产品是那些"可以分割、可以供不同人消费，并且对他人没有外部收益或成本的物品"。[③]

1965年，布坎南在《俱乐部的经济理论》一文中指出，现实社会中大量存在的介于公共物品和私人物品之间的"准公共产品"或"混合物品"，既具有私人产品的特征，又具有公共产品的特征，也叫作"混合产品"，追加消费者的边际成本大于零，具有一定程度的消费竞争性，如市场化的教育、卫生服务、拥挤的桥梁等。这些具有中间性质的物品被布坎南称为"俱乐部产品"，如果俱乐部的规模为一个人，实际上就是私人产品，如果是全体人，那就是公共产品，只有类似俱乐部成员的人才能消费，而其他人则被排除在外。

萨缪尔森在《公共支出论初解》（1955）的论文中，给出了公共产品在消费上的两大特性：一是非排他性，是指产品在消费过程

---

① 资料来源：SAMUELSON P. A Theory of Public Expenditure [J]. The Review of Economics and Statistics, 1954, 36 (4): 387–389.
② 资料来源：萨缪尔森，诺德豪斯. 经济学 [M]. 14版. 胡代光等译. 北京：北京经济学院出版社，1996：571.
③ 资料来源：萨缪尔森，诺德豪斯. 经济学 [M]. 16版. 北京：华夏出版社，1999：268.

中所产生的利益不能为某个人或某些人所专有，无论个人对该产品是否支付了价格，要排除他人消费这种公共物品是不可能的或者是交易费用很高的；二是非竞争性，是指一个人对公共物品的消费不减少或不影响其他人对这种物品的消费，一些人从这一产品中受益不会影响其他人从这一产品中受益，即增加一个人消费公共物品的边际社会成本或机会成本等于零。

由此，我们可以将社会产品细分为三类：第一类，纯公共产品，即同时具有非排他性和非竞争性的特征，或追加消费者的边际成本很低甚至为零，每个消费者的消费都不影响其他消费者的消费数量和质量，如一国的国防、外交及政府各部门提供的公共产品和服务；第二类，纯私人产品，不具备非竞争性和非排他性这两个属性的产品；第三类，准公共产品，即介于公共物品和私人物品之间的产品（见表2.1）。准公共产品的范围相对较宽，通常由准公共组织提供，也可以由私人或社会资本来提供。每个消费者都想免费享受公共物品带来的福利，只要有公共物品存在，"免费搭车者"就不可避免，而私人部门的经营目标是追求利润最大化，从而决定了私人部门不可能提供免费的午餐。

表2.1 公共产品理论对社会产品的分类

	竞争性	非竞争性
排他性	纯私人产品	准公共产品
非排他性	准公共产品	纯公共产品

二、私人产品与市场效率

私人产品的典型特征表现为可分割性、竞争性和排他性。可分割性是指从效用上来说，私人产品可以被分割为能在市场上交易的单位，通过市场规则实现等价交换。私人产品的竞争性则体现在消费方式和生产方式中。一方面，如果单位个体消费了单位产品，其他个体就不能再消费该产品，另一方面，市场以特定价格提供不同的竞争性产品，成本收益的差异引发产品供给主体的竞争，从而实现经济效率的不断提高。排他性是指排除未付费的个体消费该产品的能力。根据私人产品的性质，可以将其划分为纯私人产品和俱乐部产品。同时具备竞争性和排他性的私人产品即纯私人产品，此类产品适合由市场来提供，因此也被称为"市场产品"；那些具备私人产品的基本特点，但在一定程度上具有准公共产品特征的产品，可以列入俱乐部产品的范围。

对于私人产品来说，个人在市场上通过价格体系传达信息，私人产品的市场均衡在供求曲线的交点处实现。需求上升时，需求曲线向上移动，价格上升，生产者扩大产量；反之，如果私人产品的生产成本下降，供给曲线向下移动，价格降低，消费需求增加。私人产品的交易符合市场化的运行规律。或者说，由于私人产品同时具有排他性与竞争性，必然产生充分的需求与充分的供给，产品的数量、质量和价格可以在市场竞争机制下达到均衡。市场是有效率的，"让市场在资源配置中发挥决定性作用"，这是市场经济的基石。在市场机制下，私有产权可以有效地解决私人产品的有效配置问题。

三、公共产品与市场失灵

对于公共产品来说，由于不存在公共产品的价格体系，因此没有生产者和消费者之间的信息传递机制，也没有相应的刺激机制诱导个人显示自己的偏好，个人无论是否付费、付费多少，都能享用公共产品，尽可能地追求效用最大化。鉴于公共产品的非竞争性和非排他性，使得公共产品在消费过程中无法遵循等价交换的原则，人们在消费过程中认为付费与否不影响其对公共产品的享用，由此产生了"免费搭车"现象，公共产品的投资无法收回，公共产品的分配偏离帕累托最优，出现了无效率的资源配置，即市场失灵。在城市基础设施等产品的供给中，由于不容易建立收费机制或建立收费机制社会成本过高，私人不愿意投资或不主张私人投资，也会出现市场失灵，这类基础设施等产品就成了公共产品，只能由政府花纳税人的钱来提供。以萨缪尔森和布坎南为代表的经济学家认为，不论公共产品由政府提供还是由市场提供，资源配置的效率都取决于公共产品的生产效率，公共产品的生产效率会影响公共产品的供给效率、分配效率和消费效率，进而影响相应的效率损失及市场失灵的程度。

市场失灵包括在公共产品的提供中出现的外部性、信息不对称、自然垄断等现象，需要人们在不断的实践中探索公共产品供给的新模式，以解决公共产品供给中出现的市场失灵问题。在经济社会发展的不同阶段，市场失灵的表现各异，经济学家给出的解决方式也各有侧重。

古典经济学倡导在一国经济发展过程中，最大限度地发挥"看不见的手"的作用，政府只是充当经济生活中的"守夜人"。亚当·斯密（Adam Smith）在其《国富论》中指出："凡是有利可图的公共工程或设施应都由私人来经营。"[1] 斯密认为，公共设施作为商业服务的基本条件，应根据商业利益的高低配套提供。如果在很多人需要的地方建设，就有较高的效率。这类设施供给的效率是由它的利用率决定的，而其利用率往往取决于人们对其使用情况的预测。在这方面，私人往往比政府有更好的对经济效率的判断和预测能力，从而可以使这类公共设施的供给效率得到保证。亚当·斯密提出了股份公司（合作公司）对通航河道或运河的修建和管理问题，讨论了公共产品私人生产、私人投资替代国家投资的问题。[2] 相反，如果由政府来提供，就有可能与实际的需求不符，或者发生浪费，

---

[1] 资料来源：斯密. 国民财富的性质和原因的研究（下卷）[M]. 北京：商务印书馆，2002。

[2] 同上。

甚至可能为了某些官员的个人偏好而置公共利益于不顾。斯密主张将政府对市场的影响降到最低程度，公共产品由私人提供效率更高。

约翰·斯图亚特·穆勒（John Stuart Mill）在其《政治经济学原理》一书中进一步指出："在资本主义发展阶段的特定时间段内，针对某些公用事业，国家在确保有权力收回经营权的前提下，可以自行经营拥有运河或者铁路的经营权或垄断权，也可以选择由某家公司承租经营权，而承租方式的经营效果往往更好。"[①] 在当时的经济社会发展阶段，政府被动地发挥"守夜人"的角色，当市场无法有效提供公共产品或市场尚未触及现有的公共事业领域的时候，会交由政府来完善或填补。

罗纳德·科斯（Ronald Coase, 1974）指出，可以通过产权界定来解决一些公共产品供给中的外部性问题，可以通过合理、巧妙的产权安排，由市场来提供公共产品，避免"搭顺风车"的行为导致的收费困难。针对公共产品供给中产生的负外部性，完整的"科斯定理"给出了解决公共产品供给外部性的理论路径，突破了传统的公共产品供给单一化的思路，指出政府并不是公共产品的唯一供给者，可以通过多样化的制度选择，由其他供给主体来提供。

马斯格雷夫（Musgrave）在 20 世纪 60 年代末、罗斯托（Roster）在 20 世纪 70 年代初提出的公共支出结构发展模型中，描述了公共支出与经济发展阶段的相关性。在经济发展的初期阶段，经济类基础设施的投资占到政府支出的很大一部分比例，政府是公共产品的主要供给方，此时的市场环境通常尚不成熟；在经济发展的中期阶段，社会资本逐步壮大，在市场中的地位越来越重要，其在公共产品供给中的投资比例逐步攀升；在经济发展的成熟阶段，市场较为完善，社会类基础设施的投资比例不断加大。

---

① 资料来源：穆勒. 政治经济学原理（下）[M]. 北京：华夏出版社，2009.

1979年，英国政府开始在公共产品和服务领域推行民营化改革，私人部门开始提供公共产品和服务。20世纪90年代以来，英国政府加大了对公共部门的改革力度，在政府垄断的公共领域和公共部门，通过竞争招标等多样化的方式，特别推出PFI，引入民间力量，逐步形成了民间资本主导的公共产品供给体系。在2000年之后，为进一步促进私人部门参与公共服务，英国政府正式引入PPP的概念，用以涵盖所有私人部门参与提供公共服务或物品的情形，PFI即是其中的一种类型。

四、PPP模式与政府失灵

政府部门承担着指导和管理经济社会的职能，由于管理机制不健全，机构、从业人员自身的局限性等，会导致政府部门在提供公共物品时出现"政府失灵"，具体表现为浪费和滥用资源，公共支出过大或者效率降低，政府干预经济的措施缺乏效果，社会资源无法达到最优配置等现象。制度经济学家对"政府失灵"的解释是：因为政府是由一些经济人组成的，由这些人组成的政府不可能以追求社会效益最大化为己任，并且政府的行为也是非理性的，如不能有效地获得信息，也可能犯错误等。公共选择理论认为，政府干预的结果未必能矫正市场失灵，政府行动本身也不灵，甚至可能把事情弄得更糟。[1]

关于政府失灵，萨缪尔森认为，当政府所采取的政策或者集体行动所采取的手段不能改善经济效率并影响收入分配时，政府失灵便产生了。[2] 斯蒂格利茨（Stiglitz）从政府信息、再分配政策和产权让渡等角度分析了政府失灵。他认为，不完善的市场信息可能导致

---

[1] 资料来源：SAMUELSON P A, NORDHAUS W D. Economics [M]. 13th ed. New York: McGraw-Hill Book Company, 1989.
[2] 资料来源：萨缪尔森，诺德豪斯. 经济学 [M]. 12版. 北京：中国发展出版社，1992.

政府行为的缺陷和无效性，政府对社会资源进行的再分配可能导致资源浪费和不公平现象的产生，而且政府部门在让渡产权时会影响市场效率甚至导致项目失败和损失。① 在诺贝尔经济学家布坎南看来，市场经济条件下，政府干预失灵是影响经济发展的重要原因，政府失灵主要表现为公共决策失误、工作效率低下、政府扩张和寻租行为。② 政府失灵的表现形式多样，可能影响公共物品和服务提供失灵的主要因素有：

政府对成本控制和资源配置的低效。一方面，由于政府对社会资源的配置具有垄断性和排他性，缺乏有效的市场竞争，政府财政的预算管理缺乏硬性的成本控制要求，缺乏合理有效的激励机制，政府行为有可能带来对公共产品的过度投资和资源浪费。另一方面，在现实社会中，由于监督信息不完备，市场透明度不高，社会公众对于政府的具体支出和投资行为难以进行监督，导致政府在成本控制方面的低效率，无法实现资源的最优配置。

寻租行为。政府寻租行为是指社会中存在的维护既得利益者而开展的再分配行为，属于非生产性活动。寻租是政府干预经济的副产品，在政府干预的情况下，很容易形成集中的经济利益和扩散的经济费用。布坎南认为，寻租通常表现为以较低的贿赂成本获得较高的收益或者超额利润。在政府主导社会行政权力的情况下，社会公众没有有效的监管路径，政府行为处于自由放任的状态，由此就会出现寻租行为。其严重违背并破坏市场规律，有悖公平与竞争，使得经济效率低下，公众利益受损。

政府信息的不完全性导致的决策失误。政府部门通过非市场机制解决基础设施数量和质量等社会资源的配置问题，其决策需要通过多层委托代理关系完成。在政府治理的过程中，由于市场经济和社会活

---

① 资料来源：斯蒂格利茨. 政府为什么干预经济 [M]. 北京：中国物资出版社，1998。
② 资料来源：布坎南. 自由、市场与国家 [M]. 北京：北京经济学院出版社，1998。

动的复杂性和多变性，不可避免地会出现个别公职人员的违规行为，由此导致市场信息不对称、沟通不充分等，从而增加了政府科学决策的难度，使得公众的真实需求和偏好无法得到满足。政府独立提供公共产品和服务的过程中，由于存在政府失灵，很难实现资源的最优配置，从而造成社会资源的极大浪费，无法有效满足社会的公共需要，不利于整个社会的发展。因此，社会资本参与公共物品的提供尤为必要。

综上，由于公共产品存在具有相对垄断性和竞争性不足的问题，企业提供公共产品存在市场失灵，而政府提供公共产品又存在政府失灵，那么由政府与企业合作提供公共产品就成为合乎逻辑的选择和尝试。从消极层面来说，PPP是应对"两失"（市场失灵与政府失灵）与"两缺"（缺资金缺效率）的无奈之举，换句话说，若市场不失灵或政府不失灵，那就完全可以让1个P（Private或Public，企业或政府）单独干，而没有必要两个P合起来干，要知道合作是要有成本的，1+1可能小于2，但1+1>1，即公私合作比公或私单独干效果要好。若从积极层面来看，PPP是化解"两失"与"两缺"的创新之美，是政府管理城市和社会的体制、机制创新。PPP追求的是尽可能把政府主导的公平与企业追求的效率做个完美结合，或者说牺牲一点公平换来更高的效率，也可以说牺牲一点效率换来更好的公平。弗里德曼（Friedman）和哈耶克（Hayek）的"小政府理论"指出，政府应缩小管辖的空间范围，重点提供那些市场做不了也做不好的服务，同时用不同程度的市场化来修正"政府失灵"。

第二节　契约理论

一、契约与契约理论

"契约"一词来自拉丁语 contractus，所指是契约交易，在西方发源较早，后伴随宗教传播逐渐形成契约意识，是双方或者多方当事人之间的一种协议、约定，通俗地说就是合同，但是比合同的意义更广泛。在现实中，契约有短期的或长期的，正式的或非正式的，显性的或隐性的。在狭义上，所有的商品或劳务交易都是一种契约关系。比如，一个消费者购买了一张火车票，消费者和铁路公司之间就有一个隐性契约，消费者支付费用，铁路公司在规定时间内将消费者安全送到目的地。一个生产者（供应商）和一个采购商之间签订的供货合同则是一种显性契约。在广义上，所有的法律、制度都是一种契约关系。①

科斯在1937年发表的《企业的性质》中将企业视为一个契约，提到了企业契约的不完全性，契约越不完全，那么企业就越可能替代市场。科斯指出，市场和企业是资源配置的两种手段，它们的不同表现在于：在企业外部，生产是由价格运动引导的，而价格运动引导生产是通过一系列市场交易来协调的；在企业内部，市场交易被取消，资源配置工作通过"权威"来指挥。于是，在科斯看来，企业对市场的替代，是市场上一系列短期契约被企业这个长期契约所替代。进而，科斯赋予了企业的契约本质。他提出了"交易费用"概念，以"不确定性"假设代替了"确定性"假设，认为在市场上交易时，双方或明显或隐含签订了某种契约，而在企业内，这些契约是不必要的，因此，企业是"一个契约代替了一系列契约"。但是市场又是不可能被完全取代的，因为企业内部组织也是有费用的，当企业扩大时，对企业家的功能来说，收益可能会减少，也就是说在企业内部组织追加交易的成本可能会上升。②

而现代契约理论则将所有交易和制度都看作一种契约，在信息不对称的情形下，通过设计最优契约以减少合同各方的道德风险和

---

① 资料来源：聂辉华. 契约理论的起源、发展和分歧［J］. 经济社会体制比较，2017（1）。

② 资料来源：陈帆. 基于契约关系的PPP项目治理机制研究［D］. 2010。

逆向选择等问题，从而有效地提高整个社会的总体福利水平。契约理论可以分为两个主要派别：本特·霍姆斯特朗（Bengt Holmstrom，麻省理工学院教授）主张的完全契约理论和奥利弗·哈特（Oliver Hart，哈佛大学教授）主张的不完全契约理论，他们二人因为契约理论而同获2016年度诺贝尔经济学奖，这也说明了完全契约理论与不完全契约理论具有缺一不可的互补性的共同价值。[1] 诺奖评选委员会声明词说：他们创建的新契约理论工具对于理解现实生活中的契约与制度，以及契约设计中的潜在缺陷十分有价值。

完全契约理论认为，企业和市场没有本质区别，都是一种契约；合同参与者可以通过巧妙的机制设计和付出一定的经济代价，形成一种涵盖未来所有可能情况的契约，明确规定参与者的权利和义务分担，解决当事人的逆向选择和道德风险问题，合同的履行是刚性的。通常来说，完全契约具备以下几个特点：一是交易各方能够充分预期并准确地描述未来所有相关事宜发生的可能性；二是契约能够针对每一种可能性明确规定缔约各方应该采取的行动和相应的支付，并能促使各方就这些行动和支付达成一致意见；三是由于未来事件的所有可能性以及相应的行动和支付都是可以预期的，据此签订的契约对各方来说也就是最优的，因而缔约各方愿意遵守已经签订的契约条款，而不愿意以后对契约进行重新谈判；四是因为契约的执行情况是可以证实的，第三方不用花费任何成本就可以确定谁违反了契约，因而完全契约也是可以强制执行的。

而不完全契约理论认为，契约是不完全的，当事人的有限理性和资产专用性会导致讹诈问题，可以采取产权安排来实现次优效率。当产权形式发生变化时，企业的边界就发生了变化，因此企业和市场是有区别的。由于经济主体的有限理性和机会主义倾向，达成契

---

[1] 资料来源：HART O, MOORE J. Foundations of Incomplete Contracts [J]. The Review of Economic Studies, 1999, 66: 115–138。

约是不可能的，即使达成契约也会因为没有效率导致契约不完全。现实中由于信息的不完全性及交易事项的不确定性，参与者也不可能预见未来的所有可能情况，而且明确所有特殊权利的成本过高，拟定完全契约是几乎不可能的，不完全契约是必然和经常存在的，这会影响到权利和控制的配置，因此履约应该具有柔性。

那么，在不完全契约情况下，合约双方出现利益冲突怎么办？应该优先保证谁的利益？按照哈特的不完全契约理论，当契约不完全时，事后的控制权配置应该导致总体福利最大化，谁会增进总体福利最大化，谁的利益应该优先得到保证。哈特、施莱弗（Shleifer）和维什尼（Vishny）利用不完全契约理论对公共部门采购和公共产品供给私有化问题进行了分析，提出了 HSV 模型（Hart-Shleifer-Vishny Model），用于解决公共部门所有和私人部门承包的问题。[1] 格罗斯曼（Grossman）、哈特和穆尔（Moore）等人创立了 GHM 模型（Grossman-Hart-Moore Model）。即 GHM 理论或不完全契约理论。该理论对特定权利和剩余权利进行了定义，在契约中被明确规定的权利为特定权利，而未被明确规定的权利即剩余权利。在契约中，未被明确规定的权利即剩余控制权，对资源配置的效率起到关键性作用。契约的不完全性会导致投资无效率，因此，要合理配置剩余控制权，将所有权安排给投资重要的一方或不可或缺的一方，通过构建最优的所有权结构，从而实现总剩余的最大化。

二、契约与契约精神

契约、契约理论与契约精神是人类独创和独享的，是人性的重要组成部分。体现契约精神的故事和佳话往往感人至深。近几年媒

---

[1] 资料来源：HART O, SHLEIFER A and VISHNY R W. The Proper Scope of Government: Theory and an Application to Prisons [J]. Quarterly Journal of Economics, 1997, 112 (4): 1127-1161.

介广为传颂的一个契约故事是这样的：美国纽约市格兰特（Grant）总统的陵墓与一位名叫圣克莱尔·波洛克（St. Clair Pollock）的5岁草根男孩的墓地同处一地，相伴200多年到如今，只因历代当事人（包括总统在内）信守男孩父亲当年出售其土地时与买主订立的永远原地保留其子墓地的契约。

这里，分享另外亲历的契约故事：联合国日内瓦总部依湖而建，美不胜收。十分有趣的是，在日内瓦万国宫的庭院里，居然生活着数只蓝孔雀。它们旁若无人，自在恣意，连"方便"时都不考虑时间和空间，何故如此？日内瓦联合国大厦落成于1936年，地皮由瑞士人古斯塔夫·雷维里奥德（Gustav Revilliod）捐赠。雷维里奥德是一位富有的艺术收藏家和旅行家，他无儿无女，但酷爱孔雀，饲养孔雀。他将自己的墓地选定在阿里亚纳公园（Ariana Park），并在遗嘱中把包括阿里亚纳公园在内的一座庄园赠给了日内瓦市，后来日内瓦市把这块地转赠给国联，成了现在的联合国欧洲总部。雷维里奥德捐献地皮时有3个条件：一是阿里亚纳公园对公众免费开放；二是他的墓地不能动；三是允许庄园内的孔雀自由漫步。因为这一纸遗嘱和契约精神，就有了万国宫蓝孔雀这道风景。

三、PPP与契约理论

"Partnership"来自契约理论中的契约精神，实际上是其置身于政府与非政府主体合作的经济行为中所强调的自由、平等、互利、守信等原则。这是对传统的政府单纯行政权力意识的一种冲破，要求形成以平等民事主体身份与非政府主体签订协议的新思维、新规范。PPP是权力与资本的握手言"合"，PPP中的契约精神体现为政企双方的平等守信：企业方守信于提供产品和服务的数量和质量的卖方责任，政府方守信于按约付费/按约调价的买方责任。

PPP模式中，涉及政府部门、私人部门和公众3个行为主体，它们之间存在多重契约关系。第一，政府部门与公众之间存在契约关系，这种契约关系以政治合法性为背景，以宪法为框架，由政府在宪法范围内活动，为公众提供公共产品与服务，针对公众的需求履行承诺；第二，政府部门与私人部门之间形成契约关系，这种契约关系以双方就具体项目或事项签订的合同为基础，由政府部门与私人部门通过合作来提供公共产品与服务；第三，参与PPP的非政府企业和专业机构、社会组织之间形成契约关系，在PPP总体契约中承担公共产品与服务的供给，回应公众的诉求。PPP直观形式上主要关注的是后两层契约关系，第二层尤其重要。作为制度供给的创新，PPP更广泛的发展应以较高水平的法治化为前提，以诚信的商业文化和契约精神为铺垫。

PPP模式中公私双方形成了契约关系，而这种契约关系既有完全契约属性，也有不完全契约属性，决定这种契约的不完全性的因素主要有两个：

一是项目持续时间长，环境复杂，不确定因素较多。由于PPP项目的整个周期较长，在不同的发展阶段中，面临的各种环境复杂多变，因此，公私双方很难正确预判未来可能发生的所有情况，这些不确定性会对PPP的缔约、建设和运营产生影响，由此导致PPP契约的不完全。复杂多变的环境主要包括政治、经济和法律环境等。政治环境的不确定主要体现在政府政策的变化和政治承诺的改变。同时，政府官员的换届也会带来政策的更新调整，有可能会导致某些在建项目的中断，造成投资和PPP效率的损失。经济环境复杂多变的主要原因来自市场，如市场需求的变化、经济结构的调整、阶段性的经济危机等，都会对经济环境造成冲击，从而影响PPP的投资和效率提升。法律环境的变动主要是指法律条款的修订完善产生的影响，包括中央、地方政府相关政策的制定，都会直接、间接地对PPP项目的实施和开展造成影响。

二是公私关系的社会化以及最终效益的多样化。PPP中公私部门之间的合作不仅仅是经济合作，也是一种社会合作。在 PPP 持续过程中，公私双方会形成一系列契约之外的行为规范，包括正式的和非正式的，双方共同遵守，我们很难说这种由关系的社会化产生的行为规范会对 PPP 的最终效率产生正面还是负面的影响，也无法准确缔约。此外，PPP 的最终效益不仅仅是用收益来衡量的，还包括对社会产生的各种外部性，比如某一基础设施的建设与运营虽然带来了可观的经济收益，但是对周围环境造成了一定的破坏。再如某设施的建设虽然在短期内并未获得预期内收益，但已经成为城市的标志性建筑，提高了城市的知名度。因此政府部门衡量 PPP 效益的方式是多样化的。

在公共产品的供给过程中，政府和私人部门通过建立合作关系，可以实现双赢。政府可以利用私人部门的技术和竞争优势，提高公共产品供给效率，政府也可以利用双方签订的合同来规范私人部门的行为，实现公共利益的最大化。与此同时，私人部门则可以通过签订合同，减少政治更迭、法律变革等导致的损失，可以在更稳定的环境中实现私人利益最大化。在政府和私人部门这种长期的合作博弈中，形成了纳什均衡。因此，政府和社会资本具有签订契约进行合作的动机。

PPP 是政府和社会资本建立的一种长期平等合作关系，通过签订设计、建设和运营等多项合同，以实现对公共产品的有效供给。一方面，由于合作的长期性，所以要求政企双方要信守合同，表现出契约的刚性和严肃性：政府希望企业能信守合约，始终提供合格产品，始终满足合理回报。企业则希望政府也能信守合约，及时付费，适时调价，维护企业的合理合法权益。契约精神的缺失必然造成 PPP 的硬伤，PPP 履约要有刚性。而对资金不足但强势有余的政府而言，PPP 在很大程度上是在考验第一个 P（政府）对第三个 P（伙伴关系与契约精神）的落实和执行。另一方面，也是由于合作的长期性，其间存在着太多的变数和不确定性，譬如产品需求、市场价格、技术进步和法律变革等等，从该角度分析，不完全契约理论是适用于 PPP 项目的。对此，马斯金（Maskin）提出了不相关定理，他认为无法预见的不确定性事件对契约的效率是无关紧要的。只要合同的参与者通过设计契约内容，对双方利益进行合理分配，同样可以建立契约并采取最优的投资行为。① PPP 项目往往需要持续二三十年甚至更长的时间，这期间存在太多的不确定性和不可预见性，包括产品需求、技术进步及政策、法律重大变化等，更何况这又是一个快速变化的世界。从这个意义来说，很多 PPP 项目都是一个不完全契约，适用不完全契约理论。所以，一方面，我们要在提高包括预见性在内的合约设计质量的基础上，强调履约的刚性与严肃性。另一方面，我们也要强调，当发现合约存在非故意重大瑕疵或关键要素发生重大变化而造成一方过度利好或利空时，双方都有申请变更合约的权利。因为企业尽职、尽效提供合格的产品和服务，同时取得且只能取得长期稳定的合理回报，是政企双方形成的理念共识和行为自觉，是 PPP 终极性的契约精神。所以，PPP 履约也要有必要的灵活性和柔性。刚柔相济，方能成就 PPP。

第三节
合作剩余理论与交易成本理论

PPP 是政企合作的新模式、新机制，这种合作应该产生合作剩余。PPP 也可以视为政企之间的一种交易，这种交易应该有交易成本的节省。

一、合作剩余理论

合作剩余是指合作主体通过合作得到的净收益与如果不合作所

---

① 资料来源：MASKIN E. On Indescribable Contingencies and Incomplete Contracts [J]. European Economic Review, 2002, 46 (4/5)。

能得到的净收益之间的差额,是合作行为产生的动力与目的,是合作主体所能得到的利益。[①] 合作剩余主要来自两个渠道:一是合作扩大了生产可能边界。比如,不合作情况下单个主体不能从事的生产活动,通过合作可以直接实现。合作本身可以创造一种由单个合作主体或者其简单累加不能达到的力量。合作使合作主体将其生产活动集中于较少的操作上,能够提高生产熟练程度,提高生产效率等等。二是合作可以使实际产出更接近生产可能性边界。比如合作可以使生产要素用于生产领域,减少资源的浪费。合作还可以提高生产中资源的使用效率等。[②]

合作经济学主张合作与竞争是辩证统一的,融合了功利主义和自由主义的思想,将合作的价值取向归因于经济主体的行为。在各方主体实现经济行为和利益最大化的过程中,可以通过一定的条件合作,实现共赢互利,同时实现各方的利益。自由主义是有效合作的重要前提之一,在参与各方自由选择的情况下,结合自身的特点和需求,签署真正的合作协议。产权理论认为,通过经营权或剩余控制权等产权的合理配置,构建最佳所有权结构,形成对各参与方最好的激励效果,从而实现剩余的最大化。

政企双方在初始签订合约后,双方在合作协商阶段通过共同决策可以产生合作剩余。公共产品供给中通过公私合作得到的净收益与公共部门垄断供给所能得到的净收益之间的差额即为公私合作剩余。生产要素组合确定的情况下,供给成本一定,那么公私合作模式下提供的公共服务的价值与公共部门单独提供产生价值的差额即公私合作剩余。公共产品或服务的生产标准确定的情况下,公共部门所费成本与公私合作模式下所花成本之间的差额,即公私合作剩余。通常来说,PPP 项目合作剩余就是项目契约主体通过项目契约,

---

[①] 资料来源:黄少安.关于制度变迁的三个假说及其验证[J].中国社会科学,2000(5)。
[②] 资料来源:黄少安.合作与经济增长[J].经济研究,2011(8)。

即把要素使用权有条件地让渡给项目组织实施和运营的收益大于要素所有者保留或单干所产生的收益总和的余额，或者说，项目所创造的收益在支付了所有组织成员保留收入之后的余额。公私合作剩余的创造和分配是公私合作问题的核心，即公共部门收益、私人部门收益和社会收益的合理安排。

PPP合作剩余是政府、社会资本以及其他各参与主体最关注的核心问题。合作剩余的创造和分配相互作用、相互影响，PPP创造的合作剩余越大，可供各主体分配的份额就越多；同时，合作剩余的合理分配是主体之间相互协调与合作的基础。PPP项目合作剩余的主要来源包括各主体的要素贡献、资产专用性和制度环境等。

资本、劳动、管理和技术等不同的生产要素是PPP合作剩余的创造来源。在项目契约下，项目契约主体把要素使用权有条件让渡给项目组织实施和运营项目契约主体过的一方，当收益大于要素所有者单干所产生的收益总和，或超过相当于生产要素机会成本的保留收入时，即项目所创造的收益在支付了所有组织成员保留收入之后的余额，就产生了合作剩余。保留收入是生产要素参与项目的约束条件之一，如果生产要素在项目中所获得的收入低于保留收入，则它可以重新回到市场。合作剩余的合理分配及报酬与PPP项目的效率正相关，各成员主体的合作动力来自创造更多的合作剩余。

专用性资产是合作剩余的重要来源。公共产品供给过程中的技术创新程度及市场化安排是公私合作的基础。在技术发达的市场，公共产品的消费成本较低，排他性减弱，公共产品投资的专用性程度降低，公共部门或普通公众可以较低的成本实现对公共产品供给质量和水平的监督，公共产品供给的不确定性降低，因此，私人部门的机会主义倾向减少，投机成本增加。此时的公私合作接近于市场化的完全契约，公共部门可以通过减少行政干预，激励私人部门更多地参与，从而降低公私合作的交易费用，增加合作剩余。反之，如果公共产品投资的专用性程度很高,信息获取成本加大,公私合作的交易费用增加,私人部门可能存在道德风险与机会主义行为。此时的公私合作更多地表现为官僚主义,公共产品供给接近于政府垄断,由此产生的合作效率损失有可能超过合作剩余。

制度环境是影响合作剩余的另一重要因素。布坎南指出,不同制度下的交易,对交易当事人产生的影响各异,自由的制度环境可以更好地实现对交易主体限制的最小化。在公私合作契约中,项目内部的各项制度、惯例,以及项目涉及国家不同的政策、法律法规和文化差异等,对公私合作主体分享合作剩余都会产生重要的影响。

二、交易成本理论

科斯(1937)最早提出交易成本的概念。科斯认为,交易成本应该包括度量、界定和保障产权的成本,发现潜在交易对象并确定交易价格的成本,讨价还价、签订契约的成本,以及对契约执行情况的监督成本等。因此,交易成本可以泛指所有为促成交易发生而产生的成本。[1] 根据威廉姆森(Williamson,1985)的研究,交易成本可以分为事前交易成本和事后交易成本。事前交易成本主要包括签约、谈判和保障契约等成本;事后成本主要包括适应性成本、讨价还价的成本、建构及运营的成本、约束成本等。[2] 具体划分如图2.1所示。

近年来,交易成本理论被广泛用于分析政府应该用何种方式提供公共服务,即政府是选择直接提供公共服务还是通过建立契约的方式与私人部门合作。基于交易成本理论,学者们对 PPP 进行

---

[1] 资料来源:COASE R H. The Nature of the Firm [J]. Economica, 1937。
[2] 资料来源:WILLIAMSON O E. The Economic Institutions of Capitalism: Firms, Markets, Relational Contracting [M]. New York: Free Press, 1985。

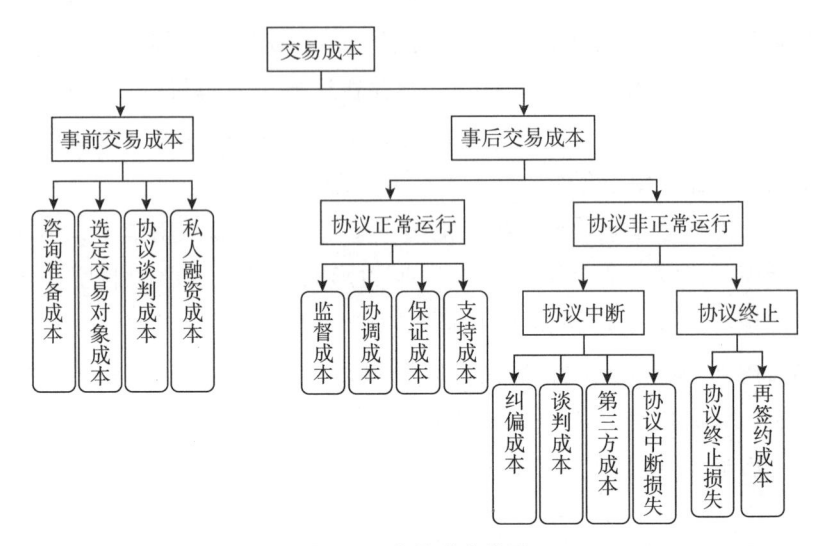

图 2.1　交易成本类型

了深入研究，签订契约各方之间的信任程度是 PPP 模式实现的重要保障，① 私人部门参与公共产品的供给有可能导致交易成本的增加，② 而交易成本过高是私人部门不愿意参与 PPP 项目的一个重要原因。③

PPP 项目较高的交易成本与复杂的合作关系直接相关。有一些规模较大而且复杂的项目，将很多有着竞争关系甚至有利益冲突的当事人聚集在一起，会导致项目的交易成本显著提高。如包括 PPP 的公共出资方聘用金融顾问（实施物有所值分析）、交易顾问、法律顾问等相关费用。需要注意的是，即使 PPP 项目的交易成本比公共

---

① 资料来源：PARKER D, HARTLEY K. Transaction Costs, Relational Contracting and Public Private Partnerships: a Case Study of UK Defence [J]. Journal of Purchasing and Supply Management, 9 (3): 97-108。
② 资料来源：KLEIN M, SO J, and SHIN B. Transaction Costs in Private Infrastructure Projects – Are They too High? [J] Public Policy for the Private Sector, 1996, (95): 1-4。
③ 资料来源：DE-SCHEPPER S, HAEZENDONCK E. Understanding Pre-Contractual Transaction Costs for Public-Private Partnership Infrastructure Projects [J]. International Journal of Project Management, 2015, 33 (2): 932-946。

采购高,但这些成本已经在明显降低,而且有些 PPP 项目的交易成本较高主要是由于项目规模较大。因为缺少这些项目的可得数据,很难直接、科学地判断 PPP 项目与传统项目的交易成本。此外,只要交易成本被包含在了物有所值评估中,即使 PPP 项目的交易成本高也不会构成问题。从另一个角度来看,传统项目在事前计划上的投资不够,更高的交易成本也反映了 PPP 项目成本的合理性。

公共部门提供公共产品的过程中产生的项目成本通常由以下几部分构成:建设成本、运营成本、维修和更新成本、管理成本及留存风险等。而在政府与私人部门合作的 PPP 模式下,项目的建设成本、运营成本、维修成本及融资成本统称为"PPP 合同约定成本"。由于私人部门在设计、施工、技术、运营管理等方面存在着比较优势,PPP 合同约定成本通常会小于公共部门单独提供公共产品所产生的总成本。当然,由于 PPP 需要协调更多参与方的利益,通常情况下,项目的管理成本会略高。PPP 模式可能导致合同成本的增加,但在项目建设期和运营期,由于是多方监管,可有效减少资源浪费,缓解成本超支的问题。扎托(Zaato)和胡登(Hudon)构建了针对 PPP 基础设施项目的规范化的管理框架,包括合同安排和决策过程两方面,然后将渥太华地区的两个 PPP 项目,罗伯特·盖尔廷体育馆(Robert Guertin Arena)和兰斯顿公园(Lansdowne Park)对照该框架进行分析,发现两个项目在采购和决策过程中存在管理缺陷,如决策缺乏透明度和公众参与等。他们认为 PPP 模式可能带来效率和服务质量的提高,但也可能导致巨大的政治和民主成本产生。[①] 因此,交易成本的大小将决定公共产品的供给应该由政府直接提供还是采用 PPP 模式,两者的比较就产生了 PPP 物有所值(Value for Money,简称 VFM)的概念。

---

① 资料来源:ZAATO J. HUDON P. Governance Lessons from Public-Private Partnerships: Examining Two Cases in the Greater Ottawa Region [J]. Commonwealth Journal of Local Governance, 2015, (16-17)。

物有所值是基于全生命周期理论，综合考虑项目的成本、风险和收益，项目采用PPP模式相比于政府传统采购模式可能获得的增值。物有所值是决策采购是否选用PPP模式的重要指标，它包括定性和定量评价，涵盖采购计划中的所有方面。在国际上实现物有所值的方法主要有两种：一种是采用公共部门比较基准（Public Sector Comparator，简称PSC）为核心的物有所值评价，另一种是竞争性投标。在我国，PPP项目以竞争性投标方式为主辅助简单的定性评价，虽然因不估算公共部门比较基准而节约了成本，但是决策过程无法公开透明，而且较长的谈判期使得招投标过程很容易产生串标、围标等问题，投标报价缺乏真实性和客观性，会产生较高的社会交易成本。这不仅很难实现公平竞争和因竞争而作用在报价上的优势，并且，PPP项目存在典型的领导决策特点，未通过有效的数据和决策评估就做出决定，直接进行针对性招标，很难做到真正的物有所值。建立以公共部门比较基准为核心的物有所值评估体系来判断是否采用PPP模式是目前最主要和应用最广的评价方法，澳大利亚、中国香港、德国、南非、英国、美国等国家和地区都采用此方法。物有所值的定量评价中忽视了一个关键问题，就是在计算PPP项目全生命周期的成本时，仅考虑了社会资本建设和提供公共产品或服务的"生产成本"，并未考虑该建设和运营过程中产生的"交易成本"，这会使得PPP项目方案看起来非常经济，但是会对项目的最终决策产生严重误导。

第三章
PPP的理念认同

人先有意念，然后固化的意念成为观念，观念再升华成为理念，或者说上升到理性高度的观念就叫"理念"。哈佛校训说，一个人的成长不在于经验和知识，更重要的在于他是否有先进的理念和思维方式。PPP 是公私之间、政企之间的长期合作，是权力与资本的"联姻"，是权力与资本之间复杂的握手言"合"，唯有情投意合、志同道合，才能成就美好婚姻，实现"握手言和"。这里的情投意合、志同道合首先体现为高度的理念认同，PPP 的理念包括"风险分担和利益分享、合理回报、契约精神、物有所值、力所能及、长期稳定"等，它们对 PPP 项目的成功与否至关重要。

第一节
风险分担和利益分享

风险无处不在。调控经济、管理社会、经营企业、实施项目，乃至家庭和个人的日常生活，都充斥着各类风险。在某种意义上来说，经营企业就是管控风险，管理社会就是控制风险，危机管理是公共管理的核心课程，应急办已经成为中国城市政府的常设机构。风险管理是 MBA 的必修课，越来越多的企业设有风险管控专业部门。但这里强调的是在风险识别、风险预防与风险处置方面的单一主体（无论是政府还是企业）承担的责任，而 PPP 因为是政企合作提供公共产品和服务，所以针对 PPP 项目合作中的风险，在风险识别与风险分类基础上，首先强调的是风险分担，而且让政企双方中最应该也最擅长承担风险的一方去承担相应的风险，以实现风险管理的成本最低、效率最高，即实现整个项目全过程风险的最小化。

例如，在隧道、桥梁、干道建设中，如果因车流量不够而导致私人部门不能达到预期的基本收益，那么公共部门可以通过对私人部门进行的现金流量补贴，有效控制私人部门因车流量不足而引起的经营风险，即分担风险；与此同时，为避免公共部门管理层易发的"道德风险"，私人部门可根据实际情况，发挥其比较优势，承担较多的、甚至全部具体管理职责。

因此，风险分担机制是 PPP 的重要理念之一，因为分担与分享是伙伴关系的本质特征，如果没有风险分担，也就不可能形成这种伙伴关系，只愿同甘不肯共苦不是真正的伙伴关系。

一、PPP 项目中的风险

PPP 项目全生命周期中有太多风险，特别是复杂的项目，但我们可以按照时间和空间大致将其分为项目内外风险和项目过程风险。

从空间来说，我们可以把 PPP 风险分为项目内部和外部风险。项目的内部风险是指围绕设计、建设、融资、运营等产生的风险。设计风险是指由于规划不合理或其他原因，可能出现政府或其他投资者新建类似项目的情况，这会对该已建成项目形成实质性竞争，分流该项目的需求，导致项目资金无法顺利回收。建设风险是 PPP 项目施工过程中最容易出现的风险，主要包括土地不可获得的风险、完工的风险、建设成本及变更的风险、供应风险、技术风险及环境保护等方面的风险，由此可能导致建设项目不能按照规定的时间完成，引发项目的融资成本过高，进而导致项目的失败或者盈利的降低。融资风险主要是说PPP项目存在筹资困难的风险，相比一般的工程项目，PPP项目的一个特点就是政府在招标阶段选定中标人，选定后就与中标人草签特许权协议，而中标人就需要以特许权协议为准在规定的时间内完成融资，也就是说只有在规定时间内完成融资，才能使特许权协议正式生效。因此，如果中标人不能在规定的时间内完成融资，其将面临项目立项失败的风险。运营风险主要产生于投产运营阶段，在这个过程中会产生由于生产故障、经验及管理水平等因素导致的风险，使得运营公司不能有效地管理运营该PPP项目，而这一风险的存在在导致服务或者产品质量降低的同时，也会影响项目的收益。项目的外部风险是指政策、法规等风险，如项目排他性、法律变更、政府延期付款等政策风险；成本超支、土地拆迁、项目工期延后、遗迹等给施工造成的不可抗力风险；PPP公司破产、违反融资合同、项目合同变更等法律及合约风险；汇率和利率的变化、通货膨胀等金融风险；环境自然灾害、气象和气候的变化等带来的环境风险。[①]

从时间来看，则可以把PPP风险划分为项目识别、设计、融资、建设、运营、终结等各个时间段的风险。

二、风险分担的基本原则

如何进行风险分担？需要遵循两大原则：能力原则和公平原则。

所谓能力原则，就是针对每一种风险让最有承担能力的一方去承担，这样就实现了项目成本的最小化、合作效能的最大化。承担的风险程度与所得的回报大小相匹配，要综合考虑政府风险转移意

---

① 资料来源：毛卫国. 简述PPP项目实施过程中的风险控制［J］. 财经界（学术版），2017（1）。

向、支付方式和市场风险管理能力等要素，量力而行，减少政府不必要的财政负担。私人部门承担的风险要有上限，超过上限，启动补贴或调节/调价机制。对项目收入不能覆盖成本和收益，但社会效益较好的政府和社会资本合作项目，地方各级财政部门可给予适当补贴。

所谓公平原则，就是风险承担与所得回报相关联，承担的风险多回报就多，承担的风险高回报就高。PPP实际管理模式中，项目设计、建设、财务、运营维护等商业风险原则上由社会资本承担，政策、法律和最低需求风险等由政府承担，而自然不可抗拒因素造成的风险可考虑由政企双方共同承担。

由于社会资本方承担的风险程度与所得的回报大小相匹配，所以从政府角度看，不是企业承担的风险越多越好，政府承担的风险越少越好，要综合考虑政府风险承受能力、风险转移意向、支付方式等要素，恰当分担，量力而行，减少政府不必要的财政负担，如新加坡政府在"不差钱"的情况下，就不太主张PPP项目由企业融资而由政府承担更高的融资成本。

三、利益分享

在伙伴关系中，"同甘"与"共苦"是孪生兄弟，不可分割，就如同"分享阳光"与"分担风雨"一样。PPP项目是政企合作项目，在政府看来是公益性项目，在企业看来是经营项目，既存在经营风险也存在经营利益，所以在强调政企之间风险分担的同时还要强调利益分享，利益分享跟风险分担共同构成PPP伙伴关系的重要基础。

同风险分担的公平原则一样，利益分享与贡献大小相关联，谁对利益贡献大谁分享的就多。比如，项目建设、运营维护、财务等可能的商务风险主要由企业分担，相应地，这个过程产生的效益也应该更多地由企业分享；而外部政策、法规方面的风险主要由政府承担，相应地，由于这些外部因素变化产生的效益也应更多地由政府分享。举例说明：地铁 PPP 项目，如果客流量剧增带来收益剧增，超预期增量部分的收益应该主要由政府分享，但不要独享，否则激励相容失效。再比如垃圾发电企业上网电价补贴，如果政府上调补贴，则调增部分上调也应有政府更多分享。近年来国内存在甚至主推的政企合资而由企业控股的 PPP 项目，也在项目日常经营中体现股权化的利益分享理念。

四、风险分担与利益分享的机理

风险分担与利益分享的机理可参见图 3.1。要合理确定风险分担与利益分享机制，让分担和分享向能力更强者和贡献更大者"倾斜"，即"能者多劳"而且"多劳多得"，让最具有相应承担能力的一方承担相应风险，让贡献更大者分享更多相应利益，这既体现效率又体现公平，而这里强调的是大小分担与多少分享而不是独担与独享，也是对公平与效率的再次体现与加固。

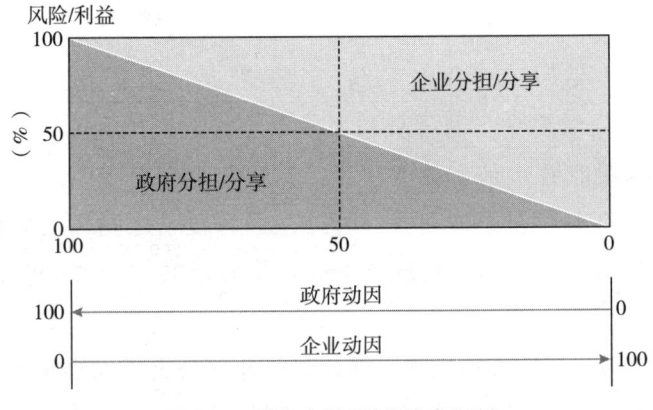

图 3.1　风险分担/利益分享机制

总之，风险分担与利益分享之所以成为 PPP 的重要理念，是因为分担与分享是伙伴关系的基础。风险分担体现了效率原则，利益分享体现了公平原则。风险分担与利益分享也是 PPP 合理回报理念重要的调控手段。

第二节 合理回报

市场经济强调自主经营、自负盈亏，但 PPP 强调分担分享、合理回报，两者显然是对立的，原因也不难解释：因为自负盈亏是私人产品彻底市场化的理念，但 PPP 是半市场化与半行政化合作提供公共产品和公共服务，与此相适应的理念是风险分担、利益分享与合理回报，而不是自主经营、自负盈亏。

一、合理回报是 PPP 的核心理念

为什么说合理回报是 PPP 的核心理念？原因有三：一是由 PPP 项目的公益性和稳定性决定的；二是政企博弈和市场竞争的结果；三是政府物有所值所要求的。

PPP 项目的公益性和稳定性决定了要有合理回报。合理回报是 PPP 的核心理念，也是政企双方最难达成共识的理念和操作难点。很多 PPP 项目成也回报败也回报，回报过高是政府的失败，回报过低是企业的失败，唯有合理回报而且是长期的相对稳定的合理回报才是成功的 PPP 项目。

合理回报是政企博弈和市场竞争的结果。PPP 项目是政企之间的合作行为，更是企业投资或经营行为，追求利益最大化是企业的本能驱动，但 PPP 项目都是基础设施、公共产品或公共服务，

具有不同程度的公益性，物美价廉是民众乃至政府的本能要求。于是，一方希望回报越高越好，另一方希望回报越低越好，或者说，回报低了企业不干，回报高了政府不干，博弈的结果只能是不高不低的合理回报。当然，我们希望这种合理回报不是仅仅作为双方博弈的结果被政企双方理性被动接受，而是作为核心理念被政企双方乃至全社会自觉接受，变成行动自觉，特别是对PPP项目中的企业来说，如何克服追求利益最大化的本能冲动和常年简单重复的"疲劳感"和"乏味感"而坚守合理回报理念，无疑是个不小的考验。

合理回报是政府物有所值的内在要求，也是物有所值评价的重要基础。因为PPP实施后，从政府的角度测算到底省没省钱以及省了多少钱，这个时候企业赚了多少钱，即回报高低就成为非常关键的要素。显然企业回报过高，很可能就不如政府自己干了，物有所值可能就是负数，所以合理回报也是物有所值要求的结果。

合理回报需要建立在风险分担与利益分享的基础上，分担与分享既是体现公平的要求，也是维持合理回报的要求。合理回报是民众正常的心理诉求，民众往往更习惯于政府为其提供公共产品和服务，即使服务得不够好，民众也比较宽容。政府提供公共产品或服务往往是亏损的，民众更愿意理解为政府亏的就是我赚的；相反，如果由企业提供公共产品或服务，民众更愿意理解为企业赚的就是我亏的，所以PPP项目过高的回报即使物有所值，民众也是不太情愿接受的。

二、合理回报的内涵

合理回报不是固定回报，优质的项目有不同的评价标准。比如说从高回报率来看，PPP项目就不具备优质的特点，因为它不可能高很多。但如果企业将其定位在一种长期稳定的合理回报，那相当一部分PPP项目是比较优质的，如垃圾焚烧发电、水处理等，回报率都可达到8%~10%；而如IT项目、互联网项目回报率看似很高，但市场风险也很高。但PPP项目是通过与政府签订协议，并有调价机制的存在，意味着未来二三十年都可以维持这样一种回报，如果企业成本控制得好，效率高，获得的回报应该比政府认可或行业平均水平的合理回报要高一些，也是公平合理的，这叫激励相容。

合理回报应该贯穿项目全过程和全生命周期。存续二三十年的项目必须要有动态调整机制加以保证，比如污水处理项目或垃圾发电项目，都有基于CPI等成本要素的调价机制，通过事先公式化的约定，定期动态调整政府支付的污水处理费或垃圾处理费，以保证企业回报不受诸多社会化成本因素变动的影响。

合理回报往往不是偏高回报而是偏低回报。因为项目运营是长期稳定和相对垄断或者说受政府保护的，政府这种保护换来的只能是偏低回报而不是高回报，这也是由基础设施和公共服务的公益性所决定的。

合理回报是全体与全员的回报。PPP项目涉及很多参与方和利益方，除了政府与企业两个关键主体，还有咨询机构、贷款机构、工程总承包（EPC）承包机构等。我们强调政府与企业要坚守合理回报理念，那么其他参与方（如咨询机构、贷款机构、工程建设方等）谋求过高回报也是不允许的，道理不难理解。

合理回报需要通过充分而有序的竞争加以实现。目前在项目招投标竞争中，既要避免由于竞争不充分导致的高价中标与过高回报，又要避免由于无序竞争或者过度竞争导致的低价中标与过低回报甚至亏损，两个极端都是有害无益的，特别是低价中标的后果应该引起重视：要么项目无法实施，要么被作为资源加以储备，要么粗制滥造、偷工减料导致出现劣质产品和服务。

三、合理回报的量化指标

至于合理回报的量化指标，则需要根据国家、行业、阶段来具体确定。几个大的参考项如下：

银行长期利率。对"使用者付费"和"可行性缺口补助"的 PPP 项目，因为社会资本承担的风险较大，特别是要承担较大的市场需求风险，其合理的投资回报率，可以选择在银行长期贷款基准利率基础上增加几个点，如 3、4 或 5。如按中国人民银行发布的现行 5 年期以上银行贷款基准利率 5% 左右计算，合理的投资回报率可以定在 8%～10%。这一回报率水平应该作为现阶段"使用者付费"和"可行性缺口补助" PPP 项目投资回报率的重要参考。

对政府购买服务或政府付费的 PPP 项目，由于地方政府的信用总体上比较高或至少理论上地方政府"赖账"的可能性较小，项目的投资风险相对更小、投资回报更有保障，则其合理投资回报率的参照指标应该在金融市场上无风险收益率（通常为同期限国债利率）基础上，再加上 3～5 个左右风险点来确定。按照目前 10 年期国债固定利率 3% 左右估算，这类 PPP 项目的合理投资回报率，最好设定为 6%～8%，比同期商业银行贷款基准利率略高一些。

行业、企业的运营效率与政府运营效率的差异。对于此差异，大致可以考虑，PPP 项目合理回报应该高于银行长期利率而低于政企运营效率之差。举例来说，美国环保部门估计，关于环境基础设施的投资费用或运营成本，私人企业要比公共部门低 10%～20%，10%～30% 大概是很多领域的政企效率差异，所以我们大致可以建议将 8%～12% 作为很多 PPP 项目的合理回报量化指标。

第三节
契约精神

契约理论是支撑 PPP 发展的理论依据之一，相应地，契约精神或契约意识就是 PPP 的重要核心理念。契约精神是指因经济社会活动而派生的契约关系与内在原则，是一种自由、平等、守信的精神，是现代文明社会的主流精神。人类从原始的自然状态（无信任基础上的敌对掠夺），到初级文明（不信任基础上的契约约束），再到现代文明（信任基础上的契约精神），是契约文明与契约精神的升华和固化过程。梁晓声论及文化时说，文化是植根于内心的修养，无须提醒的自觉，以约束为前提的自由，为别人着想的善良。

一、契约精神的重要内容

西方的契约精神包含两个重要内容。一是私人契约精神。在商品社会，私人交易之间的契约精神对商品经济的发展起着至关重要的作用。二是社会契约精神。这种起源于西方资产阶级革命时期的古典自然法学派所持的学说，对西方的民主、自由、法治的构筑有着深刻的影响。契约精神本体上包括 4 个重要内容：自由、平等、信守、救济。

契约自由精神是契约精神的核心内容。西方人权理念中就一直存在经济自由中的契约自由精神。契约自由精神包含 3 个方面的内容：选择缔约者的自由、决定缔约的内容的自由与方式的自由。契约自由主要体现在私法领域。

契约平等精神是指缔结契约的主体的地位是平等的，缔约双方平等地享有权利并履行义务，互为对待给付，无人有超出契约的特权。为了达到契约的平等精神，违背契约者要受到制裁，受损害方将得到利于自己的救济。正因为契约完美地体现了平等精神，才会被近代资产阶级革命者作为理论武器而创造了社会契约理论，通过每个人让渡一部分权力给国家代为使用，双方达成合意，建立社会契约，各自履行权利与义务，以达到社会的和谐。

契约信守精神是契约精神的核心精神，也是契约从习惯上升为精神的伦理基础，诚实守信是民法的"帝王条款"和"君临全法域之基本原则"。在契约未上升为契约精神之前，人们订立契约源自彼此的不信任，契约的订立采取的是强制主义；当契约上升为契约精神以后，人们订立契约源于彼此的信任，当契约信守精神在社会中成为一种约定俗成的主流时，契约的价值才真正得到实现。在缔约者内心之中存在契约信守精神，缔约双方基于守信原则，在订约时不欺诈、不隐瞒真实情况、不恶意缔约，在履行契约时完全履行，同时尽必要的善良管理人、照顾、保管等附随义务。

契约救济精神是一种救济的精神，在商品交易中人们通过契约来实现对自己的损失的救济。当缔约方因缔约对方的行为遭受损害时，提起违约之诉，从而使自己的利益得到最终的保护，上升至公法领域，公民与国家订立契约，即宪法。当公民的私权益受到公权力的侵害时，依然可以通过与国家订立的契约而得到救济。

二、契约/信用是现代文明的基石

中国作为文明古国，始终视诚实守信为美德。虽然现代社会的竞争越来越激烈，但越是竞争激烈越要遵守规则，否则就会陷入混乱和无序。如果所有参与竞争的人都试图通过破坏竞争规则来取得利益，整个社会就会倒退为原始的丛林状态。市场经济是竞争经济也是信用经济，契约或信用是现代文明的基石之一。守信是做人做事的底线，所以工商部门给企业颁发"重合同守信用企业"很难说是一种褒奖和荣誉，因为这无意中承认或认同全社会重合同守信用的企业是少数甚至是极少数。

三、PPP 中的契约精神

PPP 是政企合作提供公共产品或公共服务，契约精神的重要性体现在几个方面：

一是体现在合作主体上。政府与企业形象地说就是权力与资本，政企平等合作难，权力容易任性，资本容易撒野，而对强势政府来说，政府信守合约对 PPP 项目的成败至关重要。从这个角度可以说，PPP 主要是考验第一个 P（政府）对第三个 P（伙伴关系与契约精神）的落实和执行。

二是体现在合作内容上。公共产品更多服务社会民众，具有很强的普遍性、公益性和长期性，民众对公共产品和服务会有更高要求，这也直接体现为民众对政企双方严肃履约的更高要求。

三是体现在合作关系上。伙伴关系中包含必不可少的契约精神，是二三十年甚至更长时间的合作，而且往往是相对垄断经营，如果企业契约意识有问题就容易跑偏，最终导致产品质量差、运营效率低、政府付费多等诸多问题，物有所值就可能是个负数。强调 PPP 中的契约精神需要对政府和企业分别喊话。对政府来说，契约精神更多地体现为认真履行合约中确定的责任和义务，比如风险分担、按时付费、适时调价等；对企业方来说，契约精神则更多地要求企业按合约做好项目运营，提供合格乃至优秀的公共产品和服务。

四、妥协精神

谈到契约精神，我们还需要提及辅助性的妥协精神，有人提出契约精神是一种相互妥协、满足对方要求进而满足自我要求的精神。

契约的达成意味着当事人自我意志的限制与约束，意味着彼此间的忍让与妥协。这种妥协精神具有以下特征：

首先，体现了当事人的独立与平等。所有的让步与妥协都是在平等基础上，由当事人的独立意志做出的。

其次，突出了当事人之间的协商与互利。契约当事人无法把对方仅当作达到自己目的的手段，而必须把对方当作与自己同质的主体，通过协商与让步，使对方得到某种利益，从而换取对方做出同样的让步行为来满足自身利益。

最后，强调了规则的治理。妥协是理性人之间的一种利益让步，须有一套外在的规则予以约束。妥协精神体现着和谐、友善与智慧。审视一下人类近代史，可以得出如下结论：历史往往在妥协中前行（如英国光荣革命与美国制宪运动等）。

总之，在坚持契约为本的基础上，再辅以必要的妥协精神，PPP合作就会更为稳妥、和谐和美好。按照不完全契约理论，PPP契约具有不完全契约的特点，所以在强调契约刚性为本的同时，也要根据始料不及的特殊情形接受契约柔性变通，这也是妥协精神的体现。企业尽职、尽效提供合格的产品和服务，取得且只能取得长期稳定的合理回报，是政企双方形成的理念共识和行为自觉，是PPP终极性的契约精神。

第四节

物有所值

PPP模式产生并得到广泛认可的根本原因是政府在提供公共产品和公共服务过程中存在资金与效率的"双缺失"问题，换言之，在PPP模式下让企业提供公共产品或服务，会比政府单干更有效率。如果对这个结论或假设做必要的定性分析，特别是严谨的量化测算，就是物有所值的概念。

一、物有所值的含义

物有所值是国际通行的 PPP 项目中采取的评估标准，被广泛运用于 PPP 实施全过程中的价值评估与绩效考核，以判断在项目全生命周期的成本与质量方面，PPP 模式是否较传统模式更优。国际上普遍认为物有所值定性评价很重要，但目前尚缺乏统一、标准的评价框架和程序。

英国财政部 20 世纪 90 年代对物有所值做出定义，即"商品或服务的全生命周期成本与质量（或可用性）的最佳组合，满足使用者的要求"。这一定义在衡量商品或服务成本的基础上，进一步强调了质量的重要性，并努力探寻两者之间的平衡，找到最佳组合。中国财政部在《政府和社会资本合作模式操作指南（试行）》（财金〔2014〕113 号，简称 113 号文）中提出，物有所值主要从定性和定量两个方面开展，以判断 PPP 模式能否降低项目全生命周期成本、优化风险分配和提高运营效率。财政部发布的《关于推广运用政府和社会资本合作模式有关问题的通知》（财金〔2014〕76 号）要求"积极借鉴物有所值评价理念和方法"；财政部发布的 113 号文强调，在项目论证过程中，政府应当对 PPP 模式进行物有所值评价。

二、物有所值的评估

物有所值评估，是指评估 PPP 模式与政府传统采购模式相比是否更物有所值，而非评估项目本身是否物有所值，包括定性评估和定量评估。

通常情况下，在进行物有所值评估的过程中，定性评估会对以下几个方面进行比较，即相比公共部门直接提供服务，委托给私人部门或与私人部门合作是否更具效率，是否可以更低廉的价格获得相同服务，是否可以同等价格获得更高质量服务等。

在提供同等的公共服务水平下进行定量评估时，公共机构与PPP项目实施实体在公共财政负担预估额之间的差额，便是物有所值，通常会使用折现值方法，即通过对政府和社会资本合作项目全生命周期内的政府支出成本现值（PPP值）与公共部门比较值进行比较，计算项目的物有所值量值，判断政府和社会资本合作模式是否降低项目全生命周期成本，如图3.2所示。

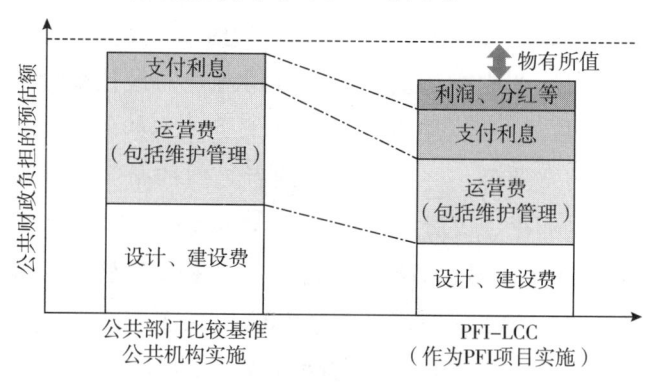

图3.2 物有所值来源分析图

注：公共部门比较基准：由公共部门自身实施的情况下的整个事业执行期的政府财政负担预估值的折现值。PFI-LCC：以PPP项目方式实施的情况下的整个事业执行期的政府财政负担预估值的折现值。

从图3.2可以看出：政府单干，成本主要包括融资成本、建设成本和运营成本，可以没有利润；用PPP模式操作，企业也有融资成本、建设成本和运营成本，但同时必须有合理利润。一般情况下，企业融资成本会高于政府，而建设成本和运营成本又会低于政府。当然，政企提供公共产品的质量差异可以通过调整成本加以量化。这样，从政府角度看，是否物有所值以及物有所值的大小就是比较政府成本（融资成本+建设成本+运营成本）与企业成本（融资成本+建设成本+运营成本）+企业利润，即物有所值=政府成本-企业成本-企业利润。从中不难看出，企业利润的高低非常敏感，会在很大程度上直接决定着PPP项目是否物有所值，所以回报也只能是合理回报，政府的效率不至于低于企业太多。其实高回报不仅影响物有所值的评判结果，也影响社会公平感，因为PPP模式运用的是半市场化半行政化的机制，如果给予社会资本完全市场化的高回报而又不承担完全市场化的高风险，作为公共产品的使用者和纳税人，民众也是不认可的。

三、其他国家的做法

国际上普遍认为物有所值定性评估很重要，但目前尚未形成统一、标准的评估框架和程序，大多数的判断来自对一系列问题的分析和回答。加拿大的PPP项目物有所值定性评估采用赋值比较法，基于同一套指标体系及其权重，专家对PPP模式和政府传统采购模式进行比较并打分，主要包括确定指标体系、对指标赋予权重、专家打分、综合专家意见、决策5个步骤；美国PPP项目的物有所值评估比较重视专家的作用，在尊重专家个人意见的基础上，以集体评议的方式充分综合专家意见，最终做出决策，主要包括确立指标体系、开展研讨会、集体评议、决策4个步骤；韩国在物有所值定性评价方面仿照英国的做法，通过对概括性指标、指标描述及详细审核项进行评估，衡量PPP模式的适用性，其特点是可操作性、规范性、便捷性较强。

关于物有所值的定量评估，目前，英国、美国、加拿大、澳大利亚、新西兰、印度、南非、中国香港等国家和地区都提出了各自的评估框架和流程，虽形式各异，但基本思路相同，即对拟采用PPP模式的基础设施及公共服务项目，比较政府在传统采购模式与PPP模式下的全生命周期的净现值（net present cost）。其中，英国、美国、印度等国家借助定量评估模型和软件，来判断采用PPP/PFI模式的私人融资，是否会比使用传统的公共资金能够产生更高的价值。各国（地区）物有所值定量评估的核心内容基本相同，核心步骤基本一致，包括制定公共部门比较值、制定影子价格、计算物有所值量值。

第五节
力所能及（财政承受能力）

一、PPP项目财政承受能力论证

作为专注于基础设施、公共产品和公共服务领域的PPP项目，其收益主要来自三种付费方式：使用者付费、政府付费、使用者付费加政府补贴。除去第一种完全使用者付费，第二、三种方式都需要政府财政支出，而且是二三十年长期稳定支出，很多项目都是按月付费。在这个漫长过程中，一方面，政府财政收入会发生变化，另一方面，PPP项目政府付费也会根据服务量及调价机制发生变化。PPP项目从投资角度来看，是将原来由政府单干时的短期集中支付，变成由企业投资后政府多年的平滑支付，因而大大放大了政府支付能力（多少有点透支的感觉），使得政府可以同时落实更多项目。但大量PPP项目是政府付费项目或政府补贴项目，即使平滑和放大了支付，也客观存在政府是否有足够的财政收入来保证常年及时足额支付的问题，这就是PPP的一个重要概念或理念：政府要力所能及，量力而行，即要有良好的财政承受能力，否则，过多PPP项目的实施会导致政府财政支付能力出现亏空，则不仅伤及投资企业切身利益，也伤及政府形象和契约精神，还会导致公众的公共利益受损。显然，政府公共财政能力的大小，是实施PPP项目多少的重要基础和前提条件。

因此，对财政承受能力的论证是PPP模式运行的一项重要工作。

世界推行PPP模式的国家都把财政承受能力论证评估作为一门必修课，很多国家更是由城市议会审议财政承受能力评估及物有所值测评。该项工作的开展有利于规范PPP项目财政支出管理，有序推进项目实施，有效防范和控制财政风险，是促使和规范政府履行合同义务的重要保障。

二、财政承受能力论证的基本要求

2015年，中国财政部发布了《关于印发〈政府和社会资本合作项目财政承受能力论证指引〉的通知》（财金〔2015〕21号，简称21号文），做出了对全国PPP项目进行财政承受能力评估的部门规定，明确提出开展PPP项目要进行财政承受能力论证，即识别、测算PPP项目的各项财政支出责任，科学评估项目实施对当前及今后年度财政支出的影响，为PPP项目财政管理提供依据。财政承受能力论证的结论分为"通过论证"和"未通过论证"。通过论证的项目，各级财政部门应当在编制年度预算和进行中期财政规划时，将项目财政支出纳入预算统筹安排；如未通过论证，则不宜采用PPP模式。

根据21号文，财政承受能力论证一方面要评估财政支出能力如何，即根据PPP项目预算支出责任，评估PPP项目实施对当前及今后年度财政支出的影响；另一方面，要平衡不同行业和领域的PPP项目，防止其过于集中于某一行业和领域。21号文要求，每一年度全部PPP项目需要从预算中安排的支出责任，占一般公共预算支出比例不应超过10%，各地可根据实际情况制定具体比例。国外推行PPP的国家也大多有这个比例或类似数字限制，但具体数字有所不同，大都低于10%。考虑到我国地方政府的投资与引资冲动及短期化行为，这个限制比例不宜过高。21号文明确鼓励列入地方政府性债务风险预警名单的高风险地区，采取PPP模式化解地方融资平台公司存量债务；同时，审慎控制新建 PPP 项目规模，防止因项目实施加剧财政收支矛盾。

三、财政承受能力论证的意义

对于政府而言：第一，通过财政承受能力论证，要求 PPP 项目实施必须通过财政承受能力论证，将政府对 PPP 项目财政支出纳入年度预算和中期财政规划，保证政府能够履行合同支付责任，避免产生中长期财政风险。第二，各级政府可以控制政府支出和债务规模，优化资金使用效率，避免 PPP 长期支出责任中的债务不可控风险，充分展示地方政府的履约能力，增加对社会资本参与 PPP 项目的吸引力。第三，明确要采用国际上通用的物有所值评价方法，保证 PPP 模式下项目全生命周期成本低于传统政府投资模式下的成本，以确保财政中长期的可持续性，可以控制地方政府利用 PPP 盲目扩张投资的冲动，避免以投资促 GDP 的缺陷。

对社会资本而言：第一，可以充分了解项目所在地政府的履约能力，消除后顾之忧。第二，有助于社会资本对项目财务可行性进行判断分析，便于项目选择和确定项目的优先开发顺序。第三，提高各类社会资本尤其是民营资本和外资参与的积极性和主动性。

对于金融机构来说，财政承受能力论证有助于金融机构了解 PPP 项目的财务可行性，有利于满足金融机构内部的审批要求，从而提高金融机构参与 PPP 项目融资的可能性和积极性。

四、财政承受能力论证的主体及内容

根据中国财政部 21 号文的相关规定，各级财政部门（或 PPP 中心）负责组织开展行政区域内 PPP 项目财政承受能力论证工作。省级财政部门负责汇总统计行政区域内的全部 PPP 项目财政支出责任，对财政预算编制、执行情况实施监督管理；财政部门（或PPP中心）应当会同行业主管部门，共同开展PPP项目财政承受能力论证工作，必要时可通过政府采购方式聘请专业中介机构协助。由此可见，符合法规规定能够进行财政承受能力论证的机构和单位只有一个，即各级财政部门（或PPP中心），并且各级财政部门（或PPP中心）应会同行业主管部门，共同开展PPP项目财政承受能力论证工作。

在财政承受能力论证的主要内容方面，21号文第二十四条规定："财政承受能力评估包括财政支出能力评估以及行业和领域平衡性评估。财政支出能力评估，是根据PPP项目预算支出责任，评估PPP项目实施对当前及今后年度财政支出的影响；行业和领域均衡性评估，是根据PPP模式适用的行业和领域范围，以及经济社会发展需要和公众对公共服务的需求，平衡不同行业和领域PPP项目，防止某一行业和领域PPP项目过于集中。"

第六节
长期稳定

现代市场经济中的企业竞争强调"变"和"快"，但PPP项目中的政企合作强调长期稳定，原因有三：

一是政企之间伙伴关系的本质所要求的。长期稳定的关系才谈得上是伙伴关系，正如PPP界的流行说法，"PPP是一场婚姻而不是一场婚礼"，婚姻的本能和本质要求就是稳定性和长远性，白头偕老、天长地久等等，都在彰显着男女双方常年厮守的美好与祝福。相反，短期化变动快的关系肯定不是伙伴关系，但它可能是完全市场化竞争中的商业关系中的一种，甚至追"快"求"变"是现代企业竞争取胜的法宝。

二是公共产品或服务使用者所要求的。PPP项目都是基础设施、公共产品或公共服务，长期稳定是其内在要求，首先是民众作为设施或服务的常年使用者的要求，也是政府作为公共产品或服务的终极责任者的要求。在产品和服务得到认可的前提下，使用者和政府都不太会产生"喜新厌旧"的诉求，因为频繁更换产品和服务提供商如同频繁更换保姆一样，既加大了更换成本又增加了不如意的风险。当然现实中也存在公共产品和服务很差而民众又奈何不得、求变不成的情形（如社区物业等），同样需要政府给予重视。

三是由PPP项目性质决定的。PPP项目具有公益性和垄断性，基础设施、公共产品服务社会民众，物美价廉是民众诉求，也是政府责任，公共产品是绝不可以牟取暴利的；很多PPP项目投资规模挺大，数亿元、十几亿元、几十亿元，甚至上百亿元，而且很多基础设施或公共服务具有垄断性，重复建设空间不可行或经济不可行。企业为了实现收益最大化，会尽可能减少维护费用支出，从而增加收益，但又不得不达到合同所要求的基本标准，此时，企业为了获得收益最大化，唯一能做到的是提高项目建设质量，以尽量减少后期的维护成本。

于是，投资巨大的PPP项目虽为垄断但不允许形成垄断利润，而是限定为合理回报以体现公益性，唯一的办法就是把项目经营期限延长，以使企业的巨大投资能取得合理回报，这或许就是PPP项目特许经营期限一般都为20~30年甚至更长的原因之一。

第四章
PPP的价值认知

关于推广应用PPP模式的价值和意义，众说纷纭，见仁见智。有人愿意从小处看，只看到PPP模式的融资价值；有人愿意从大处论，看到的是一场PPP革命。本章想大小兼顾，虚实结合，力求从多个角度、几个层面系统论述PPP的价值与意义。PPP的价值至少可以从三个层面来认知：一是项目层面，二是国家层面，三是国际层面。从项目层面看，PPP模式的融资价值和效率价值是最直接和现实的；从国家层面看，PPP模式在重塑新型政企关系、建立并固化契约精神以及推进国家治理体系和治理能力现代化方面都会发挥不可低估的重要作用；从国际层面看，无论是中国主导的"一带一路"倡议，还是联合国主推的人类可持续发展目标，都需要PPP模式的有力支撑。PPP的价值认识层面如图4.1所示。

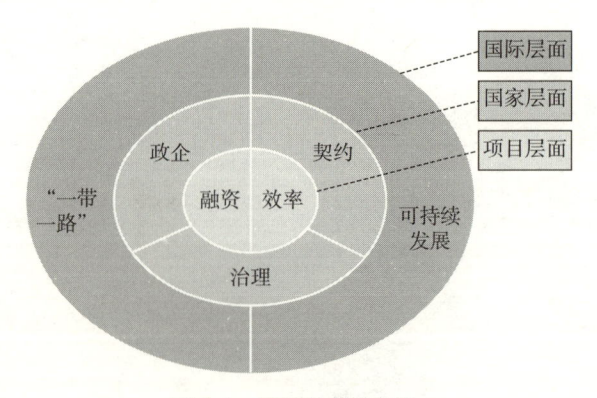

图4.1　PPP的价值认知

第一节
项目层面

PPP 模式在项目层面的价值意义主要体现为两点：融资与提效，两者应该是孪生兄弟，相辅相成，相得益彰。一点论不足取，两点论方全面。

一、融资价值

政府提供公共产品，既是由公共产品性质决定的，也是由政府职能决定的。政府在提供公共产品时往往存在"两缺"问题，即缺资金缺效率，这也是由公共产品性质和政府职能决定的。对很多发展中国家和发达国家来说，政府缺资金是普遍现象，"钱不够花"是全球各国政府包括地方政府的旧常态也是新常态，基本不存在"钱永远花不完"的政府。

政府的钱主要来自企业和民众的税收及非税收入，而政府"入不敷出"的原因，要么是入得太少要么是出得太多，更多时候是同时收得少花得多。政府的消费支出包括行政事业费和公共产品提供成本等，一方面，政府行政人员的薪酬待遇等是与时俱进的刚需，不少地方政府财政收入的一大半用于此类行政性开支，之后用于提供公共产品的钱就不多了；但另一方面，民众对政府提供的基础设施和公共服务的数量和质量的要求越来越高，因为这是民众日常生活的组成部分，"获得感"的诉求是真实而强烈的。再加上很多公共设施投资建设具有很强的时效性和整体性，即设施急需建设，设施不易分拆或分阶段建设以避免规模上的不经济。所以，政府在提供公共产品时"捉襟见肘""囊中羞涩"就再平常不过了。

如何解决政府在建设基础设施和提供公共服务时资金不足的问题,有几种常见思路:一是区分轻重缓急,循序渐进、量力而行,把有限的钱用在刀刃上,不搞急功近利、劳民伤财的"政绩工程"。二是政府直接举债融资,但存在政府债务风险,对此中国中央政府近几年来三令五申,严加防范。三是把有可能的部分基础设施和公共服务彻底市场化,让市场在资源配置中起决定性的作用,这主要取决于设施和服务是否具备彻底市场化的条件。简单地说,只要存在或设计产生充分性竞争或有效性替代,公共产品也能彻底市场化,比如私立医院、私立学校、民营公交等。四是用PPP模式政企合作,政府用自己少量的钱、企业更多的钱,一起投资基础设施、提供公共服务,并通过约束合理回报特别是将合作经营期限拉长到二三十年甚至更长年限,以几十倍地放大政府年度、月度财政支付能力。这是针对政府付费类或政府补贴类PPP项目,而对完全使用者付费项目,政府则不存在财政支付问题,但政府需要在维护企业合法合理投资回报的前提下"为民做主",维护好公众利益。

由此不难看出,PPP模式的确可以在政府提供公共产品过程中提供融资支持,部分解决或缓解政府资金紧缺问题,所以很多人特别是非常"缺钱"的政府首先把PPP视为一种融资工具,这也无可厚非;只是政府要明白,在PPP模式中,企业是投资而不是捐款,投资要有回报,但只能是合理回报而不允许过高回报。企业的投资回报来自3种付费方式:完全使用者付费、完全政府付费、使用者付费加政府补贴。后两种付费方式仍然存在着平滑后年度化甚至月度化政府财政支付问题,这就是财政承受能力的概念要求,需要严肃对待,否则出现支付危机,就是政府严重失信和违约问题。

二、效率价值

PPP 模式具有本能化的融资功能，但 PPP 模式绝不是单一的融资工具，它在项目层面的效率价值具有与融资价值同等重要的地位。所谓的效率价值，是指由企业主导的 PPP 项目的投资、建设、运营、管理，都会表现出比政府更高的效率。这既可以从理论上找到依据，也可以在现实社会中找到数据。从理论上，前述的政府失灵理论已经做出了解答；从现实社会中，下面的实证分析提供了佐证。

艾伦咨询集团（Allen Consulting Group）曾对澳洲的 21 个 PPP 项目和 33 个传统模式项目进行比较，研究结果表明：PPP 模式在成本效率方面显著优于传统模式。从项目立项到全部结束，PPP 模式的成本效率提高了 30.8%；从交付时间上看，PPP 项目平均完成时间提前了 3.4%，传统模式项目平均完成时间延误 23.5%。总体而言，PPP 模式在成本和工期方面都优于传统基础设施交付模式，而且，伴随着项目规模的增长和复杂程度的增加，PPP 模式的优势会更为突出。PPP 模式充分发挥了政府部门和私人部门的比较优势，特别是充分发挥了私人部门在项目经验、创新和效率等方面的优势，有助于解决传统基础设施交付模式存在的效率低和政府部门承担风险过高等问题。PPP 模式通过竞争和激励机制驱动私人部门创新。在竞标和实施阶段，PPP 模式的竞标压力和风险分担机制有效地刺激了私人部门的创新行为，而且私人部门更加关注可以节约成本的技术创新。在竞标阶段，私人部门创新的动力主要来源于降低成本预算、满足项目规范和要求、提高产品性能等需求；在实施阶段，对项目设计和建设的创新是私人部门降低风险的最主要方式。经验显示，PPP 模式可以带来 20%～30% 的成本效益，这部分归因于创新功效，而且大约 60% 的创新属于增量创新、模块化、架构和系统创新。有关研究还表明，PPP 模式节约的成本大约有 24% 可以归因于创新性行为。总之，PPP 模式在基础设施供给方面有着独特的比较优势，通过企业投资、风险分担、市场竞争和激励相容等机理设计，有利于推动创新，节约时间和成本，提高公共产品的供给效率和服务质量。

其实，追根溯源，我们很容易发现，融资需求与效率需求是 PPP 模式产生的两大动因，在现实应用中也应等量视之，不可厚此薄彼。如果 PPP 模式体现不出很好的效率价值，物有所值就无从谈起，因为物有所值 = 政府单干时的全部成本（包括融资、建设、运营成本）- PPP 模式下企业全部成本（融资、建设、运营成本）- 企业利润，政府运作项目可以没有利润，但如果 PPP 模式中企业表现不出更低的成本和更高的效率，加上企业必须获取的合理回报，物有所值就成了负值。谈到政企效率，自然有国家、地区之分，有绝对、相对之别，即在一个政府效率很高的国家和城市，企业的效率往往会更高。日本、新加坡等国政府的效率挺高，它们之所以还在做 PPP，是因为这些国家的企业的效率比政府还要高；相反，发展中国家或城市政府效率不高，企业效率也不高，但企业效率比政府的还是要高。PPP 模式在强调共享的同时还要强调开放，无论是发达还是发展中国家或城市，政府都应在政策法律允许的情况下向国内外寻求最优秀的合作伙伴，以谋求来自企业融资价值和效率价值的最大值。

第二节
国家层面

中国正处于从高速增长到高质量发展的关键转型过程中，我们面临着一系列转型难题，诸如契约精神缺失、国家治理能力不足等。我们从 PPP 模式的理念、机理可以欣喜地发现，PPP 模式可以有效促进建立"亲""清"平等的新型政企关系,也可以促进契约精神和诚信意识的打造与固化,还能推进国家治理体系和治理能力的现代化。

一、PPP 模式与新型政企关系

现代市场经济存在两大主体和一大难题,即政府与企业两大主体和政企关系一大难题,只是不同国家或同一国家在不同阶段,这一难题的难易程度有所不同,由此产生了对市场经济发展乃至国家进步不同程度的影响。

中国在传统计划经济年代,因为企业主要是以公有制国有企业性质存在,那时的国企与政府没有太大的区别,一视同仁,统一管理,都是计划经济的执行者,也就不存在政企关系的复杂难题,但整个社会却存在着无法克服的严重的短缺经济。中国自改革开放、发展社会主义市场经济以来,民营经济和民营企业得到了空前的发展和壮大,特别是中国共产党第十八次全国代表大会(简称十八大)提出了"让市场在资源配置中发挥决定性作用",民营企业更取得了空前的经济地位和政治地位,在中国经济社会发展中发挥着越来越大的作用。党的十九大报告提出,全面实施市场准入负面清单制度,清理废除妨碍统一市场和公平竞争的各种规定和做法,支持民营企业发展,激发各类市场主体活力。现如今,中国民营经济在 GDP 中的比重超过 60%,占税收比重约为 50%,占就业比重约为 80%。数据说明了一切。与此同时,市场经济中的国有企业(包括中央国有企业和地方国有企业),其地位、作用、身份、管理与机制等也与计划经济时代的国有企业大不相同了,它同时具有新型民营企业和传统国有企业的双重角色和职能,比如说,在逐利方面,国有企业与民营企业没有本质区别。

另一方面,推进市场经济过程中的政府与推行计划经济中的政府也有很大不同。市场经济赋予政府两大职能：一是维护市场秩序，二是提供公共产品而弥补市场失灵。尚处于市场经济不完善阶段的中国政府，特别是地方政府，拥有广泛的经济管理权力，拥有更多的对企业的监管权力以及对公共资源的配置权力，地方政府在施政过程中主导了辖区的资源配置，对各类市场活动的产生和发展起到了至关重要的作用。在政企关系方面，辖区内的企业，不论所有制的性质如何，都是地方政府推动经济发展的工具，是地方政府经济发展政策的最终实施者。地方国有企业是城市更新的主力军，通过投融资平台的制度形式，忠实地执行着地方政府的决策。对于非公有制企业而言，地方政府通过招商引资来实现自己的产业构想，作为投资者被引进的外地企业，在获取利润的同时将地方政府的经济蓝图变成现实。

在由传统计划经济向市场经济推进的现阶段，政府与企业由于历史和现实原因而不可避免地产生一大难题，即政企关系。这主要体现为平等缺失。自古以来，中国的商人和官员就不是平等的地位。早在秦朝，"士农工商"的地位格局就已经奠定。两千多年来这一格局也没有发生根本改变。山西乔家大院里的档案表明，即便在商人地位有所上升的晋商时期，山西商人赚钱之后一定要给自己的祖上、自己及儿子花钱买一个没有实职的官衔，以便提高社会地位。从某种程度上来说，这与今天的民营企业主努力争取获得政治荣誉并无本质区别。由于中国幅员辽阔，又是内陆国家，重农抑商就成为历代统治者的不二选择，商人从来就没有发展成为独立的阶层，而是依附于官府，当然就不可能形成对等的官商关系。再加上我们至今实行的还是大政府管理体系，而在计划经济时代更是推行大公无私理念，时至今日，对很多政府官员来说，平等待企、平等尊企，更不要说与企业平等合作，都不是一件很容易的事情。

有的中国经济学家说，中国企业家最大的痛苦是政企关系，当然，中国有的企业家最大的快乐和成功也是政企关系。中国某著名企业家曾在接受媒体访谈时说，"中国的政商关系这门学问应该比博士后还高，可惜高校没有教这门课"。根据世界银行 2005 年对中国大陆 30 个省份 12 000 多家企业的调查数据，每个企业平均每年大约要花 58 天和政府的 4 个主要部门（税务、公安、环保、劳动与社会保障）打交道，大约占全年时间的 1/6。其中前 5% 的样本企业，每年要花 170 天与政府部门打交道，占全年时间的近一半。更严重的问题在于，只要在中国经营企业，对强势政府部门，企业主不仅"惹不起"，而且"躲不起"。经济学家的研究证明，通过与政府部门打交道来构建政企关系，实质上是一种强加给企业的"时间税"，对于企业效率的提高并无帮助。[①]

  毫无疑问，不健康的官商关系伤害的终究是市场经济的健康发展和社会的法制、公平与正义。纵观市场经济发达的国家，很多都有一个阳光政企关系的发展过程，只有健康、规范的政企关系，才能促进市场经济的健康、规范发展，政企关系与市场经济是相辅相成的。让权力在阳光下运行，让政企关系在阳光下去"霉"。伴随市场经济的不断发展，我们需要建立新型的"亲""清"平等的政企关系，而这种新型的政企关系正是 PPP 模式所倡导或者说所必须遵循的。PPP 模式，是政企合作提供公共产品和公共服务，通过严格的招投标过程，严格的运营过程的监管和社会监督，以及物有所值、财政承受能力、合理回报、风险分担、利益分享、平等友好、长期稳定等理念训导、机理设计和合同约束，使得政企双方都拥有了合规合法的自我约束力，追求"亲""清"平等关系的驱动力，时间长了，理念固化了，行为规范了，新型政企关系也就确立了。大道至简，官商各安其道而又并行不悖。这就是我们对中国推进 PPP 模

---

① 资料来源：聂辉华. 为何中国政企关系如此复杂？[EB/OL]. FT 中文网（英国金融时报），[2015-6-2]. http://ftchinese.com/story/001062248?archive。

式有助于建立起正常、正当、正确的政企关系的合理期待。

二、PPP 模式与国家治理能力现代化

中国共产党第十八届中央委员会第三次全体会议（简称中共十八届三中全会）提出："全面深化改革的总目标是完善和发展中国特色社会主义制度，推进国家治理体系和治理能力现代化。"将推进国家治理体系和治理能力现代化作为全面深化改革的总目标，对于中国的政治发展，乃至整个中国的社会主义现代化事业来说，具有重大而深远的理论意义和现实意义。党的十九大报告中提出，到 21 世纪中叶，实现国家治理体系和治理能力现代化。国家治理体系和治理能力是一个国家制度和制度执行能力的集中体现。推进国家治理体系和治理能力现代化，势必要求对国家的行政制度、决策制度、司法制度、预算制度、监督制度等进行突破性的改革。

从理论上说，治理的概念不同于统治的概念，从国家统治走向国家治理，是人类政治发展的普遍趋势。"多一些治理，少一些统治"是 21 世纪世界主要国家政治变革的重要特征。从政治学理论看，统治与治理主要有 5 个方面的区别：其一，权力主体不同。统治的主体是单一的，就是政府或其他国家公共权力。治理的主体则是多元的，除了政府外，还包括企业组织、社会组织和居民自治组织等。其二，权力的性质不同。统治是强制性的。治理可以是强制的，但更多是协商的。其三，权力的来源不同。统治的来源就是强制性的国家法律，治理的来源除了法律外，还包括各种非国家强制的契约。其四，权力运行的向度不同。统治的权力运行是自上而下的，治理的权力运行可以是自上而下的，但更多是平行的。其五，两者作用所及的范围不同。统治所及的范围以政府权力所及领域为边界，而治理所及的范围则以公共领域为边界，后者比前者要宽广

得多。①

要提升国家治理能力，就要加快转变政府职能，处理好政府与市场的关系，增强政府公信力和执行力，建设法治政府和服务型政府。在推进国家治理体系和治理能力现代化进程中，PPP模式无疑能发挥极为重要的作用，无论是理论层面还是工具层面。现代国家治理体系和治理能力更强调"共治"而非"单治"。正确处理好政府和社会的关系，引导社会各方面积极有效地参与决策、参与管理、参与投资，促进社会的共同治理，从而实现"大社会小政府"，是现代化国家的普遍追求。PPP模式是政府在提供公共产品和公共服务过程中，邀请社会资本参与投资和管理，表面看是为了解决政府资金不足效率不高的问题，但从深层次看，则是政府在自觉谋求公共管理领域的"共治"，时间长了，变成了新常态，就形成了非强制性的理念自觉和价值认知，其未来的政治意义尤值期待。这里需要强调的是，在PPP模式应用过程中，要积极发挥好地方人大的参与决策作用和政协的参与咨询作用，从而实现更广泛的共治。

处理好政府与市场的关系，既要使市场在资源配置中起决定性作用，又要更好地发挥政府作用，PPP模式对此可以进行完美诠释。把完全市场化的私人产品完全交由企业特别是由非公企业提供，已成社会共识，市场已经在起着决定性的作用。对于公共产品，也有三种提供方式：一是公立，由政府独家提供；二是私立，由非公企业单独提供；三是公私合立，即PPP模式提供。如果我们有让市场在资源配置中起决定性作用的强烈的市场偏好，那就可以积极探索公共产品完全市场化的可能性，随着科技进步与社会发展，这种可能性越来越大，关键是看能否设计出公共产品的充分竞争性与有效替代性。而对于管理简单、公益性强的公共产品，主张由政府独家

---

① 资料来源：俞可平．推进国家治理体系和治理能力现代化［J］．前线，［2014-02-27］．

提供，也是在强调更好地发挥政府作用。而对于很多公共产品特别是越来越多的准公共产品，用 PPP 模式提供已成世界潮流。PPP 模式是一种半市场化加半行政化的公共产品和公共服务的供给模式，在全面深化改革的初期具有很强的牵引性。PPP 是通过充分竞争让专业的人做专业的事，使老百姓享受多元化、高品质、高性价比的服务，使政府由过去关注供给主体转向关注公共服务质量、效率和性价比。通过市场进行资源配置，政府将更多发挥规则制定人和监管人的作用。PPP 模式的潜在意义正在于同时发挥好市场和政府的双重作用，即在难以完全市场化的公共产品提供过程中，区分阶段与能力，最大可能地释放出让市场发挥决定性作用的空间，同时政府的作用也会发挥得更为精细与精准。

总之，PPP 模式之所以对国家治理现代化具有重要的推动作用，根源在于它可以改变政府与市场的关系，使政府与市场之间演化出更加健康的互动关系。PPP 模式本质上是政府以契约模式来干预市场，政府与市场主体之间是平等互利的关系。PPP 模式的推广，意味着政府对市场的干预，从具有行政化色彩的委托代理模式向市场起决定性作用的契约模式转型。在公共服务的供给方面，市场主体不再是政府的忠实代理人，而是政府的生意伙伴，双方基于自身利益进行平等协商，在法律的框架下有序合作乃至处理纠纷，这显然是一种新型的公共治理模式，是国家治理现代化的重要组成部分。

三、PPP 模式与契约精神

在前面的"概念解读"和"理念认同"章节中，都对"契约理论"和"契约精神"做了比较详细的论述。契约理论是 PPP 模式重要的理论依据，而契约精神则是 PPP 模式重要的理念支撑。其实，契约精神和契约意识不仅对政企合作 PPP 模式的成败至关重要，而且对一个国家和一个民族，无论是在经济方面还是在社会层面也成败攸关。可以说，契约精神和契约意识是现代市场经济的基石之一，缺失这个基石或这个基石不坚固，市场经济的大厦就不可能坚固。研判一下以往半个世纪的世界发展史，全球上百个发展中国家，只有十几个国家成功地跨越了中等收入的陷阱，步入高收入发达国家行列，究其原因，契约精神能否快速建立起来，政府、企业、个人乃至整个社会是否诚实守信，成为关键因素之一。市场经济是法制经济，市场经济也是信用经济。日本和韩国分别用了12年和8年跨越了中等收入的陷阱，两国都成功建立起了与市场经济发展相适应的契约精神和诚信意识。而大量难以跨越中等收入陷阱的国家，都有着挥之不去的"中等收入陷阱"共性特征，诸如经济增长回落或停滞、贫富分化、环境恶化、过度城市化、公共服务短缺、就业困难、社会动荡、金融体系脆弱等；而信用缺失、契约精神丧失既是重要特征，也是重要原因。

所以，中国要推进完善现代市场经济，顺利跨越中等收入陷阱，并给广大发展中国家树立典范、提供经验，就需要建立与之相适应的现代诚信意识和契约精神。我们发现，PPP模式可以在培育中国政府、企业乃至全社会的契约精神方面发挥非常重要的作用。因为PPP模式是政企合作提供公共产品和公共服务，它至少涉及3个主体：政府、企业和社会。对政府方来说，它代表着资源供给、财政付费和公众利益，严肃性毋庸置疑；对企业方来说，巨额真金白银投入的合理回报，关乎企业切身利益甚至成败，不可能不较真。于是政企双方这种用权力、责任、公众利益与资金、效益"对决"建立起来的且持续时间长达二三十年的合约，一定是严肃认真的；任何一方随意失信毁约都会遭到对方的强烈抵制和法律诉讼，因为它伤害的是另一方的切身利益。权力不可以傲慢，资本不可以撒野，唯有双方平等合作，诚实守信，风险分担，利益分享，才能取得双赢，再加上公众就是三赢。所以，PPP模式有一种讲诚信、守契约的内在驱动力和趋同力。合乎逻辑的推理是，当PPP模式用得多了，用的时间长了，定能潜移默化且比较快速有效地改变传统文化中似是而非的所谓的信用意识，代之以现代市场经济和现代社会所需要和尊崇的契约精神和诚信意识。

第三节
国际层面

中国主导的"一带一路"倡议，响应者众多，发展中国家更多，设施互联互通，需要投资，也需要管理，PPP模式便有了用武之地；联合国主推的人类可持续发展、基础设施和公共服务计划，尽管目标宏大，但因资金匮乏而不好推行，于是联合国就赋予了PPP模式全球性的历史使命。

一、PPP模式与"一带一路"

"一带一路"（The Belt and Road Initiative，简称B&R）是"丝绸之路经济带"和"21世纪海上丝绸之路"的简称，是由中国国家主席习近平同志2013年9月和10月出访中亚和东南亚国家期间率先提出的重大倡议，得到国际社会高度关注。2015年3月28日，国家发展改革委、外交部、商务部联合发布了《推动共建丝绸之路经济带和21世纪海上丝绸之路的愿景与行动》。"一带一路"借用古代丝绸之路的历史符号，充分依靠中国与有关国家既有的双多边机制，借助既有的、行之有效的区域合作平台，积极发展与沿线国家的经济合作伙伴关系，以和平合作、开放包容、互学互鉴、互利共赢的丝绸之路精神为指引，共同打造政治互信、经济融合、文化包容的利益共同体、命运共同体和责任共同体。3年来，100多个国家和国际组织积极响应，50多个国家与中国签署合作协议。据统计，2016

年中国对"一带一路"沿线国家直接投资145亿美元,进出口总额达到6.3万亿元人民币。中国企业在沿线国家建立了56个经贸合作区,累计投资185亿美元,为东道国创造了11亿美元税收和18万个就业岗位。2016年第71届联合国大会决议欢迎"一带一路"等经济合作倡议,敦促各方通过"一带一路"倡议等加强阿富汗及地区经济发展,呼吁国际社会为"一带一路"倡议建设提供安全保障环境。

"一带一路"国际合作高峰论坛圆桌峰会于2017年5月15日在北京举行,来自30个国家的领导人和联合国、世界银行、国际货币基金组织负责人出席峰会,围绕"加强国际合作,共建'一带一路',实现共赢发展"的主题,就对接发展战略、推动互联互通、促进人文交流等议题交换意见,达成广泛共识,并通过了联合公报。中国国家主席习近平在开幕辞中指出,在各国彼此依存、全球性挑战此起彼伏的今天,各国要对接彼此政策,在全球更大范围内整合经济要素和发展资源,才能形成合力,促进世界和平安宁和共同发展。"一带一路"倡议的核心内容是促进基础设施建设和互联互通,对接各国政策和发展战略,深化务实合作,促进协调联动发展,实现共同繁荣。"一带一路"建设植根于历史,但面向未来;源自中国,但属于世界。习近平强调,我们要推动互利共赢,明确合作方向,本着伙伴精神,牢牢坚持共商、共建、共享,让政策沟通、设施联通、贸易畅通、资金融通、民心相通成为共同努力的目标,坚持在开放中合作,在合作中共赢,对话化解分歧,协商解决争端,共同维护地区安全稳定。要把"一带一路"建设合作同落实联合国2030年可持续发展议程结合起来,同区域发展规划对接起来,同有关国家提出的发展规划协调起来,产生"一加一大于二"的效果。我们要依托项目驱动,在基础设施联通、实体经济合作、贸易和投资自由化便利化、金融合作、民心相通等方面深化务实合作。

"一带一路"沿线60多个国家大多是新兴经济体和发展中国家,

总人口约 44 亿，经济总量约 21 万亿美元，分别约占全球的 63% 和 29%。"一带一路"沿线国家普遍存在的突出问题就是基础设施落后，落后的原因是政府普遍存在"两缺"即缺资金缺效率（管理）。据亚洲开发银行估计，亚洲各国要想维持现有经济增长水平，内部基础设施投资至少需要 8 万亿美元，平均每年需投资 8 000 亿美元，其中 68% 用于新增基础设施的投资，32% 是维护或维修现有基础设施所需资金。现有的多边机构并不能提供如此巨额的资金，亚洲开发银行的总资金约为 1 600 亿美元，世界银行也仅有 2 230 亿美元，两家银行目前每年能够提供给亚洲国家的资金大概只有区区 200 亿美元，都没有办法满足这个资金的需求。这就是在"一带一路"倡议下亚洲基础设施投资银行（Asian Infrastructure Investment Bank，AIIB，简称亚投行）及丝路基金成立的背景和意义。

亚投行是一个政府间性质的亚洲区域多边开发机构，重点支持基础设施建设，成立宗旨是为了促进亚洲区域的建设互联互通化和经济一体化的进程，并且加强中国及其他亚洲国家和地区的合作，是首个由中国倡议设立的多边金融机构，总部设在北京，法定资本 1 000 亿美元。截至 2017 年 5 月 13 日，亚投行有 77 个正式成员国。2013 年 10 月 2 日，习近平主席提出筹建倡议，2014 年 10 月 24 日，包括中国、印度、新加坡等在内的 21 个首批意向创始成员国的财长和授权代表在北京签约，共同决定成立亚投行。2015 年 12 月 25 日，亚投行正式成立。2016 年 1 月 16 日至 18 日，亚投行开业仪式暨理事会和董事会成立大会在北京举行。

丝路基金是由中国外汇储备、中国投资有限责任公司、中国进出口银行、国家开发银行共同出资，依照《中华人民共和国公司法》，按照市场化、国际化、专业化原则设立的中长期开发投资基金，重点是在"一带一路"发展进程中寻找投资机会并提供相应的投融资服务，首期资本金 100 亿美元。2014 年 12 月 29 日，丝路基金有限责任公司在北京注册成立。2017 年 5 月 14 日，中国国家主席习近平在"一带一路"国际合作高峰论坛开幕式上宣布，中国将向丝路基金新增资金1 000亿元人民币。在"一带一路"建设中，丝路基金展现了其优越性和活力，通过灵活高效的运作模式，为重要项目融资提供了新鲜血液，既确保了中长期财务可持续，也实现了合理的投资回报。丝路基金绝不是简单的所谓"马歇尔计划"，绝非简单的经济援助，而是通过互联互通为大家的发展创造新的重大发展机遇，提供更大的商机和发展空间。

基础设施建设需要巨大资金投入，单靠亚投行及丝路基金还是力不从心，还必须吸引更广大的民间资本，更何况基础设施还存在建设管理的效率问题。所以，"一带一路"倡议有两个重要引擎：一是亚投行（及丝路基金），二是PPP；前者提供引导资金支持，后者提供模式和机制驱动，所以"B&R + AIIB + PPP"将是一个三位一体的推进战略和集成研究对象。一方面，面对万亿美元的资金需求，要充分发挥好亚投行及丝路基金的积极融资带动作用，与此同时，还要加强与世行、亚行等多边开发机构的合作，与中美洲开发银行、欧洲复兴开发银行及东道国开发机构的合作；另一方面，要积极应用政企合营PPP模式，既吸引更多私人资本（包括来自中国的国有或民营资本）进入，又借助企业来提高基础设施投资效率和管理水平。

"一带一路"，连接亚欧，共建共享，互联互通。让AIIB和PPP双引擎更好地协调推进，无疑是源于中国成功实践并面向问题导向的中国方案。"一带一路"，中国的资金要走出去，中国的技术要走出去，中国的管理要走出去，中国的PPP模式也要走出去。我们要像重视亚投行和丝路基金一样来重视PPP模式在"一带一路"中的重要作用，适时把"一带一路"沿线有关国家政府和私人部门请到中国来，接受中外专家PPP专业培训并进行实地考察，解决好理念和操作问题，这样为"走出去"而先"请进来"，定能事半功倍，成效显著。我们高兴地看到，这两年来，国家发展改革委、商务部、环保部等部门已经开始了这方面的国际培训工作。而在继2016年国家发展改革委与联合国欧洲经济委员会（United Nations Economic Commission for Europe）签署PPP合作谅解备忘录之后，双方又于2017年5月就"一带一路"PPP合作签署了《谅解备忘录》，进一步明确了双方合作的行动方案，包括政策对话、项目促进机构建设和国家能力建设等。

二、PPP模式与可持续发展

2015年9月，在纽约联合国峰会上，全体成员国一致通过了《变革我们的世界——2030年可持续发展议程》（Transforming Our World: the 2030 Agenda for Sustainable Development），确立了人类未来15年内要努力完成的包括消除贫困、优质教育、基础设施、人居环境、水和环境卫生等17个发展目标。经过多年探讨，人们对可持续发展基本达成三项共识：必须坚持以创新驱动克服增长停滞和边际效益递减（提供动力），必须保持财富的增加不以牺牲生态环境为代价（维系质量），必须保持代际与区际的共建共享，促进社会理性有序（实现公平），从而在可持续发展内涵中提取出了"动力、质量、公平"3大元素。

联合国有关机构对可持续发展做了"3E"和"3P"的诠释和解读（见图4.2）。可持续发展包含既有区别又相联系的3个方面，即社会（Ethics）、经济（Economy）和环境（Environment），可持续发展就是要实现经济增长、社会和谐与环境可持续的协调增进。在经济发展方面，强调以效益（Profit）为本，体现为可融资性和投资能力等内涵；在社会发展方面，强调以人（People）为本，体现为社会和谐、社会指纹（social fingerprint，即社会特征、社会特色）、本地化可持续就业、人力资本开发等内涵；在环境发展方面，强调以地球（Planet）为本，体现为自然系统的可持续性、生态足迹（eco-

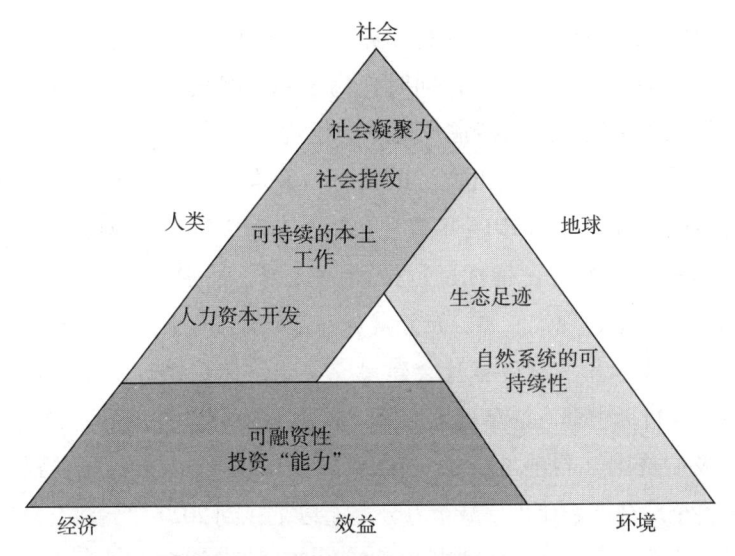

图 4.2 可持续发展的"3E"与"3P"

logical footprint）等内涵。其中，生态足迹也称"生态占用"，是在 20 世纪 90 年代初由加拿大不列颠哥伦比亚大学规划与资源生态学教授里斯（Rees）提出的，是指在现有技术条件下，指定的人口单位内（一个人、一个城市、一个国家或全人类）需要多少具备生物生产力的土地（biological productive land）和水域，来生产所需资源和吸纳所衍生的废物。比如说一个人的粮食消费量可以转换为生产这些粮食的所需要的耕地面积，他所排放的二氧化碳总量可以转换成吸收这些 CO_2 所需要的森林、草地或农田的面积。因此，它可以形象地被理解成一只负载着人类和人类所创造的城市、工厂、铁路、农田等的巨脚踏在地球上时留下的脚印大小；它的值越高，人类对生态的破坏就越严重。通过生态赤字或生态盈余，可准确反映不同区域对于全球生态环境现状的贡献。

2015 年是联合国千年发展目标的验收之年，但显然不是人类追求发展的终结之年。早在此之前，联合国就已在考虑未来人类发展的前景和目标，在 2012 年举办的"里约+20"峰会上，各国同意创建可持续发展目标（Sustainable Development Goals，简称 SDG）来完成千年运动未完成的工作，同时提高了对环境的关注度，以缓解那些经济发展可能会进一步危及地球的担忧。一个代表 70 个国家的工作组花了一年半时间提出宽泛的目标，及准备用于判断这些目标实施进度的指标。等到 2014 年 7 月初稿发布时，这个清单已扩展到 17 个目标和 169 个潜在指标，包括消除贫穷、性别平等、优质教育、水和环境卫生、现代能源、充分就业、基础设施、改善人居环境、应对气候变化、和平与包容社会建设、全球伙伴关系等，详见表 4.1。其中不少目标中都有许多量化指标，如到 2030 年，在世界所有人口中消除极端贫困（目前的极端贫困标准是 1.25 美元/人/日）；到 2030 年，将全球孕产妇死亡率减至万分之七以下；到 2020 年，将全球公路交通事故造成的死伤人数减半；到 2030 年，把全球能效改善率提高一倍；在 2030 年之前，以高于全国平均数的比例，逐步实现和维持最底层 40% 的收入增长；到 2030 年，将零售和消费环节的全球人均粮食消费程度减半等。联合国可持续发展目标如表 4.1 所示。

表 4.1　联合国可持续发展目标

目标	内容
目标一	在世界各地消除一切形式的贫困
目标二	消除饥饿，实现粮食安全，改善营养，促进可持续农业的发展
目标三	确保健康的生活方式，促进各年龄段所有人的福祉
目标四	确保具有包容性和公平的优质教育，为全民提供终生学习的机会
目标五	实现性别平等，增强所有妇女和女童的权能
目标六	确保为所有人提供并以可持续方式管理水和卫生设施
目标七	确保人人获得负担得起、可靠和可持续的现代能源
目标八	促进持久、包容和可持续的经济增长，促进实现充分和生产性就业及人人享有体面的工作

(续表)

目标	内容
目标九	建设有复原力的基础设施，促进包容与可持续的产业化发展，推动创新
目标十	减少国家内部和国家之间的不平等
目标十一	建设包容、安全、有复原力和可持续的城市和人居环境
目标十二	确保可持续的消费和生产模式
目标十三	采取紧急行动应对气候变化及其影响
目标十四	保护和可持续利用海洋和海洋资源，促进可持续发展
目标十五	保护、恢复和促进可持续利用陆地生态系统，可持续管理森林，防治荒漠化，制止和扭转土地退化现象，遏制生物多样性的丧失
目标十六	促进有利于可持续发展的和平和包容性社会的发展，为所有人提供诉诸司法的机会，在各级建立有效、问责和包容的制度
目标十七	强化实施手段，重振可持续发展全球伙伴关系

未来 15 年的人类可持续发展仍要把消除饥饿和贫困作为首要目标，要为今天 9.25 亿饥饿人口和预计到 2050 年新增加的 20 亿人口提供营养；经济增长必须具有包容性，要能够提供可持续的就业机会并促进公平；确保健康的生活方式，促进各年龄段所有人的福祉对可持续发展至关重要；需要更加努力来实现普及教育的目标；性别平等不仅是一项基本人权，也是世界和平、繁荣和可持续发展的必要基础；水资源缺乏、水质差和卫生设施不足以对粮食安全乃至生命安全构成威胁。联合国"人人享有可持续能源"倡议旨在确保普及现代能源服务，提高可再生能源的利用率；可持续的经济增长要求社会创造条件，使人们得到既能刺激经济增长又不会危害环境的优质就业机会，也要求为所有达到工作年龄的人提供就业机会及像样的工作环境；增强城市应对气候变化的能力，同时促进经济增长和社会稳定；为减少收入不均，各项政策在原则上要具有普适性，

但要兼顾贫困和边缘化群体的需求；需要创建能为所有人提供机会，并使大家都能获得基本服务、能源、住房、运输和更多服务的城市；可持续消费和生产也要求从生产到最终消费这个供应链中各行为体的系统参与和合作；拿出负担得起、可升级的气候变化解决方案，将确保过去几十年取得的进展不会因气候变化而停滞，并确保各国经济的活动和复原力；对海洋这一重要的全球资源的认真管理是建设可持续发展未来的一个主要方面；努力对森林进行管理，抗击荒漠化；公正、民主的社会是实现可持续发展的必要条件，要致力于为实现可持续发展建设和平和包容的社会，为所有人提供司法救济途径，以及在各级建立有效和问责机制；一项成功的可持续发展议程要求政府、私人部门与民间社会建立伙伴关系，把人民和地球放在中心位置，实现基于原则和价值观、有共同的愿景和共同的目标、需要包容性的伙伴关系。

2015年9月25日联合国发展峰会在纽约联合国总部开幕，193个成员国一致通过了具有里程碑意义的《变革我们的世界——2030年可持续发展议程》，系统规划了今后15年世界可持续发展的蓝图。时任联合国秘书长潘基文在致辞中说："我们来到了人类历史上一个决定性的时刻，全世界的人们都在要求我们为充满希望和机遇的未来点亮一盏灯。新的可持续发展目标是各国领导人对全世界人民的承诺，是为人类消除各种形式贫困的议程，是为在地球创建共同家园的议程，是为共享繁荣、和平与合作的议程。"中国国家主席习近平出席峰会并在致辞中全面阐述了中国对全球发展问题的看法，提出以公平、开放、全面、创新等为核心要素的发展理念，全面回顾了中国的发展成就和经验，展示了中国落实2015年后发展议程的坚定信心和决心。

基于历史和现实，我们可以说欧洲既是可持续发展的示范区，又是PPP概念的起源地。欧洲很多国家在可持续发展方面，在经济、社会与环境协调促进方面走在了世界的前列。中国有关机构依据建立的可持续发展能力指标体系，应用世界银行和《人类发展报告》（2014）发布的全球各国家（地区）最新年度统计数据，在统计规则的统一比较下，完成了对世界192个国家（地区）可持续发展能力的计算；其中可持续发展能力排在前10名的国家分别为挪威、瑞士、瑞典、加拿大、冰岛、芬兰、奥地利、德国、斯洛文尼亚、澳大利亚，从中不难看出欧洲拥有可持续发展示范区的分量。

PPP概念产生于欧洲，在欧洲很多国家得到了广泛应用并取得了很好的效果，所以无论是PPP理论还是PPP实践，欧洲都走在世界的前面。英国是最早采用PPP模式的国家，在1992年首次提出私人PFI的概念；2012年，英国财政部进一步推出新型私人融资（PF2），并配套出台政策性文件《PPP的新模式》，而法国、德国、瑞士等很多欧洲国家应用PPP模式都取得良好成效并形成各自的特色。根据PWF（现值系数）的数据，1985—2011年，全球基础设施PPP名义价值为7751亿美元；其中，欧洲处于领先地位，大约占全球PPP名义价值的45.6%，接下来是亚洲和澳大利亚，所占份额为24.2%，墨西哥、拉丁美洲和加勒比海地区三者合计占11.4%。美国和加拿大所占的份额分别是8.8%、5.8%，非洲和中东地区占全球份额的4.1%（见图4.3）。

我们知道，联合国有五大区域委员会，包括非洲经济委员会、欧洲经济委员会、拉丁美洲和加勒比经济委员会、亚洲及太平洋经济社会委员会和西亚经济社会委员会。其中，联合国欧洲经济委员会于1947年3月在日内瓦设立，目前共有56个成员，除欧洲大部分国家外，还包括加拿大和美国。

正由于欧洲拥有可持续发展示范区与PPP起源地的优势，所以联合国欧洲经济委员会对可持续发展与PPP都表现出极高的热情和推动力，于是我们就很容易理解其如下一系列举措：2008年，联合国欧洲经济委员会成立PPP各国代表及专家委员会；2012年，联合

比例（%）

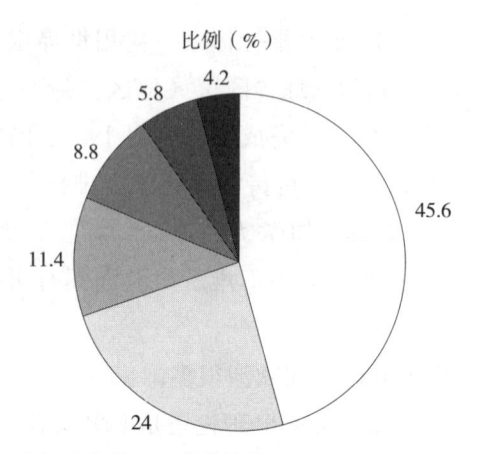

欧洲 45.6
亚洲、澳大利亚 24
拉美地区 11.4
美国 8.8
加拿大 5.8
其他地区 4.2

图 4.3　世界 PPP 项目分布情况

国欧洲经济委员会设立了国际 PPP 卓越中心；2014 年，联合国欧洲经济委员会设立了 PPP 专家咨询委员会，由全球遴选的 30 位专家组成；2014 年，联合国欧洲经济委员会开始与有关国家合作设立区域性 PPP 中心，目前已经设立了印度中心、巴塞罗那中心、法国中心等，并与清华大学、香港城市大学合作，同时在北京和中国香港设立了 PPP 中国中心。

人类可持续发展的一系列目标，涉及大量城市基础设施投资建设以及高效优质公共产品与公共服务的供给，比如教育、医疗、养老等。显然，单靠政府的财力和管理是无法完成这些光荣而艰巨的使命的。而私人部门或社会资本虽对很多城市基础设施和公共服务具有很好的投资能力和管理运营能力，但考虑到基础设施的公益性和相对垄断性，不宜将其简单私有化或市场化，理性的选择就是 PPP，即公私合营或政府与社会资本合作。所以，联合国把 PPP 作为实现人类可持续发展目标不可或缺的重要工具。用联合国欧洲经济委员会前任秘书长巴赫先生的话说，政府只有与广大私人部门通过 PPP 模式广泛合作，才能更有效地实现可持续发展目标。

那么如何用PPP助推可持续发展？由于PPP的理念、规则甚至操作具有确定内涵，并被实施PPP的很多国家广泛接受，形成了全球各国大同小异的PPP规则和实践，当然各国PPP的差异、经验和教训也是客观存在的，所以联合国欧洲经济委员会的想法和做法是：总结世界各国最佳规则和实践，将PPP标准化，围绕联合国确立的17个可持续发展目标，对应性、支持性地形成近30类PPP标准，给世界各国PPP实践提供指导和帮助。这几十个PPP标准既包括物质类基础设施（physical infrastructure），如机场、港口、铁路、公路等，也包括社会类基础设施，如教育、医疗、女性能力提升等。这些PPP标准中，有的只支持一个或几个可持续发展目标，如"增进女性权能"的PPP标准就只是针对"性别平等"这一可持续发展目标而设，而针对"消除贫穷"这一首要可持续发展目标，全部PPP标准都从不同领域提供支持。这些PPP标准一旦完成，就会在全球特别是发展中国家和新兴经济体有计划地进行培训、推广和指导帮助。前述联合国欧洲经济委员会PPP专家咨询委员会、PPP卓越中心以及若干区域中心的主要工作就是研究制定这个PPP标准体系并在全球加以推广。

联合国欧洲经济委员会非常关注中国的PPP工作并希望加强合作与交流。用联合国欧洲经济委员会有关官员的话说，联合国PPP议程不能没有中国这样的大国的参与，否则就不成其为联合国议程；中国PPP实践也应该得到联合国欧洲经济委员会的合作与帮助，否则也是双方的缺憾。2015年6月，联合国欧洲经济委员会PPP中心负责人正式访问中国香港和北京，与国家发展改革委和财政部相关人员进行了交流，之后，国家发展改革委很快与联合国欧洲经济委员会签署了PPP合作备忘录，合作内容包括：加强在PPP领域双方广泛交流与合作；共同确定中国若干城市和若干项目为联合国可持续发展与PPP示范城市和示范项目；总结推广中国PPP最佳实践；在中国设立PPP国际论坛；在中国设立PPP

97

国际培训计划。上述各项合作内容都在开展中，如 2016 年和 2017 年分别在青岛和北京举办了两届影响广泛的中国 PPP 论坛，2017 年在深圳举办了首届中国 PPP 培训班，中国部分 PPP 示范项目已入选联合国案例库，中国牵头负责的有关 PPP 标准也在有序推进中等等。

法规篇

本篇从国际视角开篇，对相关国际组织及部分国家的 PPP 规范进行解读，并以此为借鉴，对中国 PPP 的相关政策和法律制度，特别是 2014 年以来中国 PPP 的重要改革法规进行了全面梳理。在此基础上，本篇总结了中国 PPP 后续发展所面临的若干问题，并就此提出了 PPP 的立法体系的相关建议。

第五章
国际PPP规范解读与借鉴

第一节
国际组织相关规定

关于 PPP，包括联合国、世界银行、亚洲开发银行和欧盟在内的国际组织都有大量公开发布的文件，从理论、政策到实务，从标准、指南到法规，内容多元，体系庞杂，相关文献资料更是浩如烟海。考虑到欧盟及欧盟法[①]的特殊性，特别是欧盟法对于欧盟成员国的影响力和约束力，我们在此选择欧盟 PPP 规范作为专门的研究对象，以期给中国 PPP 相关立法及实践提供借鉴。

一、欧盟法下 PPP 的类别

2005 年 11 月 15 日，欧盟委员会通过了《PPP 及共同体公共合同和特许经营绿皮书》（简称《欧盟绿皮书》），强调 PPP 模式

[①] 根据百度百科，欧盟法指以建立欧盟、规制欧盟各国的国际条约为核心而建立起来的，包括欧盟自己为实施条约而制定的各项条例、指令、决定和判例以及欧盟各国的相关国内法，旨在调整欧盟各国对内和对外关系的国际法和国内法规范的总称，是一个将国际条约的内容逐渐发展成为国内法规范的法律体系。

的适用性,希望在欧盟公共事业市场和特许经营市场中推广 PPP 模式。①

关于 PPP,《欧盟绿皮书》将之划分为 CPPP 和 IPPP 两种类别。其中,CPPP 包括特许经营类和购买服务类(PFI);IPPP 则是由公私伙伴双方共同创办一个实体,以提供公共工程或服务。

关于特许经营,欧盟 2014 年颁布的《特许经营合同授予程序指令》(2014/23/EU)② 将其划分为工程和服务两类。"特许经营包括工程特许经营和服务特许经营。工程特许经营指一种为获取经济利益达成的书面合同,在该合同项下,一个或多个缔约部门或订约实体将工程实施委托给一个或多个经济运营商,对价可以是对作为合同标的的工程进行开发经营的权利,也可以是开发经营以及与其相关的收费权。服务特许经营指一种为获取经济利益达成的书面合同,在该合同项下,一个或多个缔约部门或订约实体将除工程实施以外的服务提供或管理委托给一个或多个经济运营商,对价可以是对作为合同标的的服务进行开发经营的权力,也可以是开发经营以及预期相关的收费权。"

关于 PFI,欧盟在共同体立法层面没有做出界定,但在《欧盟绿皮书》中有如下描述:"在其他模式中,私人部门合作方受托为公共当局实施或管理一项基础设施(如学校、医院、交通基础设施等),典型模式是 PFI。在 PFI 模式下,私人部门的报酬不是来自使用者付费,而是由公共部门定期支付。这种付费可能固定,但也可能基于工程或服务的可用性或使用程度发生变化。"

由于在特许经营类 PPP 和购买服务类 PPP 中均可能创办有政府

---

① 资料来源:徐琳. 法国公私合作(PPP 模式)法律问题研究 [J]. 行政法学研究,2016,97(3):39–45.
② 在欧盟法项下,"指令"属于次级法(secondary law),即为实施欧盟的条约之目的,而以欧盟名义在特定领域进行的较欧盟条约更为具体的立法,对欧盟成员国具有法律约束力,是欧盟最为普遍的立法形式,其目的在于为全部或部分欧盟成员国设立在特定范畴以内需要实现的目标或适用的原则,以及与之相关的最低标准(视具体情况而定)。

方参股的实体，所以严格说来，IPPP并非独立的PPP类型。欧盟之所以将IPPP独立出来，主要是由于公方的参与，需要在采购程序上对IPPP作特别处理。①

从上述绿皮书和指令的效力而言，《欧盟绿皮书》类似于英美等国政府就某项重要政策或议题而正式发表的咨询文件，是欧盟委员会就欧盟范围以内的PPP立法向公众征求意见的咨询文件；而《特许经营合同授予程序指令》属于欧盟次级法，其目的在于为全部或部分欧盟成员国设立在特定范畴以内需要实现的目标或适用的原则。但至于如何充分有效地达成这个目标，则交由成员国通过其国内的立法，以它们认为合适的方式和手段进行。倘若成员国认为自己既有的法律已经实现了指令设定的目标，它也可以不采取任何额外措施，但成员国仍有义务向欧盟委员会报告其实现目标的方法；若指令所涉及的欧盟成员国没能在规定的时间内报告措施或达成上述目标，成员国可能会被其公民诉至欧盟法院，欧盟委员会也有权采取进一步的措施。②

有关PPP、特许经营及PFI的分类，我国的现有法规并无明确界定，正在进行的PPP立法据悉也在这个方面颇费斟酌。我们认为，主要有两方面的概念需要厘清：一是如何定义PPP，二是如何区分特许经营和政府购买服务这两种类型的PPP。在这方面，欧盟的上述规定值得借鉴。

二、政策目的

欧盟认为，PPP作为建设基础设施项目、提供公共服务和在更

---

① 资料来源：国家发展改革委法规司. 基础设施和公用事业特许经营立法国际调研报告［EB/OL］.［2016-11-28］. http://ndrc.gov.cn/gzdt/201611/t20161128_828233.html.
② 资料来源：赵宇，陈曦. 初识欧盟法——欧盟法的法律渊源. 发表于微信公众号"欧洲法视界".

大范围内的创新举措，可有效发挥投资基础设施项目在解决金融和经济危机中的重要作用。[①]

相比而言，中国各级政府对于推广 PPP 模式的政策目的尚存分歧。在国务院层面，PPP 模式在较大程度上被视为"稳增长"与"调结构"两大政策目标之间保持平衡的路径之一；在部委层面，发展改革部门强调 PPP 模式促进民间投资及推动投融资机制改革的功能，财政部门则看重 PPP 模式的控债、减债功能；而在地方政府层面，PPP 其实更多被看作一种融资方式，而且是在地方政府相关政策空间被大幅收窄之后不得不做出的选择。

从政策目的的调适与落实来看，PPP 模式在我国的推广还需重点关注并解决以下几方面的问题：

其一，尽快推出 PPP 法（或条例），化解 PPP 缺乏长远规划及高等级立法的尴尬局面，在明确 PPP 的内涵与边界的基础上，明晰政策导向与目标。

其二，通过体系性的立法明确 PPP 项目的管理体系与制度，避免政出多门，以及地方政府自行其是。

其三，尊重项目实际情况及市场规律，在法无禁止的情况下，鼓励采取多元化的项目运作模式和融资方式，避免 PPP 模式的泛化应用。

其四，兼顾效率与公平，在提高公共产品或服务供给效率、保障合理投资回报的基础上，仍需持续关注 PPP 项目的公共服务属性，确保公共利益得到应有的保护。

[①] 欧盟 2009 年通讯《鼓励私人和公共投资，促进经济复兴和长期结构改革：发展 PPP》（COM［2009］615 final）指出："为解决金融和经济危机，欧盟和其成员国正在执行积极的振兴计划，力图稳定金融部门，减少经济衰退对公民和实体经济的影响。投资基础设施项目是在危机中维持经济活动和支持经济快速回复持续增长的重要方式。而在各种经济刺激措施中，PPP 是可以建造基础设施项目、提供公共服务和在更大范围内促进创新的有效举措。"

三、PPP 的定义

《欧盟绿皮书》未对 PPP 做出定义，但列举了几个判断 PPP 的要素：

(1) 公私双方主体在计划项目多方面的长期持续合作。

(2) 项目的融资途径，在私人部门方面有时是由各类参与者通过复杂安排达成，虽然如此，公共资金可能会对私人融资进行补充，在有些案例中甚至十分可观。

(3) 项目实施机构在项目不同阶段（设计、完工、执行、融资）扮演重要角色，公共合作方主要聚焦于明确界定公共利益目标、服务质量、价格政策，并负责监督这些目标的落实。

(4) 原先由公共部门承担的风险被转移，由公私合作者双方分担。但是，PPP 并不必然意味着私人合作方承担与项目相关的大部分或全部风险。

我们理解，特许经营类的 PPP 项目应当同时具备三大要素：其一，需要基础设施作为提供公共服务的载体；其二，需要长期运营（不一定限于面向使用者收费的经营性项目）；其三，传统上由政府作为产品或服务提供方，对于特定区域内的特定人群拥有独占运营权，并在一定时间和空间范围内具备天然垄断性。对于特许经营类的 PPP 项目，可以采取类似于我国外商投资产业指导目录的正面清单制度，实行动态管理。

与特许经营类的 PPP 相对应，可以称之为政府采购服务类的 PPP 项目，具体适用于不同时具备以上三大要素（特别是第三要素）的公共服务项目。对于此类项目，可以施行负面清单制度，一方面实行动态管理，另一方面也不一定就强制适用 PPP 模式。不具备可经营性的，亦可适用传统的政府采购服务。

此外，我国现有的与 PPP 相关的部门规章及规范性文件中都提到股权合作为 PPP 的实施模式之一。由于在特许经营类 PPP 和购买服务类PPP中均可能创办有政府方参股的实体，因此没有必要将股权合作单独列为PPP实施方式之一。

四、立法概况

（1）欧盟有关PPP的立法主要是针对采购规则和缔约程序。同时，针对特许经营和PFI之间的差异，分别制定了不同规则，但是未对PPP进行统一立法。

（2）目前，欧盟层面对PPP进行规范的文件主要有3个：

2014年颁布的《公共采购指令》（2014/24/EU、2014/25/EU），将PFI纳入公共采购体系。新的公共采购指令进一步细化和改进了公共采购程序，引入竞争性对话（competitive dialogue）程序，增强采购主体的自主灵活性，更加适应PFI项目等复杂项目的采购需求。

2014年颁布的《特许经营合同授予程序指令》（2014/23/EU），主要调整特许经营类PPP的采购。与公共采购指令不同，考虑到特许经营合同安排较为复杂，特许经营合同授予程序指令并未对采购程序作详细规定，而是赋予采购主体更大自主权。

2008年颁布的《关于IPPP的解释通讯》，阐述了欧盟公共采购和特许经营指令如何适用于IPPP。

综上，有鉴于特许经营与PFI之间存在的差异，欧盟分别制定了采购规则，而未就PPP进行统一立法。我们认为这对中国的PPP立法具有很好的参考意义，即无须对特许经营或PFI进行扩大化解释，或对特许经营是否包含PPP进行论证。狭义的解释或定义，以及有针对性的规制或立法可能是更加合理的选择。

五、参与主体

欧盟对于不同PPP模式中的公共当局的参与分别做出了界定，

根据模式不同，政府方参与主体存在一定差别，对私人部门均未做界定。

（1）《特许经营合同授予程序指令》在规定政府方主体时分别使用了"订约当局（contracting authority）"和"订约实体（contracting entity）"两个术语，前者指政府部门或公共企业等公法法人，后者则包括在具有垄断性的基础设施领域享有专属经营权的非公法主体。

（2）《公共采购指令》在规定政府方主体时只使用了"订约当局"一词而没有包括"订约实体"。

我们需要考虑，对于特许经营项目，是否参照欧盟做法，允许"具有垄断性的基础设施领域享有专属经营权的非公法主体"作为特许经营合同政府方主体？

目前，国家发展改革委等6个部门出台的《基础设施和公用事业特许经营管理办法》（即25号令，定义见下）规定，"县级以上人民政府应当授权有关部门或单位作为实施机构负责特许经营项目有关实施工作，并明确具体授权范围"，并未明确禁止项目所在地的国有企业和融资平台公司作为项目设施机构参与PPP项目；而财政部在113号文中规定"政府或其指定的有关职能部门或事业单位可作为项目实施机构"，原则上对此等安排不予认可。

现有行政法理论下，行政授权是指单项法律、法规、规章直接决定，或通过其明确的授权性规定由行政机关间接决定，将某方面或某项行政职权授予行政机关以外的组织行使并独立承担相应责任的行政职权配置方式。获得行政授权后，被授权者以自己的名义行使行政职权、实施行政管理，并对外独立承担相应的法律责任。据此理论，如果允许行业运营公司作为特许经营合同项目的政府方主体，考虑到行业运营公司的公司属性，需在有关法规中，对各个环节因此所引发的不同安排做出具体规定，包括授权的具体要求、被授权方如何独立行使合同下职权并承担合同下责任等。

另据 2017 年 10 月 1 日开始实施的《中华人民共和国民法总则》（简称《民法总则》）第九十七条："有独立经费的机关和承担行政职能的法定机构从成立之日起，具有机关法人资格，可以从事为履行职能所需要的民事活动。"按照一般理解，此处的民事活动仅限于机关法人为履职需要而从事的政府采购行为，并不及于机关法人基于上级政府授权而签署并履行 PPP 项目合同（包括政府特许经营协议）的活动。在此情况下，将 PPP 项目合同视为民事合同，并受民商事法律规制的主张，在目前的《民法总则》项下并不能找到充分的依据。

从保守一点的角度来看，我们可以借鉴《特许经营合同授予程序指令》项下的"订约当局"和"订约实体"两个概念，将 PPP 项目合同的政府方划分为两个层次的两个主体：一是项目所在地的县级以上人民政府，作为"订约当局"或"授权主体"，由其授权实施机构实施 PPP 项目；二是实施机构，作为"订约实体"，受权实施 PPP 项目，包括 PPP 项目的签署与履行。在 PPP 项目合同中，为避免民行交叉问题，可以明确将各种法定的行政权力、义务及行为尽可能地排除在外，而不在合同中复述；与此同时，授权主体的授权行为和实施机构的受权行为，可继续保留其行政属性，而该等行政行为与 PPP 项目合同之间的关联，则应止步于政府特定权利及义务的让渡与撤销。

从更为积极的角度来看，PPP 项目中的实施机构如属机关法人，其与社会资本或项目公司之间签署和执行 PPP 项目合同的行为，倘若确实为其履行法定职能所需（可以通过立法予以明确，并对实施机构的适格性做出明确规定），则应可理解为"从事为履行职能所需要的民事活动"（当然此处需要得到立法机关的背书）。而且其在履约过程中，作为机关法人的实施机构在 PPP 项目合同项下的履约行为的性质应可视为民事活动，而不应混合行使其行政权力或履行其公共管理职能；换言之，该等实施机构行使其行政权力或履行其公共管理职能的行为,应与 PPP 项目合同相互分离、区别对待,二者不应混为一谈。

第二节
法国与英国的 PPP 法规

针对 PPP 模式制定专门的法律法规、政策规范和操作指南的国家和地区不在少数,但是英法两国是其中比较特殊的标杆。法国是在基础设施和社会事业投资建设领域应用特许经营模式最为成熟的国家之一,英国则是最早提出 PFI,通过政府购买服务引入私人资本承担公共基础设施建设的国家。两国在推广应用 PPP 模式方面有着丰富经验,[①] 我们对外国 PPP 法规的研究也集中于这两个国家。

一、法国

(一) PPP 的类别

在法国,PPP 有广义和狭义之分。广义的 PPP 包括特许经营、合伙合同(Contrat de Patenariat),以及适用于特定领域的行政长期租赁、医疗长期租赁合同等。其中,特许经营和合伙合同是法国两种最主要的 PPP 合同模式。狭义的 PPP 仅指合伙合同。

法国很早就开始探索采用特许经营模式引入私人资本参与基础设施和公共事业领域的项目建设,以授予特许经营权的形式准许私人资本投资、建设和运营交通运输、市政工程等基础设施项目。由

---

① 资料来源:国家发展改革委调研团队. 国家发展改革委之英法 PPP 万字调研报告. 2016 年发表于《中国经济导报》微信公众号"PPP 导向标"。

于法国基础设施和社会事业投资领域私有化程度相对较低，目前还存在大量特许经营项目。从 2004 年开始，法国借鉴英国推行 PFI 的经验和做法，应用合伙合同模式吸引私人资本投资公益性社会事业项目，通过政府购买服务回收私人投资成本，发挥私人部门的专业化作用。合伙合同模式主要应用于健康、教育、体育、文化、市政大楼等领域，且绝大多数为地方项目。所以，法国 PPP 项目中以特许经营项目为主、合伙合同为辅。

（二）立法概况

法国目前尚无统一的 PPP 立法，但针对特许经营和合伙合同分别有一些成文立法。由于现行的有关特许经营及合伙合同的法令分别是对欧盟有关特许经营及 PFI 程序指令的转化，所以许多安排遵从了欧盟有关指令的规定。

1. 特许经营

1993 年，法国出台《预防腐败与经济生活和公共程序透明法》，要求特许经营必须采用竞争规则，对合同期限和采购程序做出了规定，并明确了合同期限和采购程序。

2009 年、2010 年，法国颁布了有关工程特许经营的法令。

2016 年，响应欧盟对 PPP 的推广，法国对欧盟 2014 年颁布的《特许经营合同授予程序指令》（2014/23/EU）进行了转化，颁布了关于特许经营权合同的第 2016-65 号法令。[①]

2. 合伙合同

2004 年，法国政府出台了合伙合同法规，将借鉴英国 PFI 的政府付费类 PPP 以法律的形式正式确定下来。

2016 年，为响应欧盟对 PPP 模式的推广，法国转化了欧盟在

---

① 资料来源：李泽正. 英法美日四国 PPP 宏观管理体制国际比较. 2016 年发表于《中国经济导报》微信公众号"PPP 导向标"。

2014年颁布的新公共采购指令（2014/24/EU、2014/25/EU），将合伙合同纳入公共采购框架，并废除了2004年的《合伙合同法》。①

（三）管理机制

在法国，特许经营项目主要由行业部门负责管理，没有另外设置针对特许经营的专门机构。

但是为了推广购买服务类PPP，根据2004年《合伙合同法》授权，法国成立了MAPPP（服务于合伙合同项目的PPP中心）。MAPPP隶属于法国经济、财政和工业部，其主要职责是在合伙合同项目前期的准备、谈判和监管等环节为政府实施机构（政府职能部门、公共机构等）提供决策支持。2016年5月，法国对MAPPP进行了改革，并将其更名为基础设施局（IUK）。②

（四）参与主体

与欧盟的规定基本相同。

（五）采购规则

与欧盟的规定基本相同。

（六）适用条件

对合伙合同设置有门槛价。

相比而言，特许经营的应用则非常灵活，只要存在实际的授权（即运营风险必须由特许权获得者承担）即可，无门槛价限制。

---

① 资料来源：李泽正.英法美日四国PPP宏观管理体制国际比较.2016年发表于《中国经济导报》微信公众号"PPP导向标"。

② 同上。

（七）项目准备

特许经营项目由于不涉及公共资金使用，决策和审批程序较为简单，仅需要在项目开始实施前开展社会经济分析（social economy analysis），该分析主要是针对项目的可行性，比如回报是否能够覆盖投入，以及项目是否能够更安全、更快速地给使用者带来便利等。

合伙合同项目在前期准备阶段需要进行3个分析：社会经济分析、物有所值分析和公共资金可行性分析。

我们理解，物有所值评价（即VFM分析）本质上是政府采购方案的比选论证。对比传统采购模式下的政府付出代价和采用PFI模式的政府付出代价，据以判断采用PFI模式政府节省的费用。对于特许经营类PPP模式，并不需要进行物有所值分析。物有所值仅从政府采购角度分析所负担的采购成本降低，没有考虑不同项目方案所带来的各种效益，不是对项目费用效益进行的全面分析。因此，物有所值难以完全取代可行性研究中的各项系统研究，也不能解决可行性研究在实践中异化为可批性研究的问题。

（八）合同性质及争议解决

在法国，特许经营合同和合伙合同属于行政合同的范畴，区别是特许经营合同项下的争议不可以通过仲裁解决，而合伙合同可以仲裁。

法国之所以在合伙合同的争议解决机制中引入仲裁，是因为在制定《合伙合同法》时受到国际立法和国外投资者的影响，作为对外资的妥协允许合同争议可以仲裁。

法国对特许经营合同及合伙合同的可仲裁性的分析与界定值得我们研究与借鉴。但是法国在行政法领域200多年的深厚积累，及其成熟的制度保障，却是其他国家（包括我国）无法比拟的。

二、英国

(一) PPP 的类别

英国 1990 年完成国有公用事业私有化（privatization，或称市场化）改革，将有稳定现金流的经济类基础设施项目推向市场。

20 世纪 90 年代以来，英国政府对于难以向使用者收费的社会类基础设施大力推广 PFI 模式，通过政府购买服务引入私人部门，这成为英国最主要的 PPP 操作模式。

(二) 政策目的

1992 年，欧盟各国签订《马斯特里赫特条约》，英国在协议上承诺降低财政赤字，以促进经济一体化。由此，在控制财政支出、改善基础设施的双重压力下，英国政府于 1993 年成立民间融资小组，启动通过 PFI 模式向私人部门购买服务。

(三) PPP 立法

英国遵循判例法，没有针对 PPP 专门立法，而是制定了一系列 PFI 规范性文件，包括《绿皮书：政策评审、项目规划与评估论证手册》《资金的价值评价方法》《大项目评估办法》《PFI/PPP 采购和合同管理指引》《关于公私协作的新指引：公共部门参股 PF2 项目的条款磋商》《PFI/PPP 金融指引》等。卫生部、国防部、司法部、高速公路管理局等部委和行业主管部门基于绿皮书的指导原则，编制了本行业 PPP 模式评估、决策的实施文件。

为实现操作标准化，英国财政部于 1999 年颁布了《标准化 PFI 合同》第一版，2002 年、2004 年、2007 年又分别颁布了第二、第三和第四版，2012年12月颁布《标准化PF2合同》。

（四）管理体制

英国PFI项目涉及的政策制定、审批、财政、招标采购、绩效评估与审计等职责由不同部门分别承担，部门之间既相互制约又相互协调，主要涉及如下部门：

（1）2011年，英国政府重新构建了PFI管理体系和治理结构，撤销了财政部PPP处，新设基础设施局，同时赋予内阁办公室大项目局对大型、复杂PFI项目的审批权。2016年1月，基础设施局与内阁办公室大项目局合并为基础设施和项目管理局（IPA），机构编制纳入内阁办公室，业务上受内阁办公室和财政部的双重指导。

（2）多个关键政府部门（如卫生部、教育部、交通部等）设立了专门的PFI管理机构，负责本行业PFI政策制定及项目管理。

（3）政府商务办公室作为相对独立机构，负责PFI项目的公共采购程序与采购方式的合规性审查及过程监督。

（4）审计署负责PFI项目的绩效评估与审计，并向下议院报告，下议院可以根据PFI情况对有关部门问责、质询或监督整改。

（5）国家基础设施委员会（NIC）承担基础设施规划制定等职能，只有列入规划的项目才可以采用PFI/PF2引入私人资本。

（五）流程

英国在长期实践中逐步形成了一套PFI项目操作流程，大体分为项目发起、项目准备、项目初选、项目初审、公共采购指导和监督、最终审批、审计和监管7个环节。

物有所值（不仅仅应用于PPP项目）是贯穿上述操作流程的核心理念和原则。目前，英国正在对2006年版物有所值评价方法进行再次修订。

（六）领域

根据英国 PUK/HMT 项目数据库统计信息，截至 2013 年年末，英国签署的 PFI 项目共有 725 个，总资本 542 亿英镑，约占公共部门总投资的 11%，其中 665 个项目处于运营阶段，主要分布在医疗、教育等社会类基础设施领域。按项目资本额（capital value）衡量，25% 的项目集中在医疗领域，教育、交通、垃圾处理、办公服务分别占 19%、12%、9%、7%，国防、住房、街道照明各占 3%，IT 基础设施和通讯、法院、监狱服务各占 1%。

对于英国 PFI 模式的应用背景和适用领域，以及物有所值方法的使用，我们应当进行全面和系统地了解，知其然并知其所以然，因地制宜地制定适合我国国情的 PPP 相关制度及法规。

第六章
中国PPP法规体系

第一节

历史沿革——PPP 1.0：特许经营法规体系

一、概述

中国 PPP 相关立法大致可以分为 3 个阶段：探索阶段、推广阶段和深化阶段。在探索和推广阶段，中国国内的相关政策法规制定及项目实践均围绕特许经营的概念展开，我们可以称之为 PPP 1.0 时代。而从深化阶段开始，广义 PPP 的概念逐步深入人心，并且受到中国各级政府部门的高度重视，在理论、实践和政策法规层面均有深化发展，我们将其称为 PPP 2.0 时代。我们将对以上 3 个阶段分别进行探讨。

（一）1993—2003 年：探索阶段

在这一阶段，BOT/BOOT 等模式被作为一种新兴的项目融资方式引入中国，与中国政府当时对外商投资的需求不谋而合。1993 年，中华人民共和国国家计划委员会（简称国家计委，国家发展和改革委员会的前身）开始研究投融资体制改革。1994 年，5 个 BOT 试点项目（包括广西来宾 B 电厂、成都自来水六厂及长沙电厂等项目）在国家计委主导下得以推行。2002 年，北京市政府发起实施了北京市第十水厂 BOT 项目。这些项目虽然不是 PPP 模式与中国的第一次亲密接触，而且未竟全功，但因其规格之高、规模之大、影响之广而在中国式 PPP 发展史上留下了浓墨重彩的一笔。

尽管如此，以吸引外商投资为主要目的的项目操作理念，从前述项目启动伊始，即已注定其所借用的 PPP 外衣难免会在中国遇到水土不服的困境。而摸着石头过河的心态，也在很大程度上决定了与此相关的长远规划难以推动及完成。事实上，国家计委一度启动的 BOT 立法工作就因种种原因而最终陷于停顿。若干试点项目无论成功与否，也没能真正起到由点及面的示范效应。PPP 模式在中国的第一轮发展浪潮，在几个相关部委的几份相关文件出台之后，基本归于平息。

值得肯定的是，在该阶段后期，中华人民共和国住房和城乡建设部（简称建设部，于 2018 年 3 月改为中华人民共和国自然资源部）及各地建设行政主管部门开始在市政公用事业领域试水特许经营模式，合肥王小郢污水处理厂 TOT 项目即为这一阶段涌现出来的早期经典案例。在王小郢项目的运作过程当中，项目相关各方，包括中介咨询机构，对中国式 PPP 的规范化、专业化及本土化进行了非常有益的尝试，形成了相对成熟的项目结构及协议文本，为中国式 PPP 进入下一个发展阶段奠定了良好的基础。

（二）2004—2013 年：推广阶段

2004 年，前建设部一马当先，颁布并实施了《市政公用事业特许经营管理办法》（中华人民共和国建设部令第 126 号），将特许经营的概念正式引入市政公用事业，并在城市供水、污水处理及燃气供应等领域发起大规模的项目实践。各级地方政府也纷纷以 126 号令为模板，先后出台了大量地方性法规、政府规章及政策性文件，用于引导和规范各自行政辖区范围以内的特许经营项目开发。自此，中国式 PPP 进入第二轮发展浪潮。

在这一阶段，计划发展部门不再是 PPP 模式应用的唯一牵头方或主导方，包括建设、交通、环保、国资等行业主管部门，地方政府在内的各路人马纷纷披挂上阵。中国的 PPP 项目虽然不再一味偏爱境外资本，但其单一的融资导向并未发生实质性转变。公私双方之间，前者甩包袱、后者占市场的心态在很多项目里都表现得十分明显。公共产品或服务的交付效率、风险管控、社会及经济效益这些 PPP 模式的重要内核，反而失去了自己应有的位置。也正因如此，中国式 PPP 的发展在这一阶段的中后期遭遇反复，出现大量低价或非理性竞标，乃至于国（资）进民（资）退的现象层出不穷。

从现实角度出发，考虑到中国地方政府的施政偏好，以及不同性质的社会资本各自特有的利益诉求，发生上述情况还是可以理解的。这在相当程度上揭示了 PPP 模式在中国的异化趋势，即搁置长远规划，一切以短线的实用价值优先。具体到微观层面，中国式 PPP 则仍以筹集社会资金为导向，把政府缺钱的、做不好的公共产品或服务推向一个并不成熟的市场。至于相关公共产品和服务的长期稳定、可持续的供应，则常常不是现任政府主管部门，甚至于投资人现任 CEO 的关注焦点。在此情形之下，即便有外部的财务及法律顾问参与其中，他们提出的专业意见通常也不为项目方所完全理解并接纳。不可避免的，大量潜在风险在看似红火的发展热潮中逐步累积。时至今日，各地 PPP 项目当中已经陆续出现政府方或投资人怠于履约甚至违约的情况，并以前者居多。

此外，这个阶段同时也是 PPP 模式在中国发展壮大的一个重要过程。供水及污水处理行业的成功经验，经过复制与改良，被用于更加综合、开放和复杂的项目系统，而不再限于一个独立的运作单元，项目参与主体和影响项目实施的因素也趋多元。而广泛、多元的项目实践，反过来也促进了 PPP 理论体系的深化和发展。实践与理论共识初步成型，政策法规框架、项目结构与合同范式在这个阶段基本得到确立。

（三）2014年至今：深化阶段

2013年党的十八届三中全会明确提出"允许社会资本通过特许经营等方式参与城市基础设施投资和运营"，2014年下半年，随着《国务院关于加强地方政府性债务管理的意见》（国发〔2014〕43号，简称国发43号文）、《国务院关于深化预算管理制度改革的决定》（国发〔2014〕45号）、《财政部关于印发〈地方政府存量债务纳入预算管理清理甄别办法〉的通知》（财预〔2014〕351号）等文件的出台，PPP模式成为地方政府投资兴建基础设施和公共服务项目的首选模式。在发改、财政及行业主管部门密集发文的指导下，PPP项目实践在近几年呈现出爆发式的增长。尽管如此，PPP立法领域仍存在立法层级较低、上位法缺位、部委分工待明确①、法律冲突明显等突出问题。2016年7月，中华人民共和国国务院法制办公室（简称国务院法制办）被确定为PPP立法的牵头部门，而根据《国务院办公厅关于印发国务院2017年立法工作计划的通知》（国办发〔2017〕23号），PPP立法已作为全面深化改革急需的项目，由国务院法制办、国家发展改革委和财政部负责起草《基础设施和公共服务项目引入社会资本条例》。

2014年被不少业内人士视为PPP模式在中国的发展元年。我们将2014及其以后的若干年称作中国式PPP的规范化发展阶段，与其说是基于现状的一个预测与展望，不如说是对PPP模式的最新倡导者做好长远规划，补上重要一课的期望。

---

① 2016年7月7日，国务院常务会议确认了国家发展改革委和财政部在PPP领域的主管职能分工，即前者负责传统基础设施领域，后者负责公共服务领域。两部委随之再度发力，出台了多个重磅文件。但由于基础设施和公共服务领域本身仍然存在众多交叉地带，主管部委的职责分工仍待进一步明确。

二、2014年之前PPP领域的主要立法

在2004年之前,国务院及相关部委曾就外商投资特许权项目或与之有关的若干事宜发布规章或规范性文件,其中较有代表性的有《国家计委、电力工业部、交通部关于试办外商投资特许权项目审批管理有关问题的通知》(计外资〔1995〕1208号)、《对外贸易经济合作部关于以BOT方式吸收外商投资有关问题的通知》(外经贸法函〔1994〕第89号)、《国家发展计划委员会关于加强国有基础设施资产权益转让管理的通知》(计外资〔1999〕1684号)、《城市市政公用事业利用外资暂行规定》(建综〔2000〕118号)、《国务院办公厅关于妥善处理现有保证外方投资固定回报项目有关问题的通知》(国办发〔2002〕43号)等。从这些早期文件可以看出,其主旨均与引进和引导外商投资相关,内容多为政策宣示,文件的效力等级、权威性及相互之间的协调均有明显不足。对于PPP(或BOT)模式的基本内涵与原则,此类文件均鲜有关注,更遑论任何长远规划或路径安排。

(一)《市政公用事业特许经营管理办法》

《市政公用事业特许经营管理办法》(中华人民共和国建设部令第126号)由建设部于2004年3月19日颁布。126号令作为建设部的部门规章,其效力级别并不高,但该规定为市政基础设施特许经营的市场化和法治化奠定了基础。该文件基于当时国内已有的特许经营项目实操经验,尝试从项目筹备、市场准入、合同结构、政府监管与运营评估等角度对特许经营活动予以全面规范。建设部后续又相继推出部分市政公用行业的特许经营合同范本,对诸多国际惯例做了大量本土化的梳理和改造工作,可以说是对中国式PPP第一轮发展的小结,也是其第二轮发展的催化剂。126号令所倡导的游戏

规则,被广泛应用于中国市政公用事业的特许经营项目,亦被其他行业主管部门及地方政府参考与借鉴。一大批与126号令的内容及框架一脉相承的部门规章、地方性法规、规章及规范性文件应运而生,PPP项目在各地各行业犹如雨后春笋般不断涌现,PPP模式在中国的发展局面为之一新!政策与法规的制定和落实,以及政府和行业主管部门的强力主导与推动,对于中国式PPP发展的影响之巨,由此可见一斑。

126号令及其衍生法规的不足之处,在于立法层级有限,不能有效覆盖PPP模式在实践当中出现的诸多矛盾及问题,也无法提出再进一步的解决方案,更不可能做出任何实质性的重大突破。换言之,126号令及其衍生法规源于实践,可惜未能高于实践。它们曾经发挥的巨大推动作用,因为长远规划方面的瓶颈,已基本趋于力竭。针对PPP模式的高等级、综合性的立法需求呼之欲出。

(二)《国务院关于鼓励支持和引导个体私营等非公有制经济发展的若干意见》和《国务院关于鼓励和引导民间投资健康发展的若干意见》

《国务院关于鼓励支持和引导个体私营等非公有制经济发展的若干意见》(国发〔2005〕3号,简称旧36条)由国务院于2005年2月19日颁布,《国务院关于鼓励和引导民间投资健康发展的若干意见》(国发〔2010〕13号,简称新36条)由国务院于2010年5月7日颁布。旧36条旨在放宽非公有制经济市场准入,允许非公有资本进入公用事业和基础设施领域;肯定了非公有制经济主体的法律地位,体现了市场经济的"三公"原则。但是,在旧36条出台后,一些政策措施并未能真正落实到位。与旧36条相比,新36条具有以下特点:一是针对民间投资,范围更小;二是突出执行性和操作性，提出了细化到二级科目的领域；① 三是不仅有准入的具体内容，还有鼓励民间投资进入的具体途径和方式。总体来看，新 36 条主要针对市场准入问题，鼓励和引导民间投资进入法律允许的行业和领域，通过放宽民营资本市场准入，为民营资本发展拓展了空间。②

（三）地方性法律法规

126 号令出台之后，各地也纷纷推出了地方性的特许经营法规，出于篇幅考虑，这里不再赘述。

第二节
发展近况——PPP 2.0：2014 年以来的 PPP 法规体系

以下对 2014 年后 PPP 领域重点的立法文件进行整理和分析。

一、中共中央与国务院的政策法规

（一）《国务院关于加强地方政府性债务管理的意见》

国发 43 号文由国务院于 2014 年 9 月 21 日发布并实施。国发 43 号文围绕建立规范的地方政府举债融资机制展开，明确政府及其部门的举债方式，剥离了融资平台公司政府融资职能，明确提出要推广使用 PPP 模式；将 PPP 项目中的财政补贴等支出按性质纳入相应

---

① 资料来源：王佑. 促进民间投资"新 36 条"即将亮相 [EB/OL]. [2010-03-29]. http://business.sohu.com/20100329/n271162207.shtml。
② 资料来源："民间投资新 36 条"实施细则上半年出台 [EB/OL]. [2012-03-14]. http://finance.people.com.cn/bank/GB/17583092.html。

政府预算管理。该文件是规范地方政府性债务管理的重要文件，与2014年颁布的《预算法》有关内容相互呼应与衔接。

出于控制地方政府债务无序增长的目的，国发43号文明确禁止了以往地方政府广泛采用的平台融资模式，将PPP模式列为地方政府合法融资的主要方式之一。此后，PPP模式迅速得到推广，并成为地方政府对外融资的有力抓手。

（二）《国务院关于创新重点领域投融资机制鼓励社会投资的指导意见》

《国务院关于创新重点领域投融资机制鼓励社会投资的指导意见》（国发〔2014〕60号，简称国发60号文）由国务院于2014年11月16日发布并实施。该文提出在生态环保、农业水利、市政、交通、能源、信息、社会事业等七大领域鼓励社会资本进行投资，同时规定支持开展特许经营权、购买服务协议预期收益质押贷款等融资创新机制，并鼓励金融机构对民间资本举办的社会事业提供融资支持。

国发60号文首次以国务院发文的形式，倡导在若干重点发展领域（不限于城市基础设施建设领域）创新投融资体制，吸引和鼓励社会资本（特别是民间资本）参与投资。国发60号文对PPP模式的专章论述，以及与之有关的政策措施的后续安排，是PPP模式相关政策依据的重要来源。此外，国发60号文提出在基础设施和基础产业"大力发展债权投资计划、股权投资计划、资产支持计划等融资工具"，为PPP项目资产证券化做了政策铺垫。

（三）《关于在公共服务领域推广政府和社会资本合作模式指导意见的通知》

《关于在公共服务领域推广政府和社会资本合作模式指导意见的通知》（国办发〔2015〕42号，简称国办发42号文）由国务院办公厅于 2015 年 5 月 19 日转发财政部、国家发展改革委、人民银行三部委文件发布。该文件鼓励在能源、交通运输、水利、环境保护、农业、林业、科技、保障性安居工程、医疗、卫生、养老、教育、文化等公共服务领域采用 PPP 模式，吸引社会资本参与。其中，在能源、交通运输、水利、环境保护、市政工程等特定领域需要实施特许经营的，按《基础设施和公用事业特许经营管理办法》（即 25 号令，定义见下）执行。国办发 42 号文强调了政府与社会资本在 PPP 模式中的平等地位，提出订立合同的双方应平等协商，法律地位平等，权利义务对等，互惠互利；注重全生命周期的绩效评价与监管以及公众知情和监督；为地方融资平台公司参与 PPP 项目指明了出路；提出在立法、财税、土地、金融、预算等方面予以支持或配套。在一定程度上，国办发 42 号文是对 2014 年下半年至 2015 年初出台的 PPP 相关政策法规的一次全面总结与深化，集中体现了财政部在 2015 年对 PPP 模式的理解与定位。

（四）《中共中央、国务院关于深化投融资体制改革的意见》

《中共中央、国务院关于深化投融资体制改革的意见》（中发〔2016〕18 号，简称中发 18 号文）由中共中央、国务院于 2016 年 7 月 5 日发布并实施，文中两次提及政府与社会资本合作，堪称截至目前国内提及 PPP 的最高层级政策性文件。该文提及通过特许经营和政府购买服务等方式鼓励政府和社会资本在交通、环保、医疗、养老等领域开展合作。

中发 18 号文提出未来政府资金的投向将以非经营性项目为主，对确需支持的经营性项目，政府主要采取资本金注入方式投入，也可适当采取投资补助、贷款贴息等方式进行引导。换言之，经营性项目的投资主体应当是社会资本，这对于着力于吸引社会资本投资的 PPP 模式而言，无疑是一个相当正面的政策信号。

（五）《基础设施和公共服务领域政府和社会资本合作条例（征求意见稿)》

2017年7月21日，国务院法制办、国家发展改革委、财政部起草的《基础设施和公共服务领域政府和社会资本合作条例（征求意见稿）》（简称《PPP条例》）及其说明全文由国务院法制办公布，征求社会各界意见。尽管《PPP条例》尚未正式定稿并颁布实施，但有鉴于这是PPP领域的首次长远规划，此处对《PPP条例》略做解析。

1. 《PPP条例》的亮点

此次PPP条例的亮点主要体现在3个方面：

其一，对于1990年代以来的特许经营及2014年以来的PPP领域来说，《PPP条例》是无可争议的里程碑。此前的那些争论，包括是否应当立法、何时立法、谁来立法等等，现在都可以放下了。现在我们需要做的，是如何群策群力，争取让这个里程碑变为PPP领域的一座丰碑，而非拦路石。

仅就PPP而言，从2014年以来形成的三大博弈（央地、部际、市场）关系在很大程度上决定了PPP立法的走向。市场倒逼机制形成，部门立法难以落地，而中央及国务院的相关政策固然需要通过强力部委自上而下地推动，但是PPP的长远规划最终还得由顶层出手。人大立法的等级虽高，但是过程略显繁复冗长，无法满足业内相对迫切的立法期待。由此，《PPP条例》应运而生。

其二，此次PPP立法是开门立法，提倡的是广开言路、集思广益，政府部门、专家学者和项目实操人员均有参与。也正因如此，《PPP条例》的具体内容还是比较接地气的，在一定程度上堪称中国PPP发展现状的缩影。在PPP条例的字里行间，我们不难发现业内已经达成的诸多共识，这既是时代的烙印，也是PPP基本规律的总结。在这方面，相信《PPP条例》比同时代的其他行政法规都要做得更为深入而彻底。

其三，《PPP条例》有立法者的独立思考和坚持。比较引人注目的，是对"特许经营"和"物有所值"的淡化处理。虽然此举引发业内激辩，但是作为立法者，能有这种不"和稀泥"的态度，的确是难能可贵的品质，是值得尊重的。

2. 《PPP条例》的缺憾

初版《PPP条例》主要存在以下两点缺憾：

其一，受困于协调之难，在一些重要议题（如项目审批、土地利用、财税体制、投资者保护、合同性质、争议解决等）上显得力不从心，甚至举步维艰。

其二，对于近年来，乃至于今后五到十年的核心政策导向可能没有来得及从PPP的角度进行针对性的深度研究，对于其中与PPP相关的基本逻辑及演进路线的梳理和提炼不足。在某种程度上，这也是《PPP条例》难以在政策及部委两个层面成功突围的主要原因之一。

3. PPP立法的路径选择

在探讨这个问题之前，我们首先需要对中国PPP的立法环境有一个清晰的整体认知。具体而言，我们对此的总结是"一个冲突"（即PPP模式本身与中国的现行法律法规及项目审批制度之间的冲突）和"两个协调"（即政策协调和部委协调）。

为了解决"一个冲突"和"两个协调"的问题，我们以为，中国的PPP立法面临以下三个方向性的路径选择：

其一，是框架性、体系性的立法，还是操作性、工具性的立法？

从国务院法制办收集到的意见反馈来看，大多数建议还是集中在《PPP条例》的可操作性上，对《PPP条例》没有致力于解决PPP实务当中存在的这样或那样的问题感到失望。坦白讲，这些建议可以借鉴，并斟酌用于今后体系性立法。但是对于《PPP条例》

而言，这些建议却是可以忽略不计的。

之前反复讲过，我们不能指望用一部法律解决所有问题，而需要用系统性立法来逐步完善PPP的法律体系。当下我们需要的，应该是PPP领域内的一部"宪法"或"准宪法"（考虑到今后人大立法的可能性），而不是一部试图解决诸多实际问题的工具法。后者缺乏现实基础和长远考量，是应该抛弃的幻想。

其二，是通过立法厘清基本边界和定义，还是大而化之地给出政策导向或总述？

就初版《PPP条例》的内容而言，后者的色彩仿佛要重一些。但是需要斟酌的是，政策导向的工作已经有中发和国发文件去做了（如国发43号文、国发60号文、国办发42号文、中发18号文等），而且日臻成熟和稳定，《PPP条例》又何必去和它们竞争？抓住这些导向性政策文件中的基本逻辑和共识，为PPP立法所用，足矣。

PPP领域尽管在这几年达成了一些共识，但更多是集中在理念层面（如伙伴关系、合理回报、契约精神等），而在基本的概念和边界层面，市场上仍然是混沌一片，乌七八糟的东西很多，有的还颇为流行。《PPP条例》可以集中力量打歼灭战，着力厘清PPP的基本概念、定义和边界，在PPP的基本面"一统江湖"，而不要把力量过度浪费在时限性相对更强的政策引导层面。

其三，是抓住宝贵的时间窗口锁定共识，同时留出必要的接口，还是大刀阔斧，进行开创性的、推倒重来式的立法？

在这方面，《PPP条例》的方向感是不错的，即选择前者，致力于梳理、提炼和锁定共识，而非推倒重来、另起炉灶。当然，《PPP条例》对于"共识"自有取舍，肯定不能满足所有人的期待。而对于"接口"，则不可能不受限于各大行业主管部门、司法部门及立法部门的倾向性意见。很多在旁观者看起来唯一正确的选择，其背后的博弈、各方的诉求和未来的走势，其实都是立法者不得不予以慎重考虑的因素。

二、国家发展改革委的规章及规范性文件

国家发展改革委对 PPP 模式的推广主要着眼于促进投融资机制改革。尽管从已经出台的规范性文件来看，财政部的相关规范性文件较为全面、系统并具备较强实操性，但国家发展改革委从项目端入手，在推动项目落地、优化管理、提高审批效率等方面更具优势。特别是在国务院常务会议确认两个部委在 PPP 领域的主管职能分工之后，国家发展改革委已着手在其主管的传统基础设施领域大力推广 PPP 模式，出台了若干重要文件，并在推动 PPP 项目与资本市场对接方面进行了非常积极的尝试，引起业内极大反响。现将其中主要规定梳理如下：

（一）《国家发展改革委关于开展政府和社会资本合作的指导意见》

《国家发展改革委关于开展政府和社会资本合作的指导意见》（含《政府和社会资本合作项目通用合同指南》）（发改投资〔2014〕2724 号，简称 2724 号文）由国家发展改革委于 2014 年 12 月 2 日发布并实施。该文是国家发展改革委在 PPP 领域出台的一份纲领性文件，对 PPP 项目的适用范围、操作模式、工作机制等进行了规范，并同步发布了《政府和社会资本合作项目通用合同指南》。

2724 号文开创性地将 PPP 项目分为经营性项目、准经营性项目和非经营性项目 3 个类别，基于项目收费对投资成本的覆盖程度，对不同类别的项目分别建议了不同的适用模式，思路更为清晰。但是 2724 号文与财政部 113 号文（定义见下）相比，在 PPP 项目的发起准备实施程序、操作模式、分类方式、出发点和适用范围等方面存在一定差别。

（二）《基础设施和公用事业特许经营管理办法》

《基础设施和公用事业特许经营管理办法》(国家发展改革委、财政部、住房和城乡建设部、交通运输部、水利部、中国人民银行令第25号，简称25号令）由国家发展改革委等六部委于2015年4月25日联合发布，并于2015年6月1日起实施。25号令总结了126号令以来的特许经营项目实践经验，并吸收了以往特许经营项目中被长期忽视的平等性、去行政化等诉求，体现了对投资者权益的保护，也体现了控制政府支出、重视经营绩效等理念。25号令因由6家重要部门联合发布，被业内称为PPP领域内的"超级部门规章"。尽管如此，受限于其效力层级，25号令仍然无法解决特许经营乃至于PPP项目发展所需要的制度建设问题，但对PPP项目各方了解特许经营模式的适用范围、基本要素和操作方式具有很好的指导意义。

（三）《国家发展改革委关于切实做好传统基础设施领域政府和社会资本合作有关工作的通知》

《国家发展改革委关于切实做好传统基础设施领域政府和社会资本合作有关工作的通知》(发改投资〔2016〕1744号，简称1744号文）由国家发展改革委于2016年8月10日发布。1744号文对能源、交通运输、水利、环境保护、农业、林业以及重大市政工程等基础设施领域推进PPP工作做出框架性的规定，提出建立基础设施PPP项目库、建立发展改革委与相关部门对项目的联审机制，要将项目是否适合PPP模式的论证纳入可行性研究论证及决策，鼓励探索从多角度建立社会资本投资合理回报机制，特别强调了构建社会资本多元化退出机制，以及发挥金融机构的作用。

（四）《国家发展改革委关于印发〈传统基础设施领域实施政府和社会资本合作项目工作导则〉的通知》

《国家发展改革委关于印发〈传统基础设施领域实施政府和社会资本合作项目工作导则〉的通知》（发改投资〔2016〕2231号，简称2231号文）由国家发展改革委于2016年10月24日发布。2231号文将其适用范围确定为"在能源、交通运输、水利、环境保护、农业、林业以及重大市政工程等传统基础设施领域采用PPP模式的项目"，明确了该等PPP项目的操作流程，并力图解决困扰PPP操作实践中的一些争议焦点和难点问题：例如一般性政府投资项目审批流程的简化、项目法人变更、二次招标豁免等问题，并提出在现有投资项目在线审批监管平台（重大建设项目库）基础上，建立各地区各行业传统基础设施PPP项目库，以逐步建立国家发展改革委传统基础设施PPP项目库。

2231号文体现了"简捷高效、科学规范、兼容并包、创新务实"原则，是当前传统基础设施领域PPP项目实施的主要指导性文件。

（五）《传统基础设施领域政府和社会资本合作（PPP）项目库管理办法（试行）》

《传统基础设施领域政府和社会资本合作（PPP）项目库管理办法（试行）》（简称《管理办法》）由国家发展改革委于2016年12月21日发布。该文落实了2231号文第六条的规定，对传统基础设施领域的"PPP项目库"做出进一步细化的操作规定，具体包括填报单位、填报信息、对信息的审核和项目推介等。据此，国家发展改革委和财政部分别建立了相互独立的PPP项目库。

（六）《国家发展改革委、中国证监会关于推进传统基础设施领域政府和社会资本合作（PPP）项目资产证券化相关工作的通知》

《国家发展改革委、中国证监会关于推进传统基础设施领域政府和社会资本合作（PPP）项目资产证券化相关工作的通知》（发改投资〔2016〕2698号，简称2698号文）由国家发展改革委、中国证券监督管理委员会（简称证监会，于2018年3月与中国银行业监督管理委员会的职责整合，组建为中国银行保险监督管理委员会）于2016年12月21日发布。其发文依据是中发18号文和国发60号文，发文目的在于创新PPP项目融资方式，适用范围则是在传统基础设施领域。根据该文，资产证券化制度对接的主要是PPP项目存量资产，这为盘活存量资产，打通PPP项目融资渠道提供了很好的思路。该文也对可进行资产证券化的PPP项目的范围和条件进行了规定，明确了三大保障机制（风险监测、违约处置和市场化增信）的建设。

从战术层面观察，PPP项目的资产证券化还有若干技术性问题（例如基础资产的界定、风险隔离、增信、出表及税收等）需要解决，相关配套政策法规也有待修改与完善。受限于这些因素，PPP项目的资产证券化产品在成本和风险控制方面暂未体现出明显优势。但从战略层面来看，2698号文对于完善PPP项目的融资方式、激发市场主体的积极性均大有裨益，并有望通过资本市场对政府和社会资本两方履约的监督压力，逐步形成对PPP领域深化改革的倒逼机制，甚至延伸到PPP的立法层面，通过成体系的立法工作推动改革，鼓励创新，并为PPP与资本市场的有效对接创造条件。

三、财政部的规章及规范性文件

国发43号文之后，财政部从地方债控制和预算管理两方面切入,从组织、立法和示范项目3个层次依次推进PPP相关工作,相继出台了一系列的规章及规范性文件,从概念梳理、适用范围、操作流程以及政策红线的划定等几个方面给予了PPP项目参与各方(特别是地方政府)非常明确具体的指导意见,从而获得各省市的群起响应,PPP的发展态势也为之一新。目前,财政部提出并倡导的PPP项目实施方案、财政承受能力论证和物有所值评价已经成为绝大多数PPP项目的标配,PPP项目的政府支出责任纳入中期财政规划和地方政府预算的要求也逐渐得到认可和执行。

除部门规章和规范性文件之外,财政部也曾就PPP立法做出尝试,推出了《政府和社会资本合作法》(征求意见稿)。

(一)《政府和社会资本合作模式操作指南(试行)》

113号文由财政部于2014年11月29日颁布。该文是针对PPP项目全生命周期的规定,阐述了PPP项目识别、准备、采购、执行、移交等各环节的操作流程,是财政部此前有关PPP模式制度化设计的阶段性总结,并很快成为地方政府、咨询机构实施PPP项目的主要依据之一。但该文件确立的以财政部门作为PPP项目牵头部门的评审机制与国内长期以来的由发改部门负责项目审批的管理体系之间存在协调方面的问题。

(二)《财政部关于印发〈政府和社会资本合作项目政府采购管理办法〉的通知》

《财政部关于印发〈政府和社会资本合作项目政府采购管理办法〉的通知》(财库〔2014〕215号,简称215号文)由财政部于2014年12月31日颁布。215号文对113号文中的"项目采购"做了呼应和落实,在政府采购的整体法律框架下,全面规范了PPP项目政府采购行为。215号文明确PPP项目采购方式包括公开招标、邀请招标、竞争性谈判、竞争性磋商和单一来源采购。项目实施机构应当根据PPP项目的采购需求特点，依法选择适当的采购方式。为保证PPP项目采购的成功率以及项目采购的质量和效果，215号文在采购程序中为PPP项目采购设置了强制资格预审、现场考察和答疑、采购结果确认谈判等环节。

（三）《关于印发〈政府和社会资本合作项目财政承受能力论证指引〉的通知》

《关于印发〈政府和社会资本合作项目财政承受能力论证指引〉的通知》（财金〔2015〕21号，简称21号文）由财政部于2015年4月3日发布。113号文在PPP项目识别阶段规定了物有所值评价和财政承受能力论证两个程序，其中财政承受能力论证指在PPP项目实施之前，需要识别、测算PPP项目的各项财政支出责任，科学评估项目实施对当前及今后年度财政支出的影响，为PPP项目财政管理提供依据。21号文规定了PPP项目全生命周期中财政支出责任的计算公式，并明确要求年度PPP项目（包括新旧项目）的财政支出占一般公共预算比例不超过10%。

（四）《关于印发〈PPP物有所值评价指引（试行）〉的通知》

《关于印发〈PPP物有所值评价指引（试行）〉的通知》（财金〔2015〕167号，简称167号文）由财政部于2015年12月18日发布。在113号文发布之后，物有所值论证体系一直缺乏系统性的规定，各地操作也不尽相同。根据167号文，物有所值评价是判断是否采用PPP模式代替政府传统投资运营方式提供公共服务项目的一种评价方法，包括定性评价和定量评价。

（五）《关于在公共服务领域深入推进政府和社会资本合作工作的通知》

《关于在公共服务领域深入推进政府和社会资本合作工作的通

知》（财金〔2016〕90号，简称90号文）由财政部于2016年10月11日发布。90号文提出要严格区分公共服务项目和产业发展项目，在能源、交通运输、市政工程、农业、林业、水利、环境保护、保障性安居工程、医疗卫生、养老、教育、科技、文化、体育、旅游等公共服务领域深化PPP改革工作。90号文是在国务院常务会议确认两个部委在PPP领域的主管职能分工之后发布的财政部文件，覆盖了国办发42号文中适用PPP模式的所有领域，并要求开展两个"强制试点"，即对垃圾处理、污水处理等公共服务领域，新建项目"强制"应用PPP模式，对有现金流、具备运营条件的项目，"强制"实施PPP模式识别论证。

有关"两招并一招"的问题，90号文的规定不是非常清晰，尽管国家发展改革委在之后颁布的2231号文中对此做了明确的规定，实践中对此的不同解读依然会造成法律适用的困惑。

（六）《关于印发〈政府和社会资本合作项目财政管理暂行办法〉的通知》

《关于印发〈政府和社会资本合作项目财政管理暂行办法〉的通知》（财金〔2016〕92号，简称92号文）由财政部于2016年9月24日发布并实施。92号文延续了90号文下的适用范围，即能源、交通运输、市政公用、农业、林业、水利、环境保护、保障性安居工程、教育、科技、文化、体育、医疗卫生、养老、旅游等公共服务领域开展的各类PPP项目。

92号文对PPP项目财政预算管理做出了明确规定，并和《预算法》等规定进行了衔接，解决了以往PPP项目签约和预算批准周期错配的问题，并允许在不影响所提供服务稳定性和公共安全的前提下，社会资本方可以在运营期内全部或部分退出。

（七）《关于印发〈政府和社会资本合作（PPP）综合信息平台信息公开管理暂行办法〉的通知》

《关于印发〈政府和社会资本合作（PPP）综合信息平台信息公开管理暂行办法〉的通知》（财金〔2017〕1号，简称财金1号文）由财政部于2017年1月23日发布，并于2017年3月1日实施。该文的亮点主要有：第一，责任主体明确，地方各级财政部门会同同级政府有关部门负责当地PPP项目信息公开工作；第二，信息公开的阶段和内容清楚，列举详尽，与PPP项目实际情况基本匹配；第三，信息公开的方式修正为即时公开和适时公开；第四，"PPP项目信息公开要求"的附表简明扼要，易于理解和操作。

但该文件也有值得探讨的地方：

首先，政府方授权文件被财金1号文列为项目准备阶段需要公开的信息，而在大部分PPP项目里，"政府方授权文件"在项目识别阶段公开可能更加切合实际，也有利于倒逼政府规范运作，并预防出现政府部门在PPP项目不同阶段工作之间的衔接问题。

其次，财金1号文将信息公开的责任主体界定为地方财政部门（会同有关部门），此处可能存在项目审批管理部门和行业主管部门以及社会资本和项目公司之间的协调问题。

最后，信息披露的合理性值得推敲。例如，如果公开以后有人反复提出质疑，政府方拟如何处置？因此还须制定更细的规则。

四、其他部委和地方立法

除上述内容之外，其他部委和各地也陆续出台了规范PPP项目的相关规定，此处不赘。

第三节
问题与建议——PPP 3.0：PPP 立法的问题与建议

PPP 项目在我国的发展已经进入了一个前所未有的全新阶段——机遇与挑战并存，希望与困惑同行，问题与答案相克相生。面对这样一种错综复杂的局面，PPP 模式如要实现可持续发展，应当着重解决以下几个方面的问题：

一、长远规划

PPP 模式与我国现有的法律法规体系存在较多冲突。随着 PPP 模式适用范围的迅速扩大，以及相关项目的推进与落地，由上述冲突所引发的诸多合规性问题逐渐浮出水面。有关部委为 PPP 模式颁发的规范性文件不足以解决此等冲突，有时甚至会不自觉地成为更新冲突的始作俑者。这无疑和政策制定者的初衷不符，但在 PPP 上位法出台和体系性立法完成之前，这有可能是一个将长期存在的问题。

由此，中国还应逐步完成 PPP 领域高等级立法及配套法规制度建设，而不能把太多希望寄托于部委规范性文件之上。

二、法律冲突及解决方案

以下对目前 PPP 项目实施过程中常见的法律冲突问题进行梳理：

（一）PPP 与《招标投标法》的冲突与建议

1. 冲突分析

（1）社会资本的遴选。

无论是特许经营还是政府购买服务类 PPP 项目，均可以通过招投标方式来选择社会资本方,在此情形下,招投标程序和要求应符合《中华人民共和国招标投标法》(简称《招标投标法》)及配套规范的规定。但是,在根据《招标投标法》选择社会资本方时,会出现相关法律规定与项目实际操作流程相冲突的情形。例如:《招标投标法》第四十三条规定,在确定中标人前,招标人不得与投标人就投标价格、投标方案等实质性内容进行谈判,但PPP项目相对于工程项目而言更为复杂,谈判环节不可或缺;《招标投标法》选定的中标人即为合同签约方,而PPP项目选定的是项目投资人,投资人再自行设立项目公司,因此很多内容不完全适用《招标投标法》的规定,例如合同签约主体、签约时限等;《招标投标法》中有关招标程序、时间安排等规定也与PPP模式存在格格不入的情况,如自中标通知发出之日起30天之内订立书面合同的规定对于PPP项目而言期限太短等。

(2) 二次招标豁免。

也就是PPP实务中经常碰到的"两标并一标"的问题。根据《招标投标法实施条例》第九条规定,除《招标投标法》第六十六条规定的可以不进行招标的特殊情况外,有下列情形之一的,可以不进行招标……已通过招标方式选定的特许经营项目投资人依法能够自行建设、生产或者提供。

如PPP项目中的社会资本并非通过招标方式选定,或PPP项目并无特许经营的安排,项目公司是否可根据《招标投标法实施条例》第九条第三款规定,直接委托投资人(社会资本)进行施工或供货,而无须二次招标?

就此问题,财政部90号文规定:"对于涉及工程建设、设备采购或服务外包的PPP项目,已经依据政府采购法选定社会资本合作方的,合作方依法能够自行建设、生产或者提供服务的,按照《招标投标法实施条例》第九条规定,合作方可以不再进行招标。"而国家发展改革委2231号文规定:"拟由社会资本方自行承担工程项目勘察、设计、施工、监理以及与工程建设有关的重要设备、材料等采购的，必须按照《招标投标法》的规定，通过招标方式选择社会资本方。"仅从文字上理解，对于非以招标方式实施的非特许经营类 PPP 项目的二次招标豁免问题，仍没有取得实质性突破，对于依法应当招标的事项，项目公司仍需通过招标方式选择承包商，而不应直接委托其股东（无论该股东具备相关资质与否）完成。

2. 解决方案

《招标投标法》的立法目的是确保公共工程的质量，针对的是工程承包商或供应商的招标，而不是投资人。这是《招标投标法》及其配套规定无法很好地与 PPP 项目对接的主要原因。即便是在 2014 年之前实施的特许经营项目，在适用《招标投标法》及其配套规定方面，也一直存在为了规避相关刚性制度约束而采取的折中做法，比如澄清谈判、草签和正签等等安排。后续立法建议针对社会资本遴选的特点，制定专门规定，以满足 PPP 项目的实际需求。

关于豁免二次招标的问题，考虑到项目实践当中的现实需求，后续立法有必要彻底解决这一衔接问题。即对于通过公开竞争方式（不限于公开招标）选定的社会资本，只要其（通过合理评审程序）被证明具备相应资质，即应有资格直接承揽相关项目工程，而无须二次招标。

（二）PPP 与《行政许可法》《行政诉讼法》的冲突与建议

1. PPP 与《行政许可法》《行政诉讼法》之间的关系

第一，我们理解不涉及特许经营的 PPP 项目合同是平等主体之间的民事合同，无关行政许可。主要争议在于特许经营是否属于行政许可，特许经营协议是否属于行政合同，特许经营协议项下的争议是否可以诉诸民事诉讼或仲裁，还是只能通过行政诉讼加以解决？

第二，我国目前实施的绝大多数特许经营项目，表面上均符合《中华人民共和国行政许可法》（简称《行政许可法》）第十二条第二款的描述，是涉及"有限自然资源开发利用、公共资源配置以及直接关系公共利益的特定行业的市场准入等，需要赋予特定权利的事项"，并需要政府一方对满足市场准入条件的特定民事主体予以专门授权和许可，往往还是独占性授权。政府部门应可就授予项目公司特许经营权设定行政许可，并通过招标、拍卖等公平竞争的方式做出决定。但是，从 PPP 项目操作惯例（以合同形式，而非行政审批或行政许可授予特许经营权或类特许经营权），及相关立法和政策方向来看，就特许经营乃至于 PPP 合同项下的经营权设定行政许可应不会成为一个现实选项。

第三，特许经营 PPP 项目的多个环节都或多或少地涉及政府一方做出的具体行政行为。例如，在项目授权阶段，政府（或其授权的实施机构）作为特许方，将公共服务项目的特许经营权通过签订特许经营协议形式授予社会资本方（也有部分省市，如山东省、深圳市设定了特许经营权证的签发程序）；在项目实施阶段，政府方（包括但不限于项目实施机构）对项目公司的运营维护具有合同权利之外的法定行政权力；在项目终止阶段，当特许经营期限届满或发生特许经营合同提前终止的情况时，政府方需要依法收回特许经营权，或重新授权。以上情形均可视为特许经营协议所具备的行政合同属性。

可能也正是基于上述考量，《行政诉讼法》第十二条明确提及"政府特许经营协议"，并将"行政机关不依法履行、未按照约定履行或者违法变更、解除政府特许经营协议"纳入行政诉讼的受案范围。2015 年 5 月 1 日正式施行的《最高人民法院关于适用〈中华人民共和国行政诉讼法〉若干问题的解释》（简称《最新司法解释》，2015 年 4 月 20 日由最高人民法院审判委员会第 1648 次会议通过）第十一条则直接将政府特许经营协议界定为行政协议。

不过，就《中华人民共和国行政诉讼法》（简称《行政诉讼法》）的条文内容及其立法本意而言，业内大多数行政法领域的专家和学者似乎倾向于认为《行政诉讼法》的目的在于解决行政诉讼难的问题，而不是为行政机关寻求一个比民事诉讼或仲裁更为安全可靠的"避风港"。2015 年的最高法行政庭负责人就行诉立案登记有关问题答记者问也为此提供了佐证。① 这一点非常重要，虽然它的衍生效果并不尽如人意，《最新司法解释》即为其中一例。

第四，特许经营协议中绝大多数内容均体现意思自治的原则，而不仅限于政府审批或授权本身。正如最高人民法院 2015 年 10 月在"新陵公司诉辉县市政府案"的裁定中所述："涉及相关行政审批和行政许可等其他内容为合同履行行为之一，属于合同的组成部

---

① 资料来源：最高法行政庭负责人就行诉立案登记有关问题答记者问，最高人民法院网，发布时间：2015 年 5 月 3 日。

记者：《行政诉讼法》已经实施，请问最高人民法院在解决"立案难"方面有哪些举措？

负责人：修改后的《行政诉讼法》已经正式颁布和实施。本次修法的一个重要目标就是解决"立案难"的问题，《行政诉讼法》对立案登记的程序、起诉条件等做了一系列规定。人民法院对符合起诉条件的案件，必须做到有案必立，有诉必理，依法、充分保障当事人行使诉讼权利。最近，最高人民法院发布了《最高人民法院关于人民法院登记立案若干问题的规定》（法释〔2015〕8 号）和《最高人民法院关于适用〈中华人民共和国行政诉讼法〉若干问题的解释》（法释〔2015〕9 号）。这两部司法解释坚持贴近人民群众，坚持尊重司法规律，坚持依法保障当事人的诉权，对立案登记工作进一步做了细化规定，对于全面推行立案登记制度必将起到积极的作用。为了防止个别地方法院搞不收材料，不接诉状，不做裁定，司法解释明确要求一律接收诉状，打开群众诉求之门；不能当场立案的，要在七日内决定是否立案；七日内仍不能决定是否立案的，应当先予立案；对起诉状内容或者材料欠缺的，应当一次性全面告知，杜绝反复多次要求补充材料、修改诉状，让当事人往返奔波的现象，客观上为当事人行使诉权设置障碍；为了便于当事人寻求救济，要求上级法院对立案工作加强监督，明确当事人对不予立案裁定不服的，可以提起上诉。可以说，这些措施坚持了以法律为依据，以群众需求为导向，从解决实际问题入手，是从制度上、源头上解决人民群众反映强烈的"告状难"的重要的司法举措，充分体现了人民法院对于当事人起诉权利的高度重视和切实保障。

分,不能决定涉案合同的性质。从协议书的目的、职责、主体、行为、内容等方面看,其具有明显的民商事法律关系性质,应当定性为民商事合同。"① 简单地将特许经营协议定性为行政协议或行政合同,与特许经营项目在我国20余年的实务及现状脱节。特别需要注意的是,最高人民法院的以上裁定,是在《最新司法解释》正式施行之后做出的。尽管最高人民法院也有其他与此不同的裁定,但以上裁定足以说明特许经营协议所具备的民商事合同性质,并不是特许经营协议所具备的行政合同属性所能完全覆盖的。

第五,特许经营不符合"行政许可"的法定定义。根据《行政许可法》,行政许可是一种依行政相对人申请而做出的行政行为,即"先申请,后许可",无申请则无许可。而特许经营PPP项目通常是由政府方提出项目,然后通过竞争方式选定社会资本方,项目并非由社会资本方提出(尽管PPP项目可以分为政府方提出和社会资本方建议两种方式,但后者仅是社会资本方"建议",不能视为是对项目的申请)。而且,行政许可作为一种单方行政行为,其做出是依据行政机关的单方意志,无须行政相对人的同意。但是在特许经营PPP项目中,存在政府方与所选定的特许经营者之间的谈判环节,特许经营协议的签订依赖双方的合意而非任何一方的单方行为。包括特许经营协议在内的PPP合同均具备较强的可协商性(受限于市场测试、澄清谈判和磋商程序的应用),政府方签约代表在PPP合同项下的权利和义务,与其行政权力并无天然的、必然的交集。而社会资本(或项目公司)的特定的额外义务,也并不能构成PPP合同属性的决定性因素,因为额外义务也是可以具备商业对价的(如最低需求量保证等)。至于行政强制措施,其对于PPP合同的适用,与一般民商事合同之间也并无差异。再者,特许经营权的授予通常具有排他性,即对同一项目只能对单一特许经营者(含联合体)授权,

---

① 资料来源:最高人民法院(2015)民一终字第244号。

而行政许可一般在数量上并无限制,只要行政相对人的申请经审查通过就可获行政许可。最后,行政许可事项应当依照《行政许可法》或地方性法规予以明确并对外公示,这一点也与特许经营 PPP 项目的普遍实践情况不符,《行政许可法》第十二条第二款尚未成为相关部委或地方政府就特许经营设定行政许可的法律依据。

2. 解决方案

在 PPP 项目合同中,特别是特许经营协议项下,直接涉及政府对项目公司的特定授权或权利让渡,以及相关公共产品或服务的供给义务的转移。据此,项目公司获得特定项目的准入(通常具有排他性),并按其与政府方的约定实施该项目,取得相应的投资回报。在这样一种合同关系当中,政府一方面是项目合同主体,依约享有相关合同权利,并须履行相关合同义务;另一方面,各个政府部门(包括但不限于 PPP 项目实施机构)也并不因此自动丧失其针对 PPP 项目公司的法定行政权力。这里就存在一个行政权力与合同权利的竞合。对于直接与项目公司签订 PPP 项目合同或特许经营协议的政府机构(如与地铁项目公司签署特许经营协议的交通委)而言,它应有义务协调相关合同权利与其法定行政权力之间的关系,既要防范因前者不合理的扩张而压缩后者的法定空间,并进而导致公共利益受损;也要注意对二者交叉或叠加的范围予以合理控制,以免项目公司的合同权利被政府方(不限于实施机构)的行政权力所架空,甚至还无法就此获得合理的补偿。如果我们在立法时将特许经营协议一步到位地定位于纯粹的民商事合同,一方面会因为与其自身存在的行政合同属性相悖而受到质疑,另一方面也无法融合及解决行政权力与合同权利的竞合问题,以至于非常容易与同等级的相关法律发生直接冲突,并涉及大量低等级法规的修订或废止。

综上,有鉴于特许经营协议特殊的、不同于普通行政合同或民商事合同的性质,以及特许经营协议项下争议的复杂性,建议基于后法优于前法、特殊法优于一般法的原则,通过立法直接明确特许经营协议及 PPP 合同的特殊合同性质。

（三）PPP 与《仲裁法》的冲突与建议

1. 冲突分析

根据《中华人民共和国仲裁法》（简称《仲裁法》）第二条的规定"平等主体的公民、法人和其他组织之间发生的合同纠纷和其他财产权益纠纷，可以仲裁"。《仲裁法》第三条进一步规定"依法应当由行政机关处理的行政争议"不能仲裁。

那么，行政协议项下的争议就一定属于"应由行政机关处理的行政争议"吗？如果特许经营协议被认定为行政协议，仲裁机构对特许经营协议项下的争议还有管辖权吗？根据我们了解到的现实情况，有部分仲裁机构已经开始拒绝受理特许经营协议的相关争议，理由就是特许经营协议属于行政协议。由此，我们可以看出《行政诉讼法》和《最新司法解释》对特许经营协议的定位，已直接导致特许经营 PPP 项目中的争议解决机制无法与《仲裁法》顺利对接。

不同于被《行政诉讼法》和《最高院司法解释》直接点名的"政府特许经营协议"，政府购买服务 PPP 项目中的 PPP 合同目前还没有被定位于行政协议，因此与《仲裁法》暂无不能衔接的问题。但是需要注意的是，目前很多 PPP 合同项下同样涉及政府对 PPP 项目公司的授权，其性质和形式均与特许经营权极其相似，只是缺少一个特许经营权的名目而已。从这个角度来看，PPP 合同被主张属于行政合同，或具备行政合同的属性也并非完全没有可能。

2. 解决方案

从立法层面，一方面建议直接明确特许经营协议和 PPP 合同的合同性质属于民商事合同，或者退而求其次，在存在政府特许或其他授权的情况下，也属于特殊性质的合同，该等合同项下的争议不属于行政争议（法律明确列举的行政争议事项除外），双方可以自行选择争议解决方式；另一方面，仲裁庭或民事诉讼法院也应有权对该等合同项下的争议的性质依法加以裁定。此外，为确保PPP项目产品或服务的可持续供给，还应对争议解决期间的双方义务履行予以强制性规定，并对仲裁或诉讼的前置程序（专家裁定、庭前调解等）做出原则性规定。

（四）PPP与《合同法》的冲突与建议

1. 冲突分析

在政府购买服务PPP项目中，政府方作为民事主体从社会资本方处进行政府采购，签订民事合同，建立平等民事法律关系，因此在合同订立、履行、变更和解除等各个环节当然适用《中华人民共和国合同法》（简称《合同法》）的规定。但对于已被定位于行政协议的特许经营协议而言，因行政协议或行政合同并非《合同法》明确的合同类型，目前也未出台专门的行政合同法。在已有司法解释认定特许经营合同为行政协议的情况下，特许经营合同是否适用《合同法》的一般规则，有待澄清。

2. 解决方案

对于特许经营协议的法律属性，学术界目前有3种观点，即公法合同、私法合同及混合型合同。从国外经验来看，大陆法系国家倾向于将其定性为公法合同，英美法系国家倾向于将其定性为私法合同。持混合型合同的观点认为，合同性质是不确定的，在适用相关法律规范时，应根据所涉及的合同内容到底是体现公法部分的内容还是体现私法部分的内容，依据不同内容适用各自对应的法律规范。

建议立法明确特许经营协议属于特殊性质的合同，兼具行政与民事两种合同性质。对于特许经营协议的订立、履行、变更与终止等主要环节，如果所涉事项无关政府方行政管理的内容，则均可适用《合同法》的一般规则。

(五) PPP 与土地管理法律制度的冲突与建议

1. 相关制度简介

根据我国现有以《中华人民共和国土地管理法》为核心的土地管理法律制度，土地可分为三大类：农用地、建设用地和未利用地。PPP 项目所可能涉及的土地类型中，绝大部分为国家所有的建设用地，只有在少部分特殊行业项目中可能会涉及农用地或未利用地转建设用地的问题。

对于 PPP 项目取得国有建设用地的土地使用权模式，根据现行土地法律制度，可分为有偿使用（出让、租赁及作价出资）和划拨两种模式。

对于划拨模式，其主要适用于《划拨用地目录》所列举的具有公益性的党政机关和人民团体用地、军事用地、城市基础设施用地、公益事业用地及国家重点扶持的能源、交通、水利等基础设施用地和特殊项目（如监狱等）用地。

对于以营利为目的，非上述划拨用地范围的项目，则以有偿使用方式提供土地使用权。有偿使用方式包括出让、租赁及作价出资（入股）几种模式。其中，出让取得是最主要方式，租赁和作价出资（入股）均作为补充。依据《招标拍卖挂牌出让国有土地使用权规定》（国土资源部令第 11 号）和《协议出让国有土地使用权规定》（国土资源部令第 21 号），出让取得分为招标拍卖挂牌和协议出让两种方式，主要区别在于，商业、旅游、娱乐和商品住宅等各类经营性用地，必须以招标、拍卖或者挂牌方式出让；协议出让的适用范围是除法律、行政法规、部门规章规定必须招标拍卖挂牌的情况，实践中主要是工业用地、仓储用地及政府为调整经济结构、实施产业政策而需要给予优惠、扶持的项目等。协议出让是采取政府与土地使用者协商的方式，最低价不得低于新增建设用地的土地有偿使用费、征地（拆迁）补偿费用以及按照国家规定应当缴纳的有关费用之和，有基准地价的不得低于基准地价的70%。而招标拍卖挂牌出让则是竞价的方式。以作价出资或者入股方式取得土地使用权的，应当以市、县人民政府作为出资人，制定作价出资或者入股方案，经市、县人民政府批准后实施。

2. 冲突分析

PPP模式与现有的土地管理法律制度在以下方面存在冲突：

（1）实操层面需要明确划拨用地主体性质。

《划拨用地目录》明确"城市基础设施用地和公益事业用地""国家重点扶持的能源、交通、水利等基础设施用地"均属于采用划拨方式供应土地的范畴，但是该目录并未明确上述用地项目所对应的建设项目是由政府投资，还是由社会投资者投资建设和/或经营。虽然通过比照现有PPP法规关于特许经营范围的界定与《划拨用地目录》的列举，可以看出以划拨方式取得土地使用权的范围很大程度上涵盖PPP项目的适用范围，然而在实践中，有些地方政府以投资人为外商投资企业或者民营企业等非国有的商业资本为理由，不同意以划拨方式供地或认为此等操作违法违规。PPP项目的投资人是否可以依据《划拨用地目录》取得项目用地的国有土地使用权，在实践操作中存在不确定性。

我们注意到国办发42号文对此做了明确规定。国办发42号文第二十项将"多种方式保障项目用地"作为政府提供的政策保障之一。该项内容规定，实行多样化土地供应，保障项目建设用地。对符合《划拨用地目录》的项目，可按划拨方式供地。

（2）出让供地与社会资本采购环节的衔接待明确。

对于大部分经营性或准经营性的PPP项目，若无法依据《划拨用地目录》通过划拨方式获得土地使用权，则须有偿获得土地使用权。如采用出让土地方式，则须通过招拍挂或协议出让的方式获得土地使用权。如何使通过招标产生的社会资本获得通过招拍挂出让的项目土地，是 PPP 项目中政府方及社会资本均难以解决的难点问题。

财政部等多部委于 2016 年 10 月 11 日发布的《关于联合公布第三批政府和社会资本合作示范项目加快推动示范项目建设的通知》（财金〔2016〕91 号）、国家发展改革委 2231 号文、中华人民共和国国土资源部（简称国土资源部，于 2018 年 3 月改为"中华人民共和国自然资源部"）办公厅于 2016 年 11 月发布的《国土资源部办公厅关于印发〈产业用地政策实施工作指引〉的通知》（国土资厅发〔2016〕38 号）[1] 等相关文件对 PPP 项目中以竞争方式确定用地者的环节与 PPP 采购环节合并实施（即用地者与社会资本确定程序捆绑实施）做了规定。其中，"财金〔2016〕91 号"文与"国土资厅发〔2016〕38 号"文对捆绑实施明确了前提条件："在市、县国土资源主管部门编制供地方案、签订宗地出让（出租）合同、开展用地供后监管"，但对于捆绑实施中的用地范围以及具体的捆绑程序并未细论。

---

[1] "财金〔2016〕91 号"文规定：依法需要以招标拍卖挂牌方式供应土地使用权的宗地或地块，在市、县国土资源主管部门编制供地方案、签订宗地出让（出租）合同、开展用地供后监管的前提下，可将通过竞争方式确定项目投资方和用地者的环节合并实施。

"国家发展改革委 2231 号"文规定：各地要积极创造条件，采用多种方式保障 PPP 项目建设用地。如果项目建设用地涉及土地招拍挂，鼓励相关工作与社会资本方招标、评标等工作同时开展。

"国土资厅发〔2016〕38 号"文规定：下列情形可将通过竞争方式确定项目投资主体和用地者的环节合并实施：（一）采用政府和社会资本合作方式实施项目建设时，相关用地需要有偿使用的；（二）通过招标方式确定新建铁路项目投资主体和土地综合开发权中标人的；（三）政府将收回和征收的历史遗留损毁土地复垦并用于旅游项目建设的。

住房城乡建设部等几部委于 2016 年 9 月 22 日发布的《住房城乡建设部等部门关于进一步鼓励和引导民间资本进入城市供水、燃气、供热、污水和垃圾处理行业的意见》（建城〔2016〕208 号）规定：有两个以上意向投资者、需要通过竞争方式确定项目投资者的，可在市、县人民政府土地管理部门拟订土地出让方案的基础上，将竞争确定投资者的环节和竞争确定用地者的环节合并进行。

(3) 为 PPP 项目配置经营性项目供地与社会资本采购环节的衔接待明确。

国务院、国家发展改革委均明确提出，要为准经营性、非经营性项目配置经营性项目，稳定投资回报、吸引社会投资。① 为项目所配置作为经营性资源的用地是否也可依据"财金〔2016〕91号"文、2231号文、"国土资厅发〔2016〕38号"文等规定与社会资本采购捆绑实施，需要明确。

(4) 租赁方式供地的供地期限与 PPP 项目周期不匹配。

采取租赁出让方式的 PPP 项目，现行法规对土地租赁期限的限制（不超过20年）无法满足大部分 PPP 项目的周期要求（30年）。

(5) 实践中的操作方式与土地出让收入收支两条线规定冲突较大。

我国现行预算法规要求土地出让收入采取"收支两条线"的安排，② 这对很多希望将土地相关收益作为政府付费或补贴资金来源的 PPP 项目直接构成合规障碍。而为了达到这一目的，政府方和投资人常常或明或暗地规避前述法律规定，给项目的合法合规性，以及后期政府付费的稳定性带来不利影响。

3. 解决方案

为解决上述 PPP 项目的用地限制问题，建议通过立法提供解决

---

① 国发60号文第十五条规定：加快推进铁路投融资体制改革。鼓励按照"多式衔接、立体开发、功能融合、节约集约"的原则，对城市轨道交通站点周边、车辆段上盖进行土地综合开发，吸引社会资本参与城市轨道交通建设。

国家发展改革委2724号文第六条（强化政府和社会资本合作的政策保障）第一款：完善投资回报机制……依法依规为准经营性、非经营性项目配置土地、物业、广告等经营资源，为稳定投资回报、吸引社会投资创造条件。

② "财金〔2016〕91号"文明确规定 PPP 项目的资金来源与未来收益及清偿责任，不得与土地出让收入挂钩。

《国有土地使用权出让收支管理办法》（财综〔2006〕68号）依据预算法的有关规定，规定从2007年1月1日起，土地出让收入全额纳入地方基金预算管理，收入全部缴入地方国库，支出一律通过地方基金预算从土地出让收入中予以安排，未列入预算的各类项目一律不得通过土地出让收入支出。实行彻底的"收支两条线"。

方案如下:

(1) 明确 PPP 项目中的基础设施用地和公益事业用地,无论社会资本方和项目公司的企业性质如何,均可依照《划拨用地目录》以划拨方式获取项目土地。

(2) 对出让供地与社会资本采购环节的捆绑实施做出详细的规定,明确范围(包括经营性配置用地是否同时捆绑)及捆绑程序。

(3) 对于租赁土地,给予 PPP 项目的特殊规定,使其突破目前法规对租赁期限 20 年的限制。

(4) 对于以作价出资或者入股方式取得土地使用权的,建议对土地作价出资的评估及程序方案做出更为明确的约定,以便于实践操作。[①]

(5) 对于大型的轨道交通及其他涉及连片土地开发的复合型项目,建议在政策上给予特殊通道,突破土地出让收支两条线等规定的限制,或在现有规定的范围之内给予特定安排。

(六) PPP 与项目建设手续的冲突与建议

1. 冲突分析

PPP 项目大部分包括建设环节,根据目前我国项目法人制及建筑法的规定,项目公司作为项目法人及项目建设单位,负责施工许可及竣工验收等,就该项目的建设和运营承担相应的法律责任,并取得项目资产的所有权。然而,在部分 PPP 项目中,由于政府方仅授予项目公司对项目的经营权,项目资产的所有权仍由政府方所有,这与项目公司在现有法律框架下被赋予的角色存在冲突,

---

① 如财政部《关于运用政府和社会资本合作模式推进公共租赁住房投资建设和运营管理的通知》(财综〔2015〕15 号)第六条第三款(土地政策)对此领域政府以土地作价入资做了规定,规定政府可以土地作价入股方式注入项目公司,支持公共租赁住房政府和社会资本合作项目,不参与公共租赁住房经营期间收益分享,但拥有对资产的处置收益权。

导致项目公司难以履行法律要求其承担的申请主体义务（例如无法顺利取得该项目施工许可等），并在项目的竣工验收环节遇到法律障碍。

2. 解决方案

针对运行方式不同的 PPP 项目，对 PPP 项目立项、报建主体和项目资产登记主体做出规定。

（七）PPP 与国有资产管理的冲突与建议

1. 冲突分析

根据《企业国有产权转让管理暂行办法》（国务院国有资产监督管理委员会、中华人民共和国财政部令第 3 号）的规定，国有资产和国有股权作为国有产权，均须根据相关国资监管规定履行国资评估手续，报国资监管机构备案，并通过产权交易所挂牌进行转让。对于国有股权转让，要求在一年内付清全部股权转让价款。

在 PPP 项目实践中，常常涉及到对国有资产、国有企业股权或国有资产经营权的转让、项目公司股权回购或转让、项目公司后期资产或股权移交等交易安排，倘若严格遵循国有资产管理法规的要求，则须进行国资评估备案及挂牌转让，过程烦琐且对政企双方在项目早期阶段锁定边界条件造成障碍，进而给社会资本的合理回报预期带来不确定性。

2. 解决方案

（1）PPP 项目如果涉及国有资产转让，则社会资本的公开遴选程序即应被视为满足国有资产管理法规对于招拍挂及进场的法定要求。

（2）涉及国有资产转让的 PPP 项目，其项目合同作为招标/采购文件的附件，应提前报国资管理部门审查或备案。以此为前提，该等项目合同项下的国有资产转让安排、项目公司股权回购安排及相关对价，均应视为已经满足国有资产管理的法定要求。

（3）在项目合同提前终止或正常终止的情况下，项目公司向政府方移交项目设施或项目公司股权的安排，如果涉及国有资产处置，亦应视为符合国有资产管理的规定。

（八）PPP与《担保法》的冲突与建议

1. 冲突分析

根据《中华人民共和国物权法》的规定，权利质押的范围仅限于汇票、支票、本票；债券、存款单；仓单、提单；可以转让的基金份额、股权；可以转让的注册商标专用权、专利权、著作权等知识产权中的财产权；应收账款；法律、行政法规规定可以出质的其他财产权利。

根据《中华人民共和国担保法》（简称《担保法》）第七十五条的规定，可以作为权利质权标的物的主要有以下权利：（1）证券债权，包括汇票、支票、本票、债券、存款单、仓单、提单等；（2）依法可以转让的股份、股票；（3）依法可以转让的知识产权，包括注册商标专用权、专利权、著作权中的财产权；（4）依法可以质押的其他权利。由此可知，《担保法》调整的权利质权主要是证券质权、股份质权、知识产权质权及其他质权，而没有明确规定收益权质权。最高人民法院《关于适用〈担保法〉若干问题的解释》第九十七条进一步规定："以公路桥梁、公路隧道或者公路渡口等不动产收益权出质的，按照担保法第七十五条第（四）项的规定处理。"据此，公路桥梁、公路隧道或者公路渡口等不动产收益权也可以纳入《担保法》第七十五条所指的"依法可以质押的其他权利"，作为权利质押的标的。但是对于其他收益权，却无明确的可质押融资的依据。

在PPP项目实践中，为了实现项目融资的目的，将项目公司拥有的项目相关权益质押给融资机构是国际通行做法。虽然中国银行业监督管理委员会（简称中国银监会，于2018年3月与中国保险监督管理委员会的职责整合，组建为中国银行保险监督管理委员会）曾于2009年发布《项目融资业务指引》（银监发〔2009〕71号），但相关融资方式仍因缺乏高等级法规的明确支持而难以落地。在此情况下，PPP项目的融资方式还是偏向于传统的公司融资，项目公司往往需要通过母公司担保或固定资产抵押等增信方式才可以获得贷款，从而不可避免地抬高其融资成本。

对于上述问题，国务院曾经多次发文督促解决，国发60号文就明确指出，"支持开展排污权、收费权、集体林权、特许经营权、购买服务协议预期收益、集体土地承包经营权质押贷款等担保创新类贷款业务。探索利用工程供水、供热、发电、污水垃圾处理等预期收益质押贷款，允许利用相关收益作为还款来源"，为项目相关权益质押做出了明确的政策性背书，但在具体落地方面，还是阻碍重重。

值得关注的是，最高人民法院于2015年11月发布的指导性案例中，明确特许经营权的收益权可作为应收账款予以质押，这对于前述问题的解决不失为一个积极的信号。

2. 解决方案

（1）应明确PPP项目中项目相关权益为可质押权利，并可为项目融资之目的进行质押。

（2）为PPP项目发行项目收益债、实现资产证券化等融资方式，以及专门的SPV立法（以实质性解决风险隔离、破产隔离等问题）留出接口。

（3）建议对此类质押的登记、质押权实现程序等进行明确规定，并对融资方利益（特别是项目相关权益被提前终止/收回的情况下）设置保护性条款。

三、部委在管理 PPP 中的分工问题

截至目前，PPP相关主管部委协调和统筹问题尚未找到解决之道，这给项目实操带来很大困扰及强烈的不可预期性，进而对PPP项目的交易架构搭建造成影响。

基于国内项目审批体系及 PPP 项目管理现状，以及"单轨制"之暂不可行，建议通过 PPP 立法完成"双轨制"的制度设计，并着力解决 PPP 相关政策性文件制定权之争。具体而言，与 PPP 有关的国发、国办发文件可以少而精，由相关主管部委牵头合作完成，而重在引导行业主管部门和地方政府对 PPP 项目进行具体规制，并适当强化行业主管部门在这方面的责任与权力。

四、潜在争议

从各方汇聚而来的信息看，PPP 项目确实正在累积大量潜在争议，今后几年集中爆发的可能性正在增大。PPP 项目不是普通的市场买卖，更不是零和游戏，公私双方的利益并不局限于项目本身，而与社会公共利益密切相关。从根本上来说，PPP 项目中的任何风险，无论其分配机制如何，最后都是公私合作双方及项目受众的共同风险；PPP 项目中的任何争议，无论其最终裁决结果如何，对于项目本身而言都是一种失败。

为了防止这样的风险和失败出现，在 PPP 项目中推行仲裁或诉讼的前置程序很有必要，尽可能通过双方协商或专家裁定的方式化解分歧，以期保持公共服务的持续供应。最后，从公共利益出发，可以逐步建立对 PPP 系列合同进行制度性复核与督察的制度，并在必要时重启谈判。对此，PPP 合同中均应留有余地。

<h2 style="text-align:center">第四节
PPP 立法体系建议</h2>

以下是我们对 PPP 立法及其配套制度体系的建议，对不同层级的立法工作所能解决的问题做一些初步的探讨。

一、适合通过立法解决的问题

（一）总则

PPP法总则应对以下几个要点予以明确阐述，以收画龙点睛之效：

1. 立法原则与目的

在立法原则上，公共利益优先原则应当受到充分重视，甚至应当优先于"物有所值"，被列为PPP模式的核心原则。在很大程度上，公共利益优先原则其实是PPP项目各方权利、义务及诸多合同惯例的合法性的重要来源，包括社会资本的遴选方式、政府方出资代表的"黄金股"、项目公司的普遍服务义务、政府的监管权、介入权和终止后的接收权、信息公开等等。

在立法目的上，促进PPP模式的规范有序发展自然是应有之义。除此之外，也建议从另外两个角度考虑PPP法的立法目的：一是推动投融资体制改革和政府治理模式的转型，二是解决PPP模式与现行法律法规之间的冲突。

需要强调的是，我们认为PPP法（或PPP条例）应当致力于解决长远规划问题，而不应自限于PPP项目操作法、工具法或投融资及运维管理法。

2. PPP的定义

PPP法应当对PPP进行定义，并对其分类予以明确。如对PPP实行双轨制管理，则可以分为特许经营类PPP项目与政府购买服务类PPP项目，并对其各自的基本特征和要素予以概述。

3. 适用范围

建议对特许经营类PPP项目实行正面清单管理，而对政府购买服务类PPP项目实行负面清单管理。在公共服务和产品的大框架之下，排除一些涉及国家基本职能（如国防、外交）或政府核心功能（如社保）的公共服务，以及纯市场化领域。

4. 主管部门

我们可以从两个不同的角度来考虑这个问题：

角度一，由国务院直接设立 PPP 联席管理机构，并在各省、自治区、直辖市设立分支机构，对 PPP 项目进行综合管理。

角度二，在对 PPP 项目进行双轨制管理的前提下，由发改部门和财政部门分别对特许经营类 PPP 项目和政府购买服务类 PPP 项目进行综合管理，并由各行业主管部门按项目所属行业进行分管。当然，为了避免重复审批、多头管理的问题，联审联评机制也应以适当的形式在这种模式下得以应用。

（二）项目实施

在项目实施层面，PPP 法应主要考虑以下几方面的问题：

1. 项目的发起

在政府发起 PPP 项目之外，社会资本主动发起的形式应该成为可选项，甚至可以逐渐成为主流方式之一。为此，相关政府信息（如区域发展规划、相关基础数据等）公开、实施方案征集与评比、社会资本补偿等配套制度也应有所考虑。

2. 社会资本的遴选

在适用法律上，不一定继续适用《招标投标法》和《中华人民共和国政府采购法》（简称《政府采购法》），并为之做出各种打补丁的努力。建议另起炉灶，为建立一套专门适用于 PPP 项目投资人遴选的规则，在 PPP 法项下留出接口。

在遴选程序上，可以考虑参照近年来出台并行之有效的规范性文件，在 PPP 法中予以原则性规定。

在主体资格上，建议鼓励民营资本和外国资本的参与，同时兼顾国家安全和反垄断的相关考量。对于一直都是焦点的融资平台及项目所在地国企的参与资格及身份问题，则不建议在 PPP 法中进行专门规定。

3. 项目公司的设立

需要明确 PPP 项目是否必须设立项目公司，并澄清政府方是否必须入股项目公司。从风险隔离的角度看，设立项目公司对政府和社会资本都是有利的，但不需要强制要求任何 PPP 项目都必须设立项目公司。

4. PPP 合同

PPP 法应对 PPP 项目合同的性质、宗旨和原则予以简要描述，但无须在 PPP 法中对合同基本条款或要点予以罗列。

5. 监督管理

PPP 法可以在这个部分体现公共利益优先、绩效考核、信息公开、全生命周期监管等基本理念。值得强调的是，对于适用于公共产品与服务供应的 PPP 模式而言，公共利益优先原则应当受到充分重视，甚至应当优先于"物有所值"，被列为 PPP 模式的核心要素。在很大程度上，公共利益优先原则其实是 PPP 项目各方权利、义务以及诸多合同惯例的合法性的重要来源，包括社会资本的遴选方式、政府方出资代表的黄金股、项目公司的普遍服务义务、政府的监管权、介入权和终止后的接收权、信息公开等等。

（三）法律责任及争议解决

1. 法律责任

作为合同一方，政府和社会资本均应按 PPP 合同的规定承担违约责任。这里需要明确的是 PPP 项目实施机构在 PPP 合同项下的违约责任，是不是应当由其授权方（即项目所在地的县级以上人民政府）兜底的问题。作为授权方的县级以上人民政府应当对 PPP 项目实施机构的履约行为承担兜底责任。

另一方面，PPP项目各方又应依法承担行政及刑事责任。除非涉及双重或多重处罚，任何一方已在PPP合同项下承担违约责任，不应使其与之相关的行政或刑事责任得以豁免。

2. 争议解决

在PPP项目中，政府作为合同方以及行政监管方的双重身份，必然导致PPP合同项下的特定争议具有行政争议的色彩，或直接被民事法院或仲裁庭拒绝受理（如近年来出现的特许经营协议争议被仲裁庭拒绝受理的情形）。对此，PPP法需要发出清晰无误的信号，即有关PPP合同是否属于平等主体之间的民事合同，PPP合同项下是否有特定争议需要通过行政诉讼的方式加以解决等问题，PPP法均应给出明确的说法，给PPP项目参与各方一个稳定的预期。

当然，为项目实施的稳定性和可持续性计，PPP法也可以考虑设定诉讼或仲裁的前置程序，包括专家调解、联席机构审查与裁定等。

（四）配套保障

从立法配套层面，PPP法应为成体系立法合理预留足够的接口。对于PPP法自身无法直接化解的PPP模式与现行法律法规之间的冲突，可以留待第二、三层级的法律文件加以解决。

二、适合通过法律解释、政策性规定和操作指引解决的问题

除了上述需要通过PPP法及其配套法规解决的问题之外，有些问题更加适合通过相关法律解释、政策或操作指引加以详细阐释与具体规范。以下我们择其要点予以简述。

(一) 基本边界

1. 基本原则与核心要素

PPP 的基本原则与核心要素，目前虽然已在一定范围内形成较大共识，但在实操层面，各参与方的理解和阐释其实多有差异，甚至大相径庭。因此，需要通过法律解释、政策和操作指引对 PPP 的原则、理念和要素进行详细阐述，以尽可能压缩曲解或误解的空间。

2. 正面清单和负面清单

如前文述及，建议以指导目录的形式不定期地发布和更新 PPP 项目的正面清单和负面清单，明确区分不同类型的 PPP 项目，厘清特许经营类 PPP 与政府购买服务类 PPP，或是传统基础设施类 PPP 与公共服务类 PPP 之间的边界。

3. 项目类型

对于 PPP 项目的常见类型（如 BOT、BOOT、BOO、TOT 等），可以考虑通过操作指引的形式予以归纳和总结，并对其各自边界、特性和要点进行阐释。

4. 信息公开

对于 PPP 而言，信息公开应该是大势所趋。近年来，相关部委也在这方面多有着力，PPP 项目的信息公开制度和体系的建立已见曙光。2017 年 1 月 23 日，财政部发布关于印发财金 1 号文的通知，从信息公开的内容、方式和监督管理等 3 个方面对 PPP 项目信息公开工作立下新规。

(二) 项目发起和实施

1. 项目发起和确认

在 PPP 项目的发起和确认方面，建议从项目落地指引的角度出

发,重点考虑以下几方面的问题:

第一,项目性质的划分标准,即明确哪一类项目属于政府投资,哪一类属于企业投资,具体的标准是什么。

第二,可行性研究报告(适用于政府投资项目)和项目申请报告(适用于企业投资项目),与PPP项目实施方案、物有所值及财政承受能力两个论证的衔接。

2. 社会资本发起项目的流程及配套措施

现有法规对此着墨不多,实操层面也鲜有案例。社会资本发起PPP项目主要需要考虑以下几个方面的问题:

第一,社会资本的申请与建议。社会资本可以对PPP项目的开发和立项提出申请,并自行编制项目建议书,对项目的必要性、合规性及PPP模式相关可行性指标(如物有所值和财政可承受能力)进行初步分析,报PPP项目主管部门或联审机构评估与审定。

第二,在上述项目建议书获得政府认可的前提下,社会资本可以继续深化相关研究,以提出可行性研究报告或项目申请报告,并报相关主管部门审批或核准。为与PPP模式相匹配,该等审核或核准可以仅针对项目本身,并先行发给PPP项目主管部门或实施机构,待今后PPP项目公司正式设立后自动承继。

第三,在可研报告或项目申请获批之后,社会资本可以继续制订项目实施方案,以报PPP项目主管部门或联席机构(通过聘请第三方咨询机构)评估,并开展两个论证(如适用)。如果政府方认为有必要,也可以就项目实施方案进行公开征集和评比,并以最后确定的实施方案为基础,启动社会资本的竞争性遴选程序。

第四,作为社会资本发起PPP项目的配套措施,除对传统立项及基本建设程序进行改革之外,政府方还需要向社会资本进行必要的基础信息及数据公开,并对社会资本因发起项目而承担的成本及费用予以合理的补偿。

3. 实施机构、社会资本和项目公司

建议对 PPP 项目的主要参与方，即实施机构、政府方出资代表（如有）、社会资本和项目公司等的主体资格、角色定位、基本权责进行说明。诸如地方融资平台和当地国企参与 PPP 项目的问题（是否可以作为社会资本方参与及相关前提条件），社会资本需要具备的资质和能力问题（是否必须拥有项目建设和/或运营能力），社会资本对项目的责任范围的问题（是否仅限于对项目公司的出资），都需要有一个较为明确的说法。

4. 合同体系

对于 PPP 项目（或特许经营项目）的基本合同体系，应该说本来还是很清楚的，即以项目公司为主体签订的一系列合同（特许经营协议等），以及项目公司股东协议和章程。但是在 25 号令和 113 号文取消传统的"草签"安排（即由社会资本与项目实施机构签字确认相关合同条款与条件），并代之以社会资本与项目实施机构之间签署正式的"初步协议"或"项目合同"（统称初步协议）之后，很多不同的理解及做法开始出现。有认为初步协议和项目公司后续签署的 PPP 合同应当并行的，有认为初步协议在项目公司后续签署的 PPP 合同生效之日即自动失效或解除的，也有人认为 PPP 合同就应由社会资本（而非项目公司）与项目实施机构签署并执行。我们认为其中第一种理解带有较为明显的 BT（建设－移交）思维惯性，并不可取；第二种理解符合既往惯例及现实需要，可以考虑和草签安排选择适用；第三种理解有一定的启发性，但与现实情况存在较大落差，一方面可能抑制投资杠杆的正常应用，另一方面也可能促使政府寻求社会资本与项目公司承担连带责任的安排，这对于 PPP 模式的推广应用可能形成阻碍效应。

5. 收费与价格

PPP 项目的收费及价格机制（特别是使用者付费项目），需要与

目前的物价管理法规及制度安排相匹配，以期实现协商定价、依法调价及合理回报。

（三）监管

1. 监管体系

对于PPP项目的监管（包括行政、行业及合同监管，以及社会公众监督），特别是全生命周期的监督和管理，现有的一些规定还是略显简单，需要根据PPP项目的分类，以及主管、分管部门的设立或划分来进一步细化，辅之以相应的监管标准，以期建立一套针对PPP项目的全方位的监管体系。

2. 禁区

经过近两年的实践，PPP领域形成了一些所谓的"禁区"，例如"固定回报"、"明股实债"和"变相举债"等。但是对于禁区的具体边界，业内并无确切、统一的说法，政策导向与市场偏好之间出现明显背离。

我们认为，上述"禁区"的划定意在防止社会资本可获固定回报的提前退出，以及与之相关的项目风险的不合理配置。但是需要正视的是，财务投资人目前参与PPP项目，受限于内部的风控审查，及其所携资金的基本诉求，通常都是不入虎穴不得虎子，所谓的"禁区"也是不得不进。为了更加精准地划定禁区，并使其得到市场的实质响应，建议对"明股实债"一类的术语进行更为明晰的阐述，解析出其中违反PPP核心原则的基本要素，并对那些并不会影响到项目正常落地和执行的商业安排予以认可或放行，而不宜采取望文生义、一概封杀的政策。

（四）争议解决

可以考虑制定并强制适用诉讼或仲裁的前置程序。由PPP项目相关各方自行聘请第三方机构或专家对争议进行审理和裁定，或在PPP项目管理体系内增设部级、省级或行业协会性质的争议解决常设机构，以最大限度地降低争议解决成本及其可能给公共利益造成的损害。

三、适合通过合同指南及示范文本解决的问题

有鉴于PPP模式的应用范围之广、项目类型之多、参与主体之多元、所涉专业领域之庞杂，对PPP项目合同指南及示范文本所能发挥的作用不宜期望过高。以下仅就PPP项目合同指南及示范文本理应覆盖的要点予以罗列，谨供探讨和参考之用。

（1）PPP项目合同/特许经营协议的总体框架及合同范式。

（2）PPP项目运作惯例及对应条款（如不可抗力、法律变更、临时接管、一般补偿、提前终止补偿、移交、争议解决等）。

（3）适用于不同项目类型的条款（如付费、调价、绩效监测、保险等）。

（4）项目补贴机制及相关财务模型。

（5）适用于不同行业、不同项目类型的绩效考核指标体系及方式。

（6）适用于不同领域的其他特殊规定。

四、小结

总而言之，中国PPP模式的发展，有赖于法制建设的完善和政策的可持续性。我们过去近20年的特许经营模式实践，之所以没能做到可持续发展，主要原因之一就是政策法规的等级偏低、可持续性不足。前建设部于2004年发布实施的126号令及其相关政策虽然在市政基础设施领域起到了巨大的推动作用，但因其自身等级不高，

牵头的建设部也仅为行业主管部门，所以也未能继续引领特许经营模式的深化发展；但从另一方面，我们也可以看到部门规章、规范性文件及行业政策导向在我国能够发挥的巨大作用。希望通过高等级立法及后续体系性立法解决 PPP 模式与现行法律法规及投融资机制之间存在的冲突，解决部门之间的协调问题，解决 PPP 模式与主要的政策方向、改革方向之间的契合问题，增强 PPP 政策法规的可预期性，为 PPP 的长期规范的可持续发展打好基础。

实践篇

本篇首先介绍PPP项目操作流程中涉及项目储备、项目论证、社会资本方选择、项目执行等环节的重点工作任务及其要点。随后介绍基础设施的项目特点、实施模式、项目融资和资产证券化的实务要点，并探讨在国内推进基础设施REITs的发展路径与政策建议。最后介绍一些具有可复制、可推广意义的典型案例。

第七章
项目操作及流程

本章以 2016 年 10 月 24 日国家发展改革委印发的 2231 号文为主线，结合财政部 2014 年 11 月 29 日印发的 113 号文及其他政策性文件和项目实务运作惯例，介绍 PPP 项目操作流程中涉及的项目储备、项目论证、社会资本方选择、项目执行等工作环节中的重点工作任务及其要点。

第一节
项目储备

项目储备阶段主要涉及四个方面的重点工作任务：一是项目策划；二是进入项目库；三是纳入实施计划；四是建立工作机制。

一、项目策划

对于任何一个地方，相对于潜在的公共基础设施项目建设需求，财政、土地、行政等方面的公共资源都是相对短缺甚至严重稀缺的。在有限公共资源的约束下，涉及诸多行业的公共基础设施项目的轻重缓急排序，是一个高层次的政治决策问题，涉及公共资源的合理配置和不同行业、不同群体的切身利益。由于存在诸多竞争性的优先投资项目,明确并追求战略性目标是政府的责任。

(一) 强化规划引领

国家发展改革委在 2231 号文第五条要求:"加强规划政策引导。要重视发挥发展规划、投资政策的战略引领与统筹协调作用,按照国民经济和社会发展总体规划、区域规划、专项规划及相关政策,依据传统基础设施领域的建设目标、重点任务、实施步骤等,明确推广应用 PPP 模式的统一部署及具体要求。"

2015 年 4 月修订的《中华人民共和国城乡规划法》第三十四条要求:"城市、县、镇人民政府应当根据城市总体规划、镇总体规划、土地利用总体规划和年度计划以及国民经济和社会发展规划,制定近期建设规划,报总体规划审批机关备案。建设规划应当以重要基础设施、公共服务设施和中低收入居民住房建设以及生态环境保护为重点内容,明确建设的时序、发展方向和空间布局。建设规划的规划期限为 5 年。"

2016 年 2 月,《中共中央国务院关于进一步加强城市规划建设管理工作的若干意见》(简称《意见》),明确城市规划建设管理的总体目标是"实现城市有序建设、适度开发、高效运行,努力打造和谐宜居、富有活力、各具特色的现代化城市,让人民生活更美好"。《意见》提出,强化城市规划工作。依法制定城市规划,依法加强规划编制和审批管理。增强规划的前瞻性、严肃性和连续性,实现一张蓝图干到底。改革完善城市规划管理体制,加强城市总体规划和土地利用总体规划的衔接,推进两图合一;严格依法执行规划,进一步强化规划的强制性,凡是违反规划的行为都要严肃追究责任。

2016 年 7 月,中发 18 号文第(七)款要求:"依据国民经济和社会发展规划及国家宏观调控总体要求,编制三年滚动政府投资计划,明确计划期内的重大项目,并与中期财政规划相衔接,统筹安排、规范使用各类政府投资资金。依据三年滚动政府投资计划及国家宏观调控政策，编制政府投资年度计划，合理安排政府投资。建立覆盖各地区各部门的政府投资项目库，未入库项目原则上不予安排政府投资。完善政府投资项目信息统一管理机制，建立贯通各地区各部门的项目信息平台，并尽快拓展至企业投资项目，实现项目信息共享。改进和规范政府投资项目审批制，采用直接投资和资本金注入方式的项目，对经济社会发展、社会公众利益有重大影响或者投资规模较大的，要在咨询机构评估、公众参与、专家评议、风险评估等科学论证基础上，严格审批项目建议书、可行性研究报告、初步设计。经国务院及有关部门批准的专项规划、区域规划中已经明确的项目，部分改扩建项目，以及建设内容单一、投资规模较小、技术方案简单的项目，可以简化相关文件内容和审批程序。"

公共基础设施项目涉及面广、投资规模大、有效使用寿命长，主要用于提供关系国计民生的基本公共服务，不论是公共机构组织实施还是引进社会资本，都必须遵循最为严格的基本建设程序。从城市总体规划、五年建设规划、三年滚动政府投资计划到政府投资年度计划，不仅是一整套严谨的政治决策流程，而且需要水平很高的专业力量参与。必须依法依规，尽可能做到公开透明、充分论证，达成最广泛的社会共识，更好地挖掘利用公共资源，服务当地的经济和社会发展。

(二) 编制项目建议书

建议地方政府行业主管部门根据五年建设规划，组织策划并编制所负责领域5年内待实施项目的项目建议书。

初步可行性研究（pre-feasibility study），也称预可行性研究，其研究成果通常表现为项目建议书，是在机会研究的基础上，对项目方案进行的进一步技术经济论证，为项目是否可行提供初步判断。研究的主要目的是判断项目是否值得投入更多的人力和资金，进行进一步深入研究，判断项目的设想是否有生命力，并据以做出是否进行投资的初步决定。

初步可行性研究的重点是：一是项目目标及功能定位，包括效益目标、投资规模目标、项目功能定位和市场目标定位。二是项目方案构思，指对未来投资项目的目标、功能、范围以及项目涉及的各主要因素和大体轮廓的设想与初步界定。三是项目方案初步论证，包括：（1）项目的构成，包括产品方案、生产规模、原料来源、工艺路线、设备选型、厂址比较和建设速度。（2）粗略地估算经济指标，进行财务及经济评价，并采用快速评价法进行社会评价。

（三）编制可行性研究报告

建议对于项目建议书获批的公共基础设施项目，可以适时组织进行详细可行性研究，可行性研究报告获批的公共基础设施项目，方可列入三年滚动政府投资计划，形成公共基础设施项目的滚动储备机制。

可行性研究是建设项目决策阶段最重要的工作。可行性研究的过程是深入调查研究的过程，也是多方案比较选择的过程。一个拟建项目，从产品方案、技术选用、设备选型、到场址选择、工程方案、环保措施，都可能有多个方案可供选择，可行性研究要通过深入的调查研究，对多个方案进行比较、论证，从中选择最佳方案。可行性研究的目的是为项目决策提供科学、可靠的依据。

可行性研究的基本要求是：一是预见性。可行性研究不仅应对历史、现状资料进行研究和分析，更重要的是应对未来的市场需求、投资效益进行预测和估算。二是客观公正性。可行性研究必须坚持实事求是，在调查研究的基础上，按照客观情况进行论证和评价。三是可靠性。可行性研究应认真研究确定项目的技术经济措施，以保证项目的安全性和可靠性，同时也应否定不可行的项目或方案，以避免投资损失。四是科学性。可行性研究必须应用现代科学技术手段进行市场预测，还应运用科学的评价指标体系来分析项目的盈利能力和偿债能力，为项目决策提供科学依据。

可行性研究的成果是可行性研究报告。可行性研究报告应该达到内容齐全、结论明确、数据准确、论据充分的要求，满足决策者定方案、定项目的需要。

2231号文第十条明确要求："政府投资项目的可行性研究报告应由具有相应项目审批职能的投资主管部门等审批。可行性研究报告审批后，实施机构根据经批准的可行性研究报告有关要求，完善并确定PPP项目实施方案。重大基础设施政府投资项目，应重视项目初步设计方案的深化研究，细化工程技术方案和投资概算等内容，作为确定PPP项目实施方案的重要依据。""实行核准制或备案制的企业投资项目，应根据《政府核准的投资项目目录》及相关规定，由相应的核准或备案机关履行核准、备案手续。项目核准或备案后，实施机构依据相关要求完善和确定PPP项目实施方案。""纳入PPP项目库的投资项目，应在批复可行性研究报告或核准项目申请报告时，明确规定可以根据社会资本方选择结果依法变更项目法人。"

二、进入项目库

国家发展改革委与财政部对PPP项目入库都有明确的政策要求，财政部更是规定不入库原则上不得通过财政预算安排支出责任。需要强调的是，不论是入发展改革委的库还是财政部的库，即使是入了财政部或各省的示范项目名单，也并没有哪个政府部门为该项目是否规范提供实质性担保，不论是社会资本还是金融机构，都不应当想当然地认为入库项目就是好项目。入库只是起点，具体操作是否规范还需要具体分析。财政部2017年11月发文对项目库进行全面清理，对于参与PPP运作的各方是一个警醒，入了库的项目也有可能不合规，也有可能得不到财政付费。

（一）国家发展改革委 PPP 项目库

2231 号文第六条明确规定："各级发展改革部门要会同有关行业主管部门，在投资项目在线审批监管平台（重大建设项目库）基础上，建立各地区各行业传统基础设施 PPP 项目库，并统一纳入国家发展改革委传统基础设施 PPP 项目库，建立贯通各地区各部门的传统基础设施 PPP 项目信息平台。入库情况将作为安排政府投资、确定与调整价格、发行企业债券及享受政府和社会资本合作专项政策的重要依据。"

国家发展改革委在其官网专门开辟了 PPP 专栏。根据网站内容显示，国家发展改革委为加快推进 PPP 模式，更好地鼓励和引导社会资本，经各省、直辖市、自治区和计划单列市发展改革委推荐，国家发展改革委审核通过后，纳入国家发展改革委 PPP 项目库，并向社会公开发布。项目库已推介的 PPP 项目包括第一批、第二批，以及与工商联联合推介的 PPP 项目。

根据微信公众号 "PPP 导向标"（国家发展改革委指导）2017 年 2 月底发布的数据，国家发展改革委传统基础设施领域 PPP 项目库共入库 15 966 个项目，项目总投资 15.9 万亿元，涉及能源、交通运输、水利、环境保护、农业、林业、重大市政工程等领域。项目的地域分布见表 7.1，入库项目数量及项目总投资排名前 5 位的省份见表 7.2。

表 7.1　2017 年 2 月底国家发改委发布的 PPP 项目地域分布情况表

序号	区域	数量（个）	数量占比（%）	总投资（亿元）	总投资占比（%）
1	东部地区	3 222	20	34 584	22
2	中部地区	4 970	31	48 314	30
3	西部地区	7 774	49	75 857	48
合计		15 966	100	158 755	100

表7.2　2017年2月入库项目数量及总投资排名前5位的省份情况表

个数排名	省份	数量（个）	总投资排名	省份	总投资（亿元）
1	贵州省	1 376	1	云南省	19 699
2	云南省	1 202	2	贵州省	13 707
3	甘肃省	1 186	3	四川省	10 482
4	安徽省	1 078	4	安徽省	10 213
5	四川省	1 055	5	湖北省	8 224

为了指导各地进一步规范、创新推进PPP模式，2015年国家发展改革委对外公布了第一批13个PPP项目典型案例，对各地推广PPP模式起到了积极作用。2017年5月，国家发展改革委从392个申报项目中选定了43个项目作为第二批PPP项目典型案例。国家发展改革委的示范性项目均为已经进入实施阶段的成熟项目，在某个方面普遍有值得借鉴和推广的亮点，国家发展改革委组织邀请专家从操作模式、创新价值、示范意义等方面对典型案例逐一进行点评，并向社会公开，供有关方面参考借鉴。

（二）财政部PPP综合信息平台

2015年12月18日，财政部印发《关于规范政府和社会资本合作（PPP）综合信息平台运行的通知》（财金〔2015〕166号），综合信息平台按照项目库、机构库和资料库实行分类管理，其中，项目库用于收集和管理全国各级PPP储备项目、执行项目和示范项目信息，包括项目全生命周期各环节的关键信息；机构库用于收集和管理咨询服务机构与专家、社会资本、金融机构等参与方信息；资料库用于收集和管理PPP相关政策法规、工作动态、指南手册、培训材料和经典案例等信息。原则上，经地方各级财政部门会同相关部门评估、筛选的潜在PPP项目基本信息，均应录入综合信息平台。中央部门拟作为实施机构的PPP项目，由财政部统一评审录入项目信息。经省级财政部门审核满足上报要求的,由省级财政部门提交,列为储备项目;编制项目实施方案,通过物有所值评价、财政承受能力论证,并经本级政府审核同意的,列为执行项目;通过中央或省级财政部门评审并列为中央或省级示范的项目,列为示范项目。财政部建立综合信息平台奖惩挂钩机制。原则上,国家级和省级示范项目、各地PPP年度规划和中期规划项目均需从综合信息平台的项目库中筛选和识别。未纳入综合信息平台项目库的项目,不得列入各地PPP项目目录,原则上不得通过财政预算安排支出责任。

截至2017年6月末,全国入库项目共计13 554个,累计投资额16.3万亿元,覆盖31个省(自治区、直辖市)及新疆建设兵团和19个行业领域。其中,已签约落地项目2 021个、投资额3.3万亿元,落地率34.2%(落地率指执行和移交两个阶段项目数之和与准备、采购、执行、移交4个阶段项目数总和的比值,不考虑识别阶段项目)。入库项目数排在前3位的省份是贵州、新疆、内蒙古,项目数合计占入库项目总数的31.7%。入库项目数排在前3位的行业是市政工程、交通运输、旅游,合计占入库项目总数的54.1%。政府付费和政府市场混合付费项目数合计8 625个、投资额共计11.4万亿元,分别占入库项目的63.6%和69.5%。

截至2017年6月末,财政部筛选的3批示范项目共计700个,总投资1.7万亿元。具体项目数量及总投资见表7.3。

表7.3 截至2017年6月3批PPP示范项目个数及总投资情况表

年份	批次	数量(个)	投资额(亿元)	备注
2014	1	22	714	最初为30个,陆续调出8个
2015	2	162	4 846	最初为206个,陆续调出44个
2016	3	516	11 623	
合 计		700	17 183	

扣除因各种原因先后被调出的项目，第 2 批剩下的 22 个示范项目自 2016 年末以来、第 2 批剩下的 162 个示范项目自 2017 年 3 月末以来已 100% 落地；第 3 批 516 个示范项目，落地率为 60.6%，当月新增 15 个落地项目。河南、山东、安徽落地项目数居前 3 位，合计占落地示范项目的 25.9%。市政工程、交通运输、生态建设和环境保护类落地项目数居前 3 位，合计占落地示范项目的 64.0%。

需要指出的是，财政部的示范项目是有待实施 PPP 模式的储备项目，示范项目名单的高比例项目调出表明，示范项目能否落地以及落地项目是否规范，都存在很大的不确定性。

三、纳入实施计划

2231 号文第七条规定："列入各地区各行业传统基础设施 PPP 项目库的项目，实行动态管理、滚动实施、分批推进。对于需要当年推进实施的 PPP 项目，应纳入各地区各行业 PPP 项目年度实施计划。需要使用各类政府投资资金的传统基础设施 PPP 项目，应当纳入三年滚动政府投资计划。"

113 号文第七条也规定："财政部门（政府和社会资本合作中心）会同行业主管部门，对潜在政府和社会资本合作项目进行评估筛选，确定备选项目。财政部门（政府和社会资本合作中心）应根据筛选结果制订项目年度和中期开发计划。对于列入年度开发计划的项目，项目发起方应按财政部门（政府和社会资本合作中心）的要求提交相关资料。新建、改建项目应提交可行性研究报告、项目产出说明和初步实施方案；存量项目应提交存量公共资产的历史资料、项目产出说明和初步实施方案。"

地方政府统筹考虑已经完成工程可行性研究报告审批，具备实施条件的备选项目，进行轻重缓急排序，将其分别纳入PPP项目年度实施计划或中期开发计划。地方政府做出这类决定时，应当充分听取各方面意见，在扎实的论证与研究基础上，最终由当地最高决策机构依照法定程序做出决策。绝不能由个别人拍脑袋决策，更不能临时任意增加新的前期论证并不充分的重大项目。

四、建立工作机制

PPP项目实施工作涉及公共部门、社会资本、用户与市民等众多的利益相关方，利益分配、调整和统筹关系复杂，专业要求高，涉及法律、政策、财政、金融、财务、设计、建设、运营等诸多专业方向。构建能够总揽全局、协调各方、决策科学、推动有力的高层次工作协调机制，并组建既能熟悉把握本地情况、又能吸收国内外同类项目经验与教训、还能聚集本地及外地各类相关强势资源的专业团队，是PPP项目成功实施的基本前提。

（一）有关政策规定

2231号文第八条要求："对于列入年度实施计划的PPP项目，应根据项目性质和行业特点，由当地政府行业主管部门或其委托的相关单位作为PPP项目实施机构，负责项目准备及实施等工作。鼓励地方政府采用资本金注入方式投资传统基础设施PPP项目，并明确政府出资人代表，参与项目准备及实施工作。"

113号文第十条要求："县级（含）以上地方人民政府可建立专门协调机制，主要负责项目评审、组织协调和检查督导等工作，实现简化审批流程、提高工作效率的目的。政府或其指定的有关职能部门或事业单位可作为项目实施机构，负责项目准备、采购、监管和移交等工作。"

(二) 政府的工作机制

1. 高层次的领导小组

各地要推进实施 PPP 项目，应当在当地党政一把手的亲自领导下，通过高层次的领导小组履行政治决策和工作协调职责。公共基础设施领域的 PPP 项目的推进工作，涉及政府、社会资本、公众长达 20~30 年的长期合作关系，所提供产品是与普通民众生存权和发展权相关的基本公共产品与公共服务。这是一项不能出现大的失误和损失的重大政治任务，需要高层次的政治领导，走完当地所有决策流程，才能统筹、协调、平衡各方面的多元利益诉求，才能整合各方面的优势资源，才能解决实施过程中遇到的各类瓶颈问题，才能有效遏制地方政府随意反悔的空间。当然，组建针对具体项目的领导小组时，不一定非得党政一把手亲自做组长，也可以根据分工由党委常委班子的其他成员担任组长，由相关分管领导和各部门一把手组成，但领导小组必须对党政一把手汇报并负责。

2. 高水平的项目实施机构

地方政府实施 PPP 项目，要充分利用各类专业咨询机构的力量，同时地方政府也应当建立有足够专业能力的 PPP 项目实施机构。在各类咨询机构的协助下，真正提高 PPP 项目实施工作的专业水准，既要防止被投资者牵着走，也要防止被咨询机构误导引入歧途。当前，各地普遍以行业主管部门作为具体项目的实施机构，这种安排存在以下问题：一是 PPP 专业人才是稀缺资源，没有足够数量可以分散到诸多行业主管部门；二是行业主管部门与该行业相关的各类本地与外地市场机构的利益关系复杂，难以实现利益独立和客观公正；三是公务员日常事务繁杂，难以专心于 PPP 工作，职位变化较快，难以积累专业经验。因此，建议地方政府成立专门的PPP实施机构，集中各方面的专业力量，通过学习积累经验，打造地方政府可以信任的专业性公共机构。PPP实施机构的组建，可以依托发改、财政等综合部门，或者当地最主要的基础设施领域的地方政府融资平台公司，当然也需要得到各行业主管部门的支持。PPP实施机构，不应当是某个政府部门的下属机构，建议作为当地政府的直属机构，不受单个部门的节制，在机构规格上甚至可以高于各政府部门。在实施具体项目时，由政府下属的PPP实施机构牵头，到各行业主管部门借用专业人才，并选聘各类中介机构的专业人才，组成包括政府内部与外部、本地与外地专业人才的项目工作小组，对领导小组汇报并负责。

牵头具体项目的PPP实施机构主要做好以下几个方面的具体工作：（1）政府的决策参谋，让领导决策时踏实放心，坚定决策层推进项目的信心和决心；（2）确保吸引多家符合项目需要的投资者参加竞争，形成充分、良性的竞争局面，协助政府强中选优；（3）工作小组牵头方，要对聘请的各类专业中介机构编制的方案进行汇总评判，对各方的专业冲突进行协调，利用专家顾问网络弥补中介机构的专业不足，承担专业任务兜底的职能；（4）落实项目工作进度安排，在确保工作质量的前提下，协调众多相关方，积极稳妥按时间表推进项目。

如果政府的PPP项目实施机构缺乏足够的能力，则需要选聘一家能协助PPP实施机构履行以上职责的牵头咨询机构。再次强调，是要借助咨询机构的专业能力，而不能依赖咨询机构代为决策，重要的事情必须在听取各方面意见的基础上，由项目实施机构提出建议性方案报领导小组定夺。

3. 合适的政府出资人代表

地方政府适当参股PPP项目公司，确实在以下方面对政府有利：及时了解项目公司各方面运营状况，在项目公司层面建立沟通机制，适度分享项目运营收益等。建议最好由与项目相关的地方政府主要融资平台公司代表政府参股项目公司，股权比例通常控制在20%~40%以内。融资平台公司在整合公共资源、协调各方关系等方面，可以为项目公司提供有效支持。

（三）咨询机构团队

PPP的咨询团队一般由综合类的牵头咨询机构，以及负责某方面专业工作的金融（财务）顾问、法律顾问和技术顾问组成。牵头咨询机构如果有足够能力，也可以兼任某方面的专业顾问。牵头咨询机构协助项目实施机构负责项目的全面组织、协调和整合工作，对项目实施机构负责。其他专业顾问负责某一个方面的专业工作，独立发表专业意见，工作成果交牵头咨询机构汇总，对项目实施机构负责。选择各类咨询机构时，不能只看机构的名义，更加要看参与该项目的现场项目负责人的专业经验和综合素质，特别要验证其历史业绩及其在其他项目中所发挥的实际作用。只有刻骨铭心做过规范的高标准项目后，专业团队才有能力居高临下把控风险点和核心环节，才能协助项目实施机构高水准地推进项目实施。

第二节
项目论证

项目论证阶段主要涉及六个方面的重点工作任务：一是项目前期准备工作；二是编制PPP实施方案；三是物有所值评价；四是财政承受能力评价；五是方案论证与审批；六是起草合同草案。

第七章
项目操作及流程

一、项目前期准备工作

　　理论上，PPP合同着眼于运营期的服务采购，而不是固定资产的形成。PPP合同的重点是明确项目的实际产出要求，着重考虑项目全生命周期的运营成果，而不是项目的原始投入和所形成的构筑物。但是，大量PPP项目需要依托新建的重资产、专用性的基础设施项目，绝对不同于采购某些市场充分竞争环境下的普通服务那么简单清爽，如餐饮、会务、办公、保洁等。

　　因此，PPP项目实施比传统服务采购要复杂得多，需要详细的项目准备和规划，合理管理采购流程以激励各投标人的充分竞争。还需要细致的合同设计以明确服务标准、分配风险并实现商业风险和收益之间的可接受的平衡。由此，要求公共部门拥有一些传统服务采购中通常并不需要的技能，也需要做好一系列前期准备工作。

　　PPP项目首先需要建成一项投资规模大、资产专用性强的基础设施资产，随后才有条件提供PPP合同所需要的最终产品与服务。由此，这类PPP项目必须遵循基本建设程序（见图7.1），在取得开工许可证之前有大量流程严谨复杂、涉及各类审批审查程序、需要各类专业中介机构和评估评审机构参与、发生诸多成本费用的前期工作。很多前期工作应当在竞争性选择投资者流程启动之前就要做到位，才能有效确定项目合作边界条件，投资者也才有足够条件编制技术方案和商务方案，进而进行成本测算，编制财务方案和融资方案，从而形成合适的价格形成机制。在选定投资者并成立项目公司后，才有条件按计划推进项目实施，尽快取得开工许可，启动项目建设。

　　我们建议，PPP项目的前期工作要做到初步设计深度，即达到初步设计待批未批的程度，只是为了给未来的投资者及其成立的项目公司留下优化调整的空间，暂时并不批复初步设计。相关前期准备

183

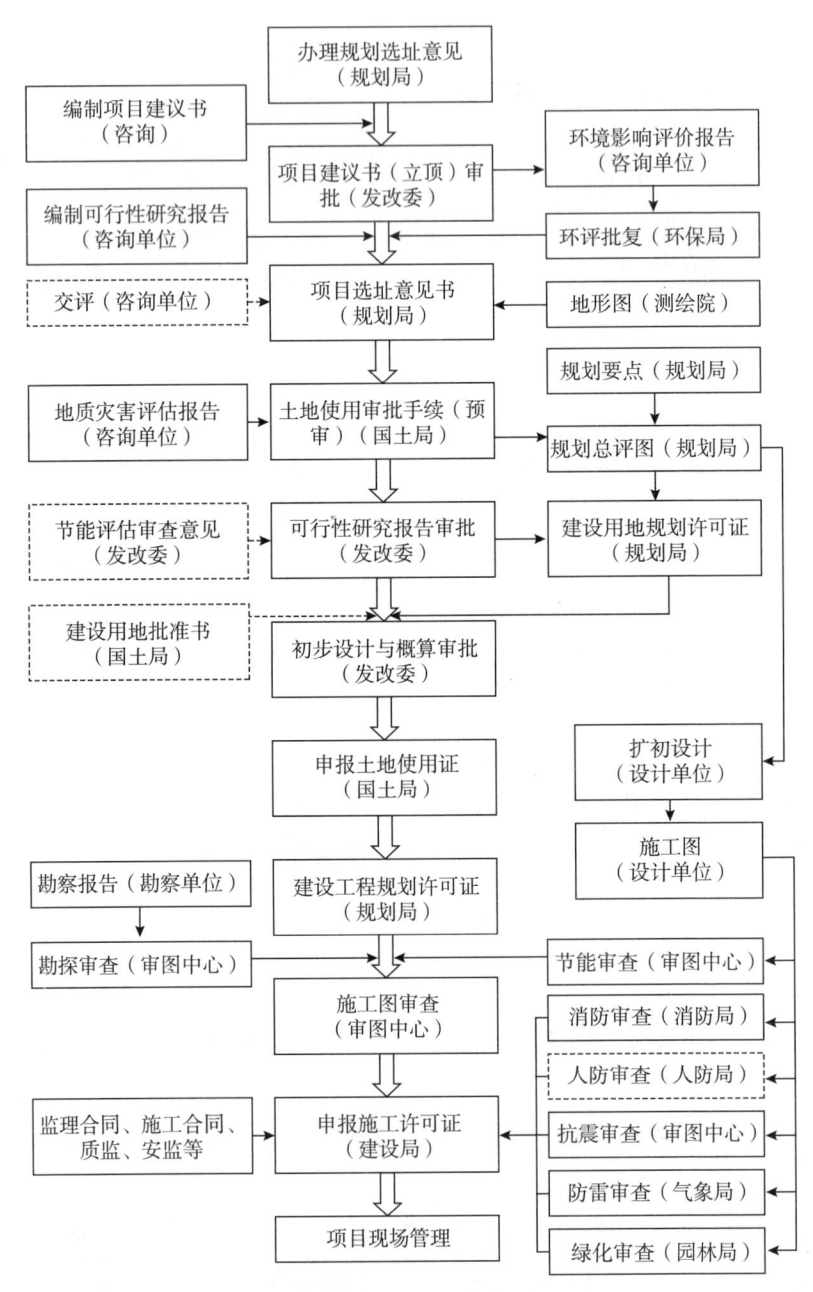

图 7.1　基础设施项目开工前的工作流程图

工作也要尽可能达到初步设计所需要的配套要求。在实施竞争性选择程序时，将政府方准备的待批初步设计资料和有关前期工作材料一并向潜在投资者开放，作为投资者编制响应文件的技术基础，投资者可以根据自身专业经验和资源条件进行优化调整。

当前，很多已发中标通知书的所谓 PPP 落地项目，因为土地、环评等前期工作不到位，无法获得施工许可证，合同无法进一步实施，陷入违约甚至终止的困局。后果特别严重，教训极为深刻。

二、编制 PPP 实施方案

（一）有关政策规定

2231 号文第九条规定："纳入年度实施计划的 PPP 项目，应编制 PPP 项目实施方案。PPP 项目实施方案由实施机构组织编制，内容包括项目概况、运作方式、社会资本方遴选方案、投融资和财务方案、建设运营和移交方案、合同结构与主要内容、风险分担、保障与监管措施等。为提高工作效率，对于一般性政府投资项目，各地可在可行性研究报告中包括 PPP 项目实施专章，内容可以适当简化，不再单独编写 PPP 项目实施方案。实施方案编制过程中，应重视征询潜在社会资本方的意见和建议。要重视引导社会资本方形成合理的收益预期，建立主要依靠市场的投资回报机制。如果项目涉及向使用者收取费用，要取得价格主管部门出具的相关意见。"

113 号文第十一条规定：项目实施机构应组织编制项目实施方案，依次对以下内容进行介绍：

1. 项目概况

项目概况主要包括基本情况、经济技术指标和项目公司股权情况等。基本情况主要明确项目提供的公共产品和服务内容、项目采用政府和社会资本合作模式运作的必要性和可行性,以及项目运作的目标和意义。经济技术指标主要明确项目区位、占地面积、建设内容或资产范围、投资规模或资产价值、主要产出说明和资金来源等。项目公司股权情况主要明确是否要设立项目公司以及公司股权结构。

2. 风险分配基本框架

按照风险分配优化、风险收益对等和风险可控等原则,综合考虑政府风险管理能力、项目回报机制和市场风险管理能力等要素,在政府和社会资本间合理分配项目风险。原则上,项目设计、建设、财务和运营维护等商业风险由社会资本承担,法律、政策和最低需求等风险由政府承担,不可抗力等风险由政府和社会资本合理共担。

3. 项目运作方式

项目运作方式主要包括委托运营、管理合同、BOT、BOO、TOT和ROT等。具体运作方式的选择主要由收费定价机制、项目投资收益水平、风险分配基本框架、融资需求、改扩建需求和期满处置等因素决定。PPP模式的主要运作方式见表7.4。

表7.4 PPP模式的主要运作方式要素比较表

类型(英文)	类型(中文)	定义	合同期限	备注
O&M Operations & Maintenance	委托运营	指政府将存量公共资产的运营维护职责委托给社会资本或项目公司,社会资本或项目公司不负责用户服务的政府和社会资本合作项目运作方式	一般不超过8年	政府保留资产所有权,只向社会资本或项目公司支付委托运营费

（续表）

类型（英文）	类型（中文）	定义	合同期限	备注
MC Management Contract	管理合同	指政府将存量公共资产的运营、维护及用户服务职责授权给社会资本或项目公司的项目运作方式	一般不超过3年	政府保留资产所有权，只向社会资本或项目公司支付管理费；通常作为TOT的过渡方式
LOT Lease-Operate-Transfer	租赁-运营-移交	指将存量及新建公共资产的运营管理职责、维护职责以及用户服务职责转移给社会资本的PPP运作模式，政府仍然承担公共资产投资的职责并保留公共资产的所有权	一般为20~30年	对于存量项目，LOT模式属于MC模式范畴
TOT Transfer-Operate-Transfer	转让-运营-移交	指政府将存量资产所有权有偿转让给社会资本或项目公司，并由其负责运营、维护和用户服务，合同期满后资产及其所有权等移交给政府的项目运作方式	一般为20~30年	项目有偿转让后，政府暂无资产所有权；TOT模式较BOT模式风险小，投资回报率适当
ROT Rehabilitate Operate-Transfer	改建-运营-移交	指政府在TOT模式的基础上，增加改扩建内容的项目运作方式	一般为20~30年	ROT模式属于TOT模式范畴

(续表)

类型（英文）	类型（中文）	定义	合同期限	备注
BOT Build-Operate-Transfer	建设－运营－移交	指由社会资本或项目公司承担新建项目设计、融资、建设、运营、维护和用户服务职责，合同期满后项目资产及相关权利等移交给政府的项目运作方式	一般为20～30年	合同经营期内资产归项目公司所有，合同期满按照约定将资产移交给政府
BOO Build-Own-Operate	建设－拥有－运营	指由社会资本或项目公司承担新建项目设计、融资、建设、运营、维护和用户服务职责，必须在合同中注明保证公益性的约束条款，社会资本或项目公司长期拥有项目所有权的项目运作方式	长期	资产为项目公司永久拥有。由BOT方式演变而来

4. 交易结构

交易结构主要包括项目投融资结构、回报机制和相关配套安排。项目投融资结构主要说明项目资本性支出的资金来源、性质和用途，项目资产的形成和转移等。项目回报机制主要说明社会资本取得投资回报的资金来源，包括使用者付费、可行性缺口补助和政府付费等支付方式。相关配套安排主要说明由项目以外相关机构提供的土地、水、电、气和道路等配套设施和项目所需的上下游服务。

5. 合同体系

PPP 合同体系主要包括 PPP 合同、股东合同、融资合同、工程承包合同、运营服务合同、原料供应合同、产品采购合同和保险合同等。PPP 项目合同是其中最核心的法律文件。项目边界条件是项目合同的核心内容，主要包括权利义务、交易条件、履约保障和调整衔接等边界。权利义务边界主要明确项目资产权属、政府承担的责任（如项目的外围工程、项目"七通一平"等）、社会资本承担的公共责任、政府支付方式和风险分配结果等。交易条件边界主要明确项目合同期限、项目回报机制、收费定价调整机制和产出说明等。履约保障边界主要明确强制保险方案以及由投资竞争保函、建设履约保函、运营维护保函和移交维修保函组成的履约保函体系。调整衔接边界主要明确应急处置、临时接管和提前终止、合同变更、合同展期、项目新增改扩建需求等应对措施。

6. 监管架构

监管架构主要包括授权关系和监管方式。授权关系主要是政府对项目实施机构的授权，以及政府直接或通过项目实施机构对社会资本的授权；监管方式主要包括履约管理、行政监管和公众监督等。

7. 采购方式选择

项目采购应根据《政府采购法》及相关规章制度执行，采购方式包括公开招标、竞争性谈判、邀请招标、竞争性磋商和单一来源采购。项目实施机构应根据项目采购需求特点，依法选择适当采购方式。公开招标主要适用于核心边界条件和技术经济参数明确、完整、符合国家法律法规和政府采购政策，且采购中不做更改的项目。不同的采购方式适用条件见表 7.5。

表7.5 不同的采购方式适用条件情况表

序号	采购方式	适用条件
1	公开招标	核心边界条件和技术经济参数明确、完整、符合国家法律法规和政府采购政策，且采购中不做更改的项目
2	邀请招标	·具有特殊性，只能从有限范围的供应商处采购的 ·采用公开招标方式的费用占政府采购项目总价值的比例过大的
3	竞争性谈判	·招标后没有供应商投标或者没有合格标的或者重新招标未能成立的 ·技术复杂或者性质特殊，不能确定详细规格或者具体要求的 ·采用招标所需时间不能满足用户紧急需要的 ·不能事先计算出价格总额的
4	竞争性磋商	·政府购买服务项目 ·技术复杂或者性质特殊，不能确定详细规格或者具体要求的 ·因艺术品采购、专利、专有技术或者服务的时间、数量事先不能确定等原因不能事先计算出价格总额的 ·市场竞争不充分的科研项目，以及需要扶持的科技成果转化项目 ·按照《招标投标法》及其实施条例必须进行招标的工程建设项目以外的工程建设项目
5	单一来源采购	·只能从唯一供应商处采购的 ·发生了不可预见的紧急情况不能从其他供应商处采购的 ·必须保证原有采购项目一致性或者服务配套的要求，需要继续从原供应商处添购，且添购资金总额不超过原合同采购金额10%的

（二）工作要点

编制PPP实施方案是推进具体项目PPP的核心工作，需要组成专业结构合理且经验丰富的工作团队,分工协作才足以信任,绝对不是简单的学习和模仿就可以满足要求。编制 PPP 实施方案,需要注意以下要点:

一是每个项目的 PPP 实施方案都需要量身定制。编制 PPP 实施方案不仅需要借鉴国内外同类项目的经验,更加需要结合当时、当地、特定项目、特定主体的实际情况。PPP 实施方案涉及很多重要的专业性工作,诸如确定项目工程边界条件与所提供的产品与服务的具体要求、项目全生命周期的风险识别和度量、评估各类潜在项目参与方的资源与能力进而评估其履行具体职能与管控相关风险的比较优势及相关成本、进行合适的风险分配并在必要时还需要引入新的参与方构建风险分配结构、构建项目交易结构(包括治理结构和激励机制等)、明确项目的合同体系(包括 PPP 合同及其相关附件,还有其他如股东出资合同、融资合同、工程承包合同、委托运营合同、土地利用合同、重要原材料供应合同、保险合同等)构成和主要内容,还需要明确竞争性程序相关内容等。

二是项目的边界条件要特别清晰,项目的规模要适度。避免一味追求投资额,把诸多不同行业、具有不同运营管理要求的项目打捆成一个综合性的 PPP 大项目。第一,国内确实缺乏一定数量的有能力跨不同行业驾驭大项目全生命周期事务的合格投资者,导致最终只有施工企业参与,PPP 的核心优势"全生命周期综合效应"难以落实;第二,可能因个别项目实施过程中出问题,导致整体 PPP 合同违约,增加项目实施和合同管理的难度和不确定性;第三,诸多有创新能力和运营管理优势的民营企业,因难以落实大项目的融资而无法参与,无法形成有效竞争;第四,个别项目规模太大,如果需要财政付费,在 10% 的上限中占用过高份额,导致无空间实施其他项目。另外,对于有较高关联度、能够产生协同效应的项目,应该进行整合,形成一个综合性的 PPP 项目。不过,国内环保行业市场化条件成熟,已经出现一批具有综合能力的投资运营商,有条件将垃圾焚烧发电项目、餐厨垃圾处理项目和污泥处理等在建设期与运营期都存在较大的关联度的项目，进行统筹规划和统一管理，在条件合适的情况下，可以用环保产业园等模式整合成为一个综合性的环保 PPP 项目。

三是 PPP 实施方案必须与项目前期工作紧密结合。我们建议，PPP 项目的前期工作要做到初步设计深度，即达到初步设计待批未批的程度，只是为了给未来的投资者及其成立的项目公司留下优化调整的空间，暂时并不批复初步设计。相关前期准备工作也要尽可能达到初步设计所需要的配套要求。在实施竞争性选择程序时，将政府方准备的待批初步设计资料和有关前期工作材料一并向潜在投资者开放，作为投资者编制响应文件的技术基础，投资者可以根据自身专业经验和资源条件进行优化调整，必要时可将投资者的优化调整方案作为评分的考量因素，鼓励有经验的投资者献计献策，增加 PPP 项目运作成功率。

四是应当用好用足公共资源。应当与有关政府部门充分沟通，用好用足有关政策性资源和公共资源，充分挖掘、积聚、整合、培育和实现各方面的潜在可用公共资源，主要包括政府信用、财政资源、土地资源和国有资产，为项目构建较好的实施条件。还要取得上级政府部门的政策支持，争取各种来源的低成本资金支持。

五是要实现项目融资基础上的可融资性。构建可预期、可控制、可持续的项目收入回报机制，是项目融资方案可执行性的关键。由此，在编制方案时，需要及时与相关金融机构群体进行充分沟通，了解其愿意提供资金的条件，并将这些条件在 PPP 实施方案中落实。对此，《国家发展改革委关于切实做好传统基础设施领域政府和社会资本合作有关工作的通知》（发改投资〔2016〕1744 号）第八条中明确要求"发挥各类金融机构专业优势，鼓励金融机构向政府提供规划咨询、融资顾问、财务顾问等服务，提前介入并帮助各地做好PPP 项目策划、融资方案设计、融资风险控制、社会资本引荐等工作，切实提高 PPP 项目融资效率"，确实抓住了关键点。

六是要与符合项目需要的潜在投资者群体进行充分沟通。根据项目的需求和层次，找到与项目条件相匹配的合适的潜在投资者群体，一般情况下可设置一定的条件，通过资格预审的方式遴选出潜在的合适投资者。很多综合条件太好的投资者，本地可能伺候不起，而条件太差的投资者，又满足不了项目实施目的的需要。最好能找到 5 家左右同一个层次的合适的潜在投资者，并且与它们同步进行充分的沟通，就基本合作边界条件达成一致，将这些条件在 PPP 实施方案中落实，确保能实现同一层次的合适投资者之间的有效竞争。千万不要过分追求投资竞争人的数量，差异很大的五花八门的投资者参与会造成混乱，政府方难以控制局面，也增加了各方的无谓成本。

三、物有所值评价

（一）有关政策规定

113 号文第八条要求："财政部门（政府和社会资本合作中心）会同行业主管部门，从定性和定量两方面开展物有所值评价工作。定量评价工作由各地根据实际情况开展。定性评价重点关注项目采用政府和社会资本合作模式与采用政府传统采购模式相比能否增加供给、优化风险分配、提高运营效率、促进创新和公平竞争等。定量评价主要通过对政府和社会资本合作项目全生命周期内政府支出成本现值与公共部门比较值进行比较，计算项目的物有所值量值，判断政府和社会资本合作模式是否降低项目全生命周期成本。"

2015 年 12 月，财政部还印发了 167 号文。其中，第二条指出："本指引所称物有所值（Value for Money，VFM）评价是判断是否采用 PPP 模式代替政府传统投资运营方式提供公共服务项目的一种评价方法。"附件还提供了《物有所值评价工作流程图》和《物有所值定性评价专家打分表》。第二十六条指出："定量评价是在假定采用 PPP 模式与政府传统投资方式产出绩效相同的前提下，通过对 PPP 项目全生命周期内政府方净成本的现值（PPP 值）与公共部门比较值（PSC 值）进行比较，判断 PPP 模式能否降低项目全生命周期成本。"

国家发展改革委的政策性文件没有对物有所值评价做具体规定。

（二）主要质疑

国内对物有所值评价的讨论从未停止过。系统性的评述观点认为，物有所值评价作为一种技术工具，用于政府直接投资与 PPP 模式投资的方案比选，本身无可厚非。但目前的物有所值至少存在以下问题：一是定性评价打分标准不清晰，全是"较好、好、一般、差、很差"，指标模糊，没有标准，全凭人为打分，很容易操纵，变得毫无意义。遇到真实案例，某项目第一次物有所值评价没通过，然后换一批专家第二次评，第二次专家勉强通过。估计如第二次再不通过，还会再开第三次，直到通过为止。定性评价如无法明确标准，至少应该列出几条否决清单，如出现某种情况，则定性直接不通过。否则，永远没有通不过的定性评价。二是定量评价实际上是项目投资分析方法中的"比较净现值法"，就是比较在政府直接投资模式与 PPP 模式下，政府方在项目整个生命周期的财政支出现值哪个更少，少的就是优选方案。目前定量分析模型，有个风险分担值，PPP 模式有社会资本方分担风险，且 PPP 模式下政府方财政支出是分年支出，但其中的关键指标如风险金额、双方风险分配比例、折现率等没有明确的确定标准，或者标准弹性大，故定量评价也是很方便控制的。当初评未通过，则只需要调加风险值总额与社会资本方分担风险比例和提高折现率，定量评价也一定可以过。那么物有所值对审批有意义，还是作为方案设计比选工具更有意义？①

在英国，物有所值评价也被作为使用 PFI（Private Finance Initiative，英文原意为"私人融资计划"，在我国被译为"民间主动融资"，是英国政府于 1992 年提出的，在一些西方发达国家逐步兴起的一种新的基础设施投资、建设和运营管理模式）模式的前置程序。但是，英国议会对此持怀疑态度。众议院 2011 年 7 月 18 日发布的针对 PFI 的第 17 次报告中，在基于众多案例反馈的基础上，指出已采用 PFI 模式的项目并没有实现物有所值：一是即使从全生命周期成本看，PFI 模式也更贵，耗费了更多纳税人的钱；二是如果不进行重大变革，PFI 就不能物有所值；三是物有所值评价中很多假设偏向于 PFI 模式；四是在英国，传统上使用定量的物有所值评价，人们假装它是科学，但是后来认识到，这么做的效果完全取决于数据和假设的可靠性。

因此，应该在项目全生命周期的不同阶段开展物有所值评价。基本逻辑是，根据可行性研究报告编写实施方案，根据实施方案编写物有所值评价报告。可行性研究分为投资机会研究、初步可行性研究和详细可行性研究 3 个阶段，实施方案及其对应的物有所值评价也主要有 3 个关键节点：一是项目启动阶段，即 PPP 项目实施方案战略分析阶段（SOBC），需要进行物有所值评价的定性分析，从正当性（viability）、可取性（desirability）和可实现性（achievability）3 个层面进行定性分析；二是公开启动采购程序之前，PPP 项目实施方案编制阶段（OBC），需要进行项目的经济费用效益分析；三是签署合同之前，即 PPP 项目实施方案最终确定阶段（FBC），需要进行基于公共部门比较基准的物有所值定量分析。②

---

① 资料来源：李开孟．中咨公司研究中心．
② 同上．

(三) 我们的意见

物有所值是当前中国 PPP 界争议很大的话题，支持者与反对者都很多，我们是物有所值理念的支持者。物有所值的价值和意义在哪里？其实道理很简单，政府做事做决策，总要思考、分析、研判一下，这事值不值得做？怎么做更好？不能做赔本买卖，尤其涉及公共利益的基础设施和公共服务又是二三十年的长期合作与运营。PPP 项目需要严肃与认真对待，而严肃与认真就部分体现在物有所值与财政承受能力两个重要概念和理念上。

物有所值能否精准测算不是问题的关键，问题的关键是政府要有这个价值意识和理念自觉，并努力找寻定性与定量相结合的测评方法。物有所值的意义还体现在，它是合理回报理念和机制的制约因素，因为如果项目回报过高，物有所值可能就是负数了，因为物有所值＝政府单干时的全部成本（包括融资、建设、运营成本）－PPP 模式下企业全部成本（融资、建设、运营成本）－企业利润，政府运作项目可以没有利润，但如果企业获取的利润高到足以超出政企成本之差，物有所值就成了负数。

实务运作已经表明，具有一定管理难度和技术要求的行业，如市政环保基础设施的垃圾发电与污水处理行业，市场化运作的企业在建设运营方面会表现出更高的效率。美国环保部门的统计数据表明，城市市政环保基础设施无论建设还是运营，平均来说市场化的企业的效率比政府部门的效率高 15%～20%，或者说市场化的企业较政府部门会有 15%～20% 的成本节约，这个结论应该适用于中国。

基于此，我们至少可以得到两点有价值的结论：一是合理回报应该低于政企效率之差或成本节约，这既是竞争博弈的结果，也是物有所值的要求；二是如果政府通过有效的竞争机制选定了优秀的社会资本方，又设计了有效的激励约束机制，社会资本方始终表现出应有的效率但却始终只能获取低于政企效率差的合理回报（比如

8%~12%），那我们就可以不用测评而得到物有所值的结论。这里不难看出，物有所值体现在几个要素的叠加效应：优秀企业、有效机制、企业效率与合理回报。反过来说，如果企业不优秀或者机制无效率或者回报太高，都不可能是成功的PPP。物有所值不仅是测评出来的，更是选择、设计、合作与监管出来的。

四、财政承受能力论证

（一）有关政策规定

113号文第九条规定："为确保财政中长期可持续性，财政部门应根据项目全生命周期内的财政支出、政府债务等因素，对部分政府付费或政府补贴的项目，开展财政承受能力论证，每年政府付费或政府补贴等财政支出不得超出当年财政收入的一定比例。"

2015年4月，财政部印发21号文，其中第二条指出："本指引所称财政承受能力论证是指识别、测算政府和社会资本合作（Public-Private Partnership，以下简称PPP）项目的各项财政支出责任，科学评估项目实施对当前及今后年度财政支出的影响，为PPP项目财政管理提供依据。"第二十五条明确规定："每一年度全部PPP项目需要从预算中安排的支出责任，占一般公共预算支出比例应当不超过10%。省级财政部门可根据本地实际情况，因地制宜确定具体比例，并报财政部备案，同时对外公布。"

国家发展改革委的政策性文件没有对财政承受能力论证做具体要求。

（二）主要质疑

一是统计口径存在问题。采用10%的比例控制我国所谓的PPP项目的财政支出比例指标，不符合中国特色PPP模式的现实情况，在实际工作中就会出现"上有政策、下有对策"的局面，根本难以严格落实。

二是10%标准与财政支出风险没有必然联系。10%的统计指标，主要借鉴西方经济发达国家的经验数据统计。这些国家已经基本完成大规模的基础设施建设任务。发展阶段不同，财政资金用于基础设施建设支出的范围、比例和结构均存在很大差别。盲目借鉴西方发达国家的统计经验，简单地进行模仿套用，不符合中国PPP模式运用的具体实践，其适用性就会受到很大质疑。

三是10%标准不能作为控制PPP项目投资的依据。10%的控制线可以作为一个引导性指标，政府行政管理部门应该将这个指标作为考核自身进行财政支出风险管理绩效的依据，或者用作社会公众对政府部门的执政绩效进行考核和监督的依据，而不是反其道而行之，将其用作控制项目实施机构开展PPP项目投资的依据。

四是单个项目与整体规划割裂导致缺乏战略统筹。国内政府部门对PPP项目财政承受能力的论证，关注的是各个具体的项目，缺乏区域经济社会发展规划的战略思维，也缺乏对PPP项目投资的规划统筹论证。不同项目之间存在独立、互斥、依存等关联关系，不同类型的项目群组合，对区域经济的影响存在很大差异，需要进行统筹规划和系统分析。①

(三) 我们的意见

国内PPP界对财政承受能力概念的认可程度远远高于物有所值，但对10%的上限要求有所争议。首先需要说明的是，财政支付能力和物有所值都是全球PPP界的重要概念，很多国家PPP政策规制中都对财政支付能力做出类似我国这样的上限要求。从大道理来说，政府之所以要做PPP，是因为政府缺钱（当然也包括缺效率，缺资

---

① 资料来源：李开孟．中咨公司研究中心。

金且缺效率即为政府失灵）；而企业之所以愿意做PPP，是因为可以赚钱，但只能赚取合理回报；政府在企业赚钱的状况下还要做PPP，那是因为政府觉得可以省钱，因为存在政企效率差异，也就产生了物有所值；企业在政府缺钱的情况下还敢做PPP，那是因为企业知道政府缺的是大钱而不缺小钱，变短期集中支付为二三十年平滑支付之后，政府放大了年度化的财政承受能力。所以，政府缺钱、企业赚钱，政府省钱、政府付钱（有钱），关联着政府失灵、合理回报、物有所值、财政承受能力等一系列PPP相关的重要概念和价值理念。

以垃圾发电、污水处理行业为例，有人说，之所以适合或者要求强制做PPP，是因为它有比较好的现金流。而现实状况是：一是城市居民（部分地区也包括农民）要交污水处理费（含在自来水费中），但基本不交垃圾处理费或交得很少；二是污水处理费及少许可能的垃圾处理费是由政府向居民收取而不是项目公司向居民直接收取；三是很多城市政府并没有对收缴的污水处理费或垃圾处理费实行专款专用制度；四是政府向居民收取的污水处理费或垃圾处理费无法满足项目公司付费额，会形成支付缺口；五是通常由政府财政部门向项目公司实际支付污水处理费或垃圾处理费，存在政府补贴。所以，从道理上来说，污水处理项目实行的是"使用者付费+政府补贴"，而垃圾发电项目实行的基本上是政府付费，但从企业实际感受看，两者基本上都是政府付费。当然，垃圾发电项目，企业收入的大头来自政府支付的每度电 0.65 元的电价补贴。不过目前政府电价补贴出现了很多拖欠情况，有违PPP的契约精神。正是由于垃圾发电项目收入的 2/3 来自政府电价补贴，污水处理费的 2/3 来自居民交付的处理费，城市政府财政的支付压力不是很大。再加上环保监管力度的不断加大，绿水青山生态文明建设的普遍要求，都确保和强化了这两类PPP项目的财政支付安排和支付能力。但国家提出财政支付能力设限要求，地方政府认真计算、自我约束，避免发生支付问题和契约危机，也是必要和有益的。

五、论证与审批

（一）有关政策规定

2231号文第十一条规定："鼓励地方政府建立PPP项目实施方案联审机制。按照'多评合一，统一评审'的要求，由发展改革部门和有关行业主管部门牵头，会同项目涉及到的财政、规划、国土、价格、公共资源交易管理、审计、法制等政府相关部门，对PPP项目实施方案进行联合评审。必要时可先组织相关专家进行评议或委托第三方专业机构出具评估意见，然后再进行联合评审。一般性政府投资项目可行性研究报告中的PPP项目实施专章，可结合可行性研究报告审批一并审查。通过实施方案审查的PPP项目，可以开展下一步工作；按规定需报当地政府批准的，应报当地政府批准同意后开展下一步工作；未通过审查的，可在调整实施方案后重新审查；经重新审查仍不能通过的，不再采用PPP模式。"

113号文第十条规定："县级（含）以上地方人民政府可建立专门协调机制，主要负责项目评审、组织协调和检查督导等工作，实现简化审批流程、提高工作效率的目的。政府或其指定的有关职能部门或事业单位可作为项目实施机构，负责项目准备、采购、监管和移交等工作。"第十二条规定："财政部门（政府和社会资本合作中心）应对项目实施方案进行物有所值和财政承受能力验证，通过验证的，由项目实施机构报政府审核；未通过验证的，可在实施方案调整后重新验证；经重新验证仍不能通过的，不再采用政府和社会资本合作模式。"

（二）工作要点

一是项目实施方案应当经过多方论证。项目实施机构应当组织业内专家、政府官员对各个专题和方案总体进行多方论证，并根据各方意见修改完善。

二是项目实施方案应当经过联合评审。PPP 项目实施涉及政策范围广、政府部门多、政策协调要求高，取得各相关政府部门的确认，是下一步的项目实施、合同管理、行政监管、经济规制的前提。

三是项目实施方案应当取得政府正式批准。地方政府而不是所属部门应当对项目实施方案正式发文批准，给各相关方作为下一步工作的依据，给投资者非常明确的预期和信心。

六、起草合同草案

（一）有关政策要点

2231 号文第十二条规定："PPP 项目实施机构依据审查批准的实施方案，组织起草 PPP 合同草案，包括 PPP 项目主合同和相关附属合同（如项目公司股东协议和章程、配套建设条件落实协议等）。PPP 项目合同主要内容参考国家发展改革委发布的《政府和社会资本合作项目通用合同指南（2014 年版）》。"该指南规定："原则上，所有模式项目合同的正文都应包含 10 个通用模块：总则、合同主体、合作关系、项目前期工作、收入和回报、不可抗力和法律变更、合同解除、违约处理、争议解决，以及其他约定。"

113 号文没有将"起草合同草案"作为一项独立的工作阶段进行规范，不能不说存在缺陷。

(二) 工作要点

一是起草合同草案是不可或缺的特别重要的工作环节。PPP实施方案经政府正式批复同意后，项目实施机构应当组织各方面的专业人员，依据PPP实施方案及其他所有相关前期工作成果，参考同类项目的示范文本，编制PPP合同体系涉及的各类合同的草案，作为采购文件最为重要的核心组成部分。这个过程需要花费2~3个月时间，复杂项目的费用可能超过百万元。

二是应当起草由诸多合同组成的PPP合同体系而不仅仅是PPP合同。PPP合同体系包括但不限于PPP合同及其一系列附件、股东出资合同、融资合同、工程承包合同、运营服务合同、重要原料供应合同、产品采购合同和保险合同等。PPP合同体系中的数十项合同构成一个整体，共同确定项目公司与各相关方的责权利关系。项目公司作为一个新成立的SPV，既无自有资源，也无历史经营业绩、财务报表和信用评级，唯有依托完整、规范、合理的PPP合同体系，各方才能评估其实施项目的能力和作为，除项目发起人外的其他相关方才会真正投入资源跟其合作。PPP项目的合同体系见图7.2。

三是起草合同草案不仅是律师们的事情。合同草案将前期工作成果和各方面意图通过规范的法律语言变成书面文本，律师的专业能力主要限于使用规范的法律语言。当然也有部分律师的知识结构超出法律专业范畴，可以在财务、金融甚至技术方面有所积累，但是最好不要替代其他领域的专业人员。PPP相关合同的核心要点，需要由政府方及其各方面的专业顾问明确，并向律师们清晰解释。各方面的专业顾问还需要对律师们写的文本进行审核把关，确认是否真正落实各专业顾问的工作成果和要点。编制文本是大兵团的工作任务，不能只是依靠律师。我们在实务工作中发现，很多项目的合同文本缺了很多要素，可能是因为主办律师不太了解就自行删除或忽略，后遗症很严重。很多牵头咨询机构由自己的兼职律师负责

第七章 项目操作及流程

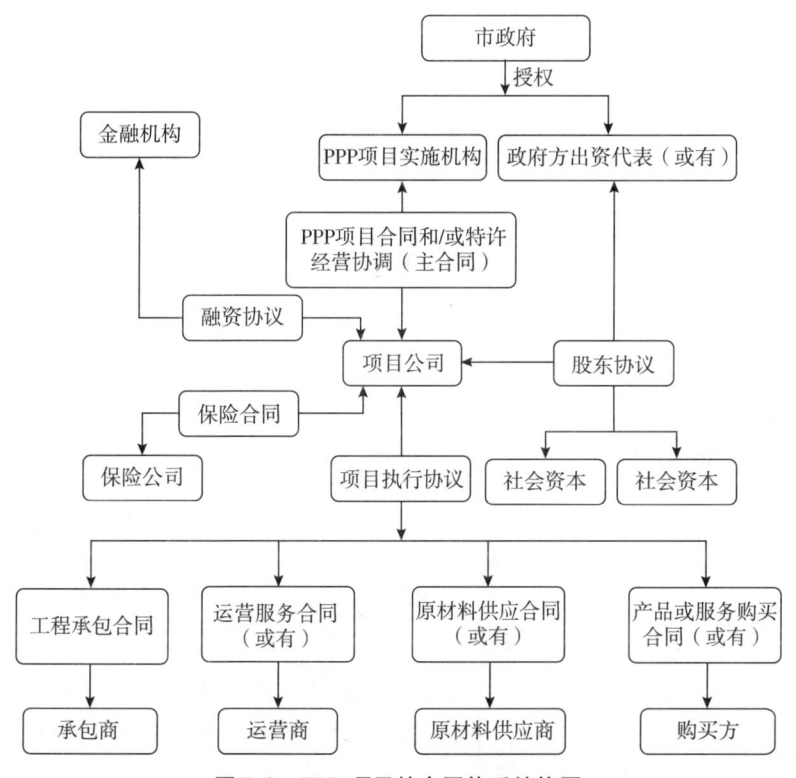

图 7.2　PPP 项目的合同体系结构图

起草 PPP 合同体系（草案），即使专业能力勉强能够信任，但因为缺乏不同专业机构之间的相互切磋和校核，也会存在隐患，不宜提倡。如果连专业能力也不行，问题就更加严重。

四是合同草案需要经过多方论证、审核并报政府同意。只有这样，合同草案才适合作为代表政府意志的采购文件，才能构成法律意义上的要约。实务中，很多采购文件的法律草案过于简单，只有很粗的 PPP 合同，缺乏附件及相关合同，甚至只有 PPP 实施方案中的合同要点而没有成体系的合同草案，导致项目采购文件的深度和效力不够，增加后期合同谈判的难度，甚至可能导致项目失败。

第三节
社会资本方选择

社会资本方选择阶段主要涉及五个方面的重点工作任务：一是资格预审；二是编制响应文件；三是评审与比选；四是合同确认谈判；五是合同签约与审批。

一、资格预审

（一）有关政策要点

2231号文未将资格预审作为一个工作阶段进行规范，只在第十三条要求"在遴选社会资本方资格要求及评标标准设定等方面，要客观、公正、详细、透明，禁止排斥、限制或歧视民间资本和外商投资"。

113号文第十三条、第十四条对资格预审提出明确要求。第十三条规定："项目实施机构应根据项目需要准备资格预审文件，发布资格预审公告，邀请社会资本和与其合作的金融机构参与资格预审，验证项目能否获得社会资本响应和实现充分竞争，并将资格预审的评审报告提交财政部门（政府和社会资本合作中心）备案。项目有3家以上社会资本通过资格预审的，项目实施机构可以继续开展采购文件准备工作；项目通过资格预审的社会资本不足3家的，项目实施机构应在实施方案调整后重新组织资格预审；项目经重新资格预审合格社会资本仍不够3家的，可依法调整实施方案选择的采购方式。"

第十四条规定："资格预审公告应在省级以上人民政府财政部门

指定的媒体上发布。资格预审合格的社会资本在签订项目合同前资格发生变化的,应及时通知项目实施机构。资格预审公告应包括项目授权主体、项目实施机构和项目名称、采购需求、对社会资本的资格要求、是否允许联合体参与采购活动、拟确定参与竞争的合格社会资本的家数和确定方法,以及社会资本提交资格预审申请文件的时间和地点。提交资格预审申请文件的时间自公告发布之日起不得少于15个工作日。"

（二）工作要点

一是应当实施资格预审。就是否应当开展资格预审,有很多不同的观点,逐项分析。(1)会耽搁时间。PPP实施方案经政府批准后,即可同步编制PPP合同体系和资格预审,有足够多的时间做项目推介和资格预审,不存在耽搁时间的问题。(2)为什么不资格后审？即在投资竞争人评审环节再进行资格审查。投资竞争人准备响应文件需要耗费大量人力和财力,如果辛辛苦苦做准备工作,资格审查环节就被淘汰,于情于理都太过分。(3)本来就担心没有投资者参加,还资格预审？如果连3家以上有效投资竞争人都找不到,这个项目就需要调整实施方案,或这个领域还没有做PPP模式的市场条件,或项目前期推介不够,总之政府方应当自查原因。在资格预审阶段就暴露问题,比后期才发现问题,政府方会更加主动。确实不行,提前收手,免得瞎忙。

二是资格预审前应当进行项目推介。投资银行领域的"路演"的做法,完全可以运用到PPP实施流程之中。让更多的潜在投资者知悉项目情况及基本合作条件,与尽可能多的潜在投资者事先交流沟通项目的边界条件,是确保实现充分、有效、良性竞争的前提条件。与尽可能多的潜在投资者充分沟通,也是确定资格条件与编制合同体系有关文本的前提,政府方绝对不能闭门造车,更不能想当然设定一些不符合市场规则和行业惯例的合作条件,拒潜在投资者于门外。

三是要审慎设定资格条件。应当根据所在行业的市场成熟程度、有兴趣的潜在投资者的数量、项目本身的实际需求，精准设定资格条件。应当通过资格条件设定，有效筛选出与该项目要求相匹配的潜在投资者群体。如果确实与项目需求相匹配的同一个层次的潜在投资者数量过多，还可以组织专家评审等程序，控制参与下一步竞争的潜在投资者的数量。对于确实不适合的潜在投资者，事先勤恳劝退，比事后蛮横淘汰，所造成的实质性伤害要轻很多。

四是通过资格预审的潜在投资者的数量不宜太多。通过资格预审后，即锁定了可以参与项目竞争的潜在投资者群体。规范的PPP项目，对潜在投资者提交的响应文件的要求很高，所需要耗费的人员、时间和财务成本都很高，数量太多容易造成潜在投资者的资源浪费和恶性竞争。通过资格预审并提交了合格响应文件的潜在投资者，即成为投资竞争人。一般说来，5家左右的有效投资竞争人比较合理。

二、编制响应文件

投资者应当根据政府采购文件的具体要求，编制一整套的响应文件（或称投标文件）。相关事项特别具体，也很专业，限于篇幅略过。

特别指出，招标前的项目建设选址的现场踏勘尤为必要。现场踏勘能够让有兴趣的潜在投标人直观地了解项目建设的各项边界条件，有利于在相同的前提下编制投标文件，并且减少投标文件编制的盲目性和不确定性。

三、评审与比选

《招标投标法》和《政府采购法》及其配套政策有很详细的要求，不再梳理介绍。实际工作中，需要注意以下要点：

一是设定合理评选标准体系。为避免低价中标，保证社会资本方的合理利润，保证项目顺利实施，选择社会资本时最好采用综合评分体系，即对技术方案、商务方案、财务方案、投标报价等多方面进行评价，并赋予合理的权重。我们特别强调，不能设定以低价中标为导向的评分体系，应为合理价格中标。

二是 PPP 项目应当进行综合评审。根据项目实施方案，明确特定 PPP 项目实施的核心意图、主要目的、次要目标及附属要求，确定综合评审的各计分要素及其权重。如有必要，还可以设置一些否决性条件，不过要特别审慎，并且应当在采购文件的《投资竞争人须知》中明确有关事项。

三是专家评审前可以进行必要的澄清。这种澄清不是谈判，只是允许投资竞争人对提交的响应文件中的一些未响应、响应不清楚的问题进行补充说明。这种补充，不能实质性改变投资竞争人的承诺。对于需要澄清的具体项目，在打分时应当适当扣分。

四是应当组织工作人员对响应文件的要点进行梳理汇总。PPP 项目综合评审涉及技术、财务、法律等多个专家小组，原始文件堆积如山。专家们在 1～2 天内，需要阅读大量原始文件，工作量太大。政府方应当组织工作人员，进行全面、细致、规范的前期澄清、梳理和汇总，这是高效推进专家评审的前提条件。并且，工作人员应当对汇总结果负责，不得遗漏影响打分的重要信息，更不能借机偏向特定潜在投资竞争人。

五是要注意响应文件的整体性。投资竞争人提交的响应文件涉及技术方案、财务方案和法律方案，这些方案之间逻辑上要自洽，数量上的相互钩稽关系应当清晰合理。如果不同方案之间不能兼容，则需要认真澄清，如果存在严重冲突或不一致，可能导致响应文件成为废标。

六是要精心挑选专家组成评审专家组。虽然有关部委、各地方政府都建立起数量庞大的专家库，但是很多入库专家对PPP这项新生且复杂的工作还比较陌生，存在明显的能力短板；况且，由于专家评审费用标准过低、潜在责任还很大，要选择有足够能力、利益独立、意见客观的专家，是政府方面临的一项重大挑战。

七是专家要对其评审意见负责。PPP项目评审是一项严肃的专业性工作，如果出现大的问题，后遗症特别严重。建议有关部委制定针对专家评审行为的法律法规和监管规则，让南郭先生们现出原形、付出代价。

四、合同确认谈判

政府方根据专家评审流程对投资竞争人的排序结果，跟排名靠前的候选投资者进行合同确认谈判，并根据谈判结果选择中选投资者。这个阶段的工作，需要注意以下要点：

一是政府方要组成有足够能力的谈判工作组。PPP合同确认谈判，涉及面广、专业要求高、谈判流程长，需要组成由政府官员、各类咨询顾问、外聘独立专家（可以优先考虑参与项目评审的评审专家）组成的政府方谈判工作组。根据需要，谈判工作组又可以按不同专业划分专业工作小组，还要分为谈判支持团队、一线谈判团队，并启动重要事项的决策机制，在分工负责的基础上进行统筹合作。

二是政府可以与排名靠前的2~3家候选投资者同时谈，进入竞争性谈判程序。通常情况下，政府首先跟排名第一的候选投资者谈，如果谈判失败，则第一名出局，再跟第二名谈。这种安排存在实质性问题，比如，政府有些要求可能所有候选投资者都不会接受，但据此把第一名淘汰，后面想调整都没有机会，特别被动。PPP项目涉及的问题复杂，无论是政府方的要约还是投资竞争人的承诺，都可能存在诸多考虑不全面、不细致的地方。采用规范的竞争性谈判程序，与多家候选投资者同时谈，可以取得更好的相互启发的效果，保持竞争性的压力，更加有利于完善合同体系，趋近帕累托最优状态。当然，进入竞争性谈判的投资竞争人在综合评审中的得分要比较接近，得分差异太大的投资者不宜同时进入竞争性谈判阶段。如合同谈判的最终结果差异较大，有可能实质性影响中选投资者的选择，则需要履行严格规范的程序。必要时，可以再启动一轮专家评审。

三是合同确认谈判的内容无禁区。与项目有关的具体问题都可以谈，也都可以在达成一致的基础上进行调整。不论涉及政府的要约还是投资竞争人的承诺，确实需要调整的也都可以调整。即使政府方之前明确的那些底线性条件，如果经过充分论证，调整后对政府方所代表的公共利益更加有利，也可以且应当调整。当然，如涉及突破或者调整政府之前明确的底线性条件，应当履行必要的报批程序。

四是政府方的最高决策层要对谈判小组的请示事项及时做出决策。在重要PPP项目的合同确认谈判阶段，诸多重大事项需要最高决策层及时决策。谈判小组与决策层要有畅通的汇报渠道，及时得到高层明确的指令，保证合同谈判工作高效推进。当然，候选投资者也需要保持内部决策体系顺畅高效。

五、合同签约与审批

我们通过谈判确定了社会资本合作方，但一般情况下，项目公司尚未成立，此时，对于除股东出资协议之外的大多数合同，签约主体还没有出现，通常由未来要成立的项目公司的实际控制人与其他各相关方草签相关合同。如果涉及联合体，往往由联合体牵头人代表联合体草签协议。待项目公司成立后，再由项目公司与政府签订正式协议，无条件承接草签相关合同的所有权利义务关系。

对于草签后的 PPP 合同，政府方要履行相应的审批流程，应当由项目所在地的人民政府而不是其下属部门发正式文件批准同意。投资者及相关方也要履行相关内部决策审批流程。

第四节
项目执行

项目执行阶段主要涉及 5 个方面的重点工作任务：一是设立项目公司、落实融资并正式签约；二是组织项目建设与运营维护；三是监管、绩效评价与支付；四是争议解决机制与再谈判；五是项目终止、移交和后评价。

一、设立项目公司、落实融资并正式签约

在国际规范的 PPP 项目运作流程中，项目公司正式成立并落实项目融资，此时 PPP 合同正式生效，才是项目正式落地的标志。

所谓落实项目融资，应当与有最终出资能力的实际出资人签署可执行的融资协议，并已经满足提款条件。目前，国内很多所谓落地的 PPP 项目，只是跟一些本身并无实际出资能力的投资基金之类的具有中介性质的通道机构签约，但该通道机构并未最终敲定资金来源，实际上尚未落实融资，可能最终也落实不了融资，造成融资失败甚至项目失败。

对于 PPP 合同体系的各具体合同，并不是在同一时点正式签约。

合同的具体内容在草签时已经明确，具体的签约时点是成熟一个签一个，成熟一批签一批。最后是政府方与项目公司签署 PPP 合同，标志着该 PPP 项目合同体系的所有合同正式成立且生效，项目正式落地，进入执行阶段。

二、组织项目建设与运营维护

项目公司应当按照法律法规、行业标准及 PPP 合同约定，履行项目建设与运营维护。涉及诸多细节，限于篇幅略过。

三、监管、绩效评价与支付

有效的政府规制和监管，是实现 PPP 项目实施目的的保障性手段。政府规制的机制和措施，主要通过合同体系来落实。监管则是全生命周期的政府职责，往往还涉及诸多政府部门的分工和合作。政府监管能力建设问题，是目前制约国内地方政府推行 PPP 模式的一块短板。

绩效评价很重要，但不能过分强调。需要依托扎实的项目前期工作、严格规范的投资者竞争性选择程序、严谨的项目建设与运营流程，才会有有效的绩效评价。绩效评价的指标设定要简单清晰，对绩效评价的结果需要进行客观合理的归因，并在归因的基础上进行奖勤罚懒，奖优罚劣。

如果涉及政府付费，政府应当遵守约定，及时付费。确实存在困难，应当通过友好协商并履行必要程序后，推迟部分款项的支付，或者给项目公司提供其他补偿机制。

四、争议解决机制与再谈判

PPP 模式涉及政府、社会资本、社会公众长达 20~30 年的长期合作关系，不同阶段还会涉及设计、施工、运营、供应商等诸多市场主体，所提供的产品往往是与普通民众生存权相关的基本公共产品与公共服务。本质上，PPP 不是一个行政管理问题，也不是一个民事合同问题，而是一个涉及多方主体长期合作关系和多元利益持续博弈的公共治理问题。PPP 的核心在于公共治理机制的有效建立及良性运行，对整体法治环境、恪守契约精神、争议解决机制的要求颇高。

为妥善解决不时出现的项目合作条件的变化，各方需要建立起公共治理理念基础上的争议解决机制。目前，国内 PPP 立法存在缺失，司法途径基本走不通，应当采取一些对抗性更低、更利于维护各方长期平等合作关系的争议解决方式。

例如，在上海城投牵头组织的老港垃圾卫生填埋场国际招商项目中，设立了三个层次的争议解决机制，可以供其他项目参考。第一层次是友好协商机制，由项目公司代表 3 名（三方股东各派 1 人），政府代表 3 名（上海市市容环境卫生管理局，简称市环卫局 2 名，上海市城市建设投资开发总公司，简称上海城投 1 名）组成协调委员会，不定期召开会议，解决填埋场建设、调试、运营及维护等一切相关争议，协调委员会的费用由项目公司承担；第二层次是专家建议机制，专家小组由国内外、行业内有影响力和公信力的专业人士组成，为友好协商机制解决不了的争议提供专业建议，交由各方协商解决；第三层次是仲裁，由上海仲裁委员会对有关争议进行终局裁决。从 2003 年年底项目签约至今近 15 年的实际运营情况看，在项目运行过程中不可避免地出现了诸多这样那样的争议，但都在第一个层次的协调委员会得到妥善解决。

五、项目终止、移交和后评价

2231 号文和 113 号文都有详细规定，限于篇幅略过。

第八章
项目融资

本章首先介绍基础设施项目及其实施模式,以及基础设施项目融资的要点。随后分析国内基础设施资产证券化业务的实务要点,介绍国家发展改革委与中国证监会联合推进的 PPP 资产证券化的政策要点、试点情况和发展前景,并探讨在国内推进基础设施 REITs (Real Estate Investment Trusts,房地产投资信托基金)的发展路径与政策建议。最后介绍几个在某些方面具有可复制、可推广意义的典型案例。

第一节
基础设施及其实施模式

基础设施领域涉及行业多,投资规模大,不同层级的政府有比较清晰的事权划分。政府应当整合各类可用公共资源,采取合适的项目实施模式,高效率推进基础设施项目的规划、融资、投资、建设与运营。

一、基础设施的分类

基础设施分为社会类基础设施和经济类基础设施两大类(见表

8.1），其中社会类基础设施直接服务于人本身，比如医疗、护理、教育、文化、休闲，还有监狱等行政类基础设施，主要的经费来源靠公共财政，一般没有收费机制，或有限的收费远不能覆盖项目全成本运营。

表8.1　基础设施分类及子行业

经济类基础设施				社会类基础设施
交通	能源	水务	通信	
陆地运输 ·公路 ·铁路网络 ·本地公共交通 水路运输 ·内陆水运 ·远洋运输 ·运河（如苏伊士运河） ·港口 航空运输 ·机场服务 ·航线服务 ·空中交通管制 多式联运 ·内陆目的地（公铁联运） ·巡航目的地	传统能源 ·煤 ·油/气 ·核 可再生能源 ·太阳能 ·风能 ·水能 ·生物质能 ·地热 传输/配送 ·电力 ·气 ·油/燃料 存储 ·电力 ·气 ·油/燃料 区域供暖	供水 ·家庭用水 ·工业用水 排水 ·雨水 ·市政污水 ·工业污水 污水处理 ·市政污水 ·工业污水	长途通信 ·固定网络 ·移动网络 ·高速互联网 ·塔（移动通讯或广播） 空中 ·卫星网络 ·观测站	医疗 ·诊断 ·治疗/手术 ·护理 ·恢复 ·养老院 教育/文化 ·学校 ·学生公寓（校园） ·图书馆 ·剧院 ·博物馆 体育 ·大众体育 ·专业运动 行政 ·办公室 ·电子政务 安全 ·监狱 ·警察 ·国防

经济类基础设施不仅服务于人，还服务于特定区域内的工商企

业，大多数情况下服务工商企业的比重更大一些，比如上海的供水与供电，工商企业的用量远高于家庭，大约是 4∶1 的关系。所以，包括能源、供水、供电在内的经济类基础设施，没有理由让财政全部提供经费，财政也没有能力全部承担，一般会建立起使用者付费机制。这其中还往往存在居民和工商企业收费标准不一样的情况，也就是工商企业对居民户的交叉补贴。有时还根据使用量的多少采用阶梯价格机制，对居民的基本生活需求对应的使用量的收费较低，并根据使用量的上升采取超额累进的价格机制。

因为社会类基础设施和经济类基础设施的服务对象和经费来源机制不一样，所以其项目融资和实施模式也存在明显区别。如果不是由公共机构直接提供，则采用市场化实施模式，社会类基础设施主要采取政府购买服务模式，而经济类基础设施主要采用特许经营模式或私有化模式。

二、多层级的实施主体

国内公共基础设施项目的实施主体有相对明确的分工，由不同层级的政府与/或企业负责特定行业的项目的融资、建设和运营。

能源、铁路、航空、航天、电力、通信、远洋运输、跨省重大水利项目、国防等基础设施，主要由中央政府通过央企来提供，这些项目的收费机制或财政补贴普遍到位，实施主体在国内称为垄断性央企，其融资能力、组织建设能力与运营管理能力普遍很强。由此，这些领域往往由特定国有企业主导，除了有限度地推进混合所有制改革外，实施 PPP 模式的空间与潜力较少。比如，中国铁路总公司负责国家铁路网络的规划、投资、建设与运营，依托国家信用筹集项目建设与运营资金，2016 年年底总负债达 4.72 万亿元，资产负债率为 65.10%，2016 年内完成投资超过 8 000 亿元。

省级政府及其下属机构负责实施的项目，包括高速公路、高等级公路、省内重大水利工程、城际铁路、能源、天然气骨干网、港口、内河运输、监狱等。在上海、重庆等省级国有企业融资和项目实施能力很强的地区，这类项目与PPP模式也关系不大。而在贵州、云南等经济欠发达地区，以及国有企业实力较弱的浙江、广东等经济发达地区，较多地采用PPP模式。

实际上，实施PPP模式的主要领域是市级或县级政府负责的市政基础设施项目，包括土地储备、供水、排水、污水处理、供气、供热、市政道路、垃圾处理，以及大部分社会类基础设施项目。由于市级和县级政府财力有限，近年地方政府融资平台的融资受到明显的政策限制，迫使融资能力较弱的市级与县级政府负责的市政基础设施项目，成为国内实施PPP模式的主阵地。

三、多元化的公共资源

地方政府应当统筹考虑本地区基础设施项目的规划、实施与投融资，放在30年以上的周期内，历史性、全面性、发展性地考虑本地区基础设施项目的资金安排与总体平衡。地方政府还应当充分挖掘、积聚、培育、实现及优化组合利用各个方面的潜在公共资源，主要包括政府信用、财政资源与土地资源，这是PPP项目融资工作的起点。

（一）政府信用

PPP模式适用于政府投资项目，地方政府的履约意愿与能力，是决定项目能否成功实现融资及融资成本高低的关键因素，各类投资者的决策判断首先是基于相关地方政府的信用。

当前，由地市级政府及县级政府主导的市政基础设施是国内PPP模式的主要项目来源，当前这类项目收费机制普遍不到位，需要政府付费及财政补贴，地方政府的付费意愿与能力至关重要。

地方政府应当特别珍惜本区域的信用状况和投资环境，取得包括金融机构在内的各类社会资本的充分信任，为本区域的融资可获得性与低成本融资奠定基础。

国内外评级与研究机构开发的各类地方政府信用评级模型，主要关注行政级别、行政能力、经济实力、财政实力、债务状况、外部支持等因素，以及上述因素的动态变化趋势。

（二）财政资源

地方政府的预算包括一般公共预算、政府性基金预算、国有资本经营预算和社会保险基金预算。除专项用于社会保险收支的社会保险基金预算外，其余3种预算都可以安排资金用于基础设施建设与运营。

另外，经国务院批准的省、自治区、直辖市的预算中必需的建设投资的部分资金，可以在国务院确定的限额内，通过发行地方政府债券来举借债务的方式筹措。

按照目前的政策，地方政府预算资金与发行地方政府债券筹集资金，是地方政府支持包括PPP项目在内的基础设施项目的主要资金来源。实际上，本地国有企业特别是主要融资平台，更是地方政府需要重点培育支持的准财政性质的公共机构。

（三）土地资源

大规模基础设施项目建设，将显著提高区域土地价值，真正落实土地涨价的一部分明确、持续、稳定地归属公共财政，是地方政府推行基础设施项目建设的关键点，土地财政与融资平台是地方政府推进城镇化建设的两个重要抓手。

目前，国内地方政府获取土地价值的主要方式是一次性收取土地出让金，在英国、美国等诸多发达国家则每年按房产价值的一定比例计征房产税。实际上，房产税方式让政府能够分享到土地的持续性升值。近年国内一直在探讨通过征收房产税为地方政府筹集稳定的财源，也在上海、重庆两地进行了小范围试点。从土地出让金转轨到房产税，将实质性改变地方政府过于依赖新区开发的"摊大饼"式的城市发展模式，更多地注重对现有城市建成区的更新与提升。

对土地资源价值的显著提升和有效实现，是地方政府推进城市化建设的必由之路。国内地方政府的城市建设高度依赖于土地财政，尤其是依赖于城市规划新区的土地出让金净收益。地方政府往往先控制一片与中心城区土地价格存在显著差价的新区，以较低的成本尽早完成征地拆迁，然后通过城市规划、基础设施和形象工程建设大幅度提升土地出让价格，实现新城区建设的资金平衡甚至获得高额收益。

四、主要实施模式

在全球范围内，公共基础设施项目的主要实施模式有三大类：第一类是公共机构主导模式，包括地方政府发行债券或地方政府融资平台代替政府融资两类；第二类是公共机构和商业机构合作的模式，即 PPP 模式。PPP 有两个流派：一是英国对社会类基础设施的 PFI/PF2 模式，二是法国对经济类基础设施的特许经营模式；第三类是商业机构主导模式，又称私有化模式，比较典型的是英国对经济类基础设施的私有化，主要的经验与教训也来自英国。

（一）融资平台是各国的主流模式

融资平台模式是各国普遍采用的公共基础设施项目实施模式。即使在自由市场经济的优秀代表美国，城市基础设施主要靠地方政府发行市政债筹资，也还普遍存在政府下属机构代替政府融资并组织项目实施的融资平台模式。著名的案例有田纳西河流域管理局、纽约新泽西港务局。后者在 1972 年经美国国会批准，由纽约市政府与新泽西州政府联合出资组建，管辖范围为以纽约自由女神像为中心共约 3 900 平方千米的区域，主营业务是公共基础设施。资金来源主要是基础设施的使用者付费及发行债券。曼哈顿与纽约港区域是美国式自由资本主义的圣地，居然由这么一家类似平台公司的公共机构负责提供公共基础设施，并不是主要采用 PPP 模式或私有化模式。需要指出，曼哈顿地区的标志性建筑"世界贸易中心"在"9·11"事件后重建的业主，仍然是纽约新泽西港务局。有趣的是，上海陆家嘴的最高楼"上海环球金融中心"的业主，是上海市的最重要融资平台"上海城投集团"。可能是巧合，但是还是可以体会到，虽然中美政治体制和意识形态存在明显差异，但是地方政府与融资平台之间却有其相似性。

（二）地方政府债券模式

美国的市政基础设施包括供水、市政道路等，主要靠发行市政债来融资。美国的市政债模式非常成熟，各级地方政府和下属机构都可以根据资金需求自主发债。当然，由于不同地方的财政状况差异很大，信用评级及债券发行利率差异也很大。不过，美国的市政债和国内目前的地方政府债券相比，存在实质性的法律差异。美国是联邦制，各级地方政府普遍是独立的财政预算主体和法人主体，因此会出现地方政府因发债过多导致破产的情况。比如著名的纽约市，历史上多次破产。我国是单一制国家，地方政府是上级政府的分支机构，独立性不强，根本无法破产，因此各地发行的地方政府债券，存在由中央政府进行兜底的可能性。由此，不同省级政府发行的地方政府债券的评级都是 AAA，发债利率也都和国债差不多，上海与宁夏没有明显区别。所以，我国的地方政府债券不能参照美国的市政债的法律性质和经验，发行市政债也难以成为地方政府负责的公共基础设施的主要融资模式。

（三）英国的 PFI/PF2 模式

英国在 1980 年以前，公共基础设施主要由政府或其下属机构进行融资、投资、组织建设和运营管理，是典型的政府融资平台主导模式。前首相撒切尔夫人执政后，采用私有化模式将经济类基础设施项目投资建设和运营全面推向市场。英国推行私有化的程度比较彻底，经济类基础设施几乎全面私有化。英国国内对私有化效果的争论也很激烈，由于我国境内大规模推进私有化的条件并不成熟，不再赘述。

1992 年时任财政大臣诺曼·拉蒙特（Norman Lamont）首次提出在公共服务领域推行政府购买服务的 PFI（私人融资计划）模式，对于难以向使用者收费的各类社会类基础设施（学校、医院、城市公共设施）广泛采用 PFI 模式。从 2013 年开始，英国政府在强调政府购买服务的基础上，主张动用财政资金参与 PPP 项目的前期股权投资，由此提出 PF2 的运作理念。

截至 2017 年 9 月底，PFI 已经为超过 700 项英国基础设施项目提供 560 亿英镑的私人部门投资资金。具体项目包括新建学校、医院、道路、住房、监狱、军事装备与营房。2012 年，PF2 取代 PFI 成为政府优先推行的 PPP 模式，PF2 已经为 46 所学校和 1 家医院提供 10 亿英镑的投资资金。

英国下议院的财政委员会在 2012 年对前 20 年的 PFI 模式做了总体评估，得出几点重要结论：第一，采购程序复杂、耗时比较长，项目一般需要 2~3 年才能完成采购，融资成本相对比较高，最终通过政府付费实质上会增加财政负担而不是减轻负担，难以实现物有所值；第二，PFI 项目融资属于政府资产负债表之外的融资，其负债不直接计入政府财政预算，从而使得 PFI 成为政府规避预算约束的一种方式，短期内能够刺激政府的非理性投资，长期内将加大政府未来财政负担；第三，PFI 项目提供的是公共服务，项目失败的风险最终依旧会由政府承担，因此风险并没有真正转移出去；第四，PFI项目合同期长，难以根据未来实际情况与需求变化对合同条款进行调整，缺乏灵活性。这是英国的最高权力机构下议院对过去20年PFI实践的一个官方的综合性评价，主要指出PFI模式的不足之处，这对我国推进PPP工作有很强的借鉴意义。

实际上，英国的政治家虽然推崇PFI模式，将其作为成功经验向其他国家推广，但在实务中，英国从未排除使用传统的政府投资模式，而且坚持将传统模式作为选择PFI等其他模式的比较基准。根据英国财政部提供的数据，1992—2014年PFI项目占英国整个公共部门投资的比例仅为11%，最高的年份也没有超过20%。因此，不能将PFI视为英国采用PPP的唯一模式，更不能将其视为英国政府公共项目运作的唯一模式。

(四) 法国的特许经营模式

法国从1955年开始探索采用特许经营模式引入私人资金参与基础设施和公共事业领域的项目建设，通过使用者付费构建公共服务领域的商业化运作模式，尤其是在交通建设领域。法国在其11 000公里的高速公路中，有8 500公里采用特许经营模式。在法国的特许经营模式中，项目融资和建设组织一般是由政府负责，资产的所有权普遍属于政府，只是将经营权授予商业机构。

政府付费PPP模式在20世纪80年代末和90年代逐步在法国起步，但是大规模使用是在2004年新法律通过之后，新法律引进合伙合同并为设立集中式的PPP机构"MAPPP"提供了法律基础。此后，超过200项政府付费型PPP交易完成融资交割，总投资规模超过120亿欧元。按成交规模，2011年法国成为欧洲最大的PPP市场。表8.2介绍了法国采用的各类合伙合同的主要特征。

表8.2 法国使用的各类合伙合同的主要特征

合伙合同		行政租赁长期合同（BEA）/医疗长期租赁合同（BEH）	临时占有许可(AOT)/租赁选购契约（LOA）
合同范围	涉及某项资产的设计、施工、运营、融资和维护等方面的总体合同	目标大多与施工有关，非施工的服务有限	目标是涉及公众利益的任务，包含私人合作方的施工职责及政府购买该资产的选项
行业	所有行业	司法、警察、医疗、公共住房、消防	警察、司法、国防
采购机构	所有公共机构	地方政府和医疗信托机构	中央和地方政府
项目资产的所有权	公共所有权	在合同期内实质性转移给私人合作方	在合同期内实质性转移给私人合作方
私人部门的补偿机制	财政付费（有可能存在部分使用者付费）	政府付费	政府付费
项目设计	可能由公共机构或私人合作方（部分或全部）实施设计	由私人合作方实施设计	由私人合作方实施设计
合同期限	与资产的使用寿命相关（不超过99年）	介于18~99年	不超过70年

（五）国内PPP政策与经验的源头

国内主要部委制定的PPP推进政策中，财政部学英国的PFI模式更多一些，不过财政部提出在诸多"公共服务领域"全面推进PPP模式市场，这一点实际上与英国的情况存在很大差异，因为在英国，PFI模式也只是在比例较小的社会类基础设施项目中执行。国家发展改革委的 PPP 政策学习法国的特许经营模式更多一些，由于国家计委在 1995 年就开始试点特许经营，在随后的 20 余年国内也有很多实践，有经验也有教训。国家发展改革委的 PPP 政策相对更加务实审慎。从另一方面看，由于英国属普通法法系，法国属大陆法系，我国也是大陆法系，要借鉴英国的政策和经验，可能需要更加谨慎而不是更加激进。

五、实施模式的演进

地方政府融资平台模式是国内公共基础设施投融资领域的主流模式，近年大力推动的 PPP 模式对特定类型的项目具有体制机制优势，但在国内全面推广的条件尚未成熟。做实做强规范融资平台，积极审慎稳妥推进 PPP，协同发挥两种不同模式的优势，用 20 年甚至更长的时间，才能逐步实现政府项目投融资体制的转型升级。

（一）建设性政府债务

公共基础设施领域存在巨额政府债务有其客观必然性。考虑公共基础设施领域的政府债务和资金平衡，应当放在 30 年以上的考察周期中，而不仅是短期财政收支平衡问题。

第一，政府在公共基础设施领域形成巨额建设性负债无法回避。国内公共基础设施领域普遍未建立起有足够水平的使用者付费机制，政府要发起项目并维持正常运营来提供公共服务，依赖项目本身的现金流普遍做不到，大部分项目都需要政府提供持续的资金支持。提供这种资金支持，衍生于政府通过公共基础设施提供基本公共服务的政治责任，无法逃避，实质上也无法完全转移。实际上，公共基础设施项目的有效寿命与投资回收期很长，往往可以提供定期、稳定、可预测的预期收入，有条件承担较高的财务杠杆率，通过长期债务融资方式筹集建设资金是国际通行做法，只是各国的主流融资方式存在差异。我国正在经历长达30~50年的人类历史上前所未有的城镇化浪潮，超过10亿人将进入现代城市生活，按人均40万~60万元的基础设施配建，城市基础设施的总投资规模将达到400万亿~600万亿元，平均每年超过10万亿元，这是当前中国最重要的实体经济领域。目前国内大多数地方处于需要集中超前建设公共基础设施项目的城镇化发展的高峰期，政府当前财力根本无法足额提供资金，政府只能通过各种形式的负债来填补巨额资金缺口。巨额存量债务的逐步消化和实质性解决，要靠30~50年甚至更长时期的地方政府财力的增长，靠居民收入提高后能承担更高水平的公用事业收费水平，靠盘活存量资产等方式的组合利用。没有必要否认巨额建设性债务的存在，也没有必要过度担心偿债压力造成财政危机，但确实需要较长时期才能清偿建设性债务。

第二，不同的政府负债方式在政府承担偿债责任方面具有同一性。在国际上看，地方政府债券、融资平台与PPP模式是3种最为主流的形式，国内目前也已经形成这3种模式并存的局面。地方政府债券是显性化的政府负债形式，直接体现在政府当前的债务余额中。融资平台是代替政府融资，融资平台为公共基础设施项目融资所形成的建设性债务，实质上就是政府债务，只是暂时显示在融资平台的会计报表上，没有直接体现在政府债务统计数据之中。在当前国内的PPP项目中，绝大部分项目都需要或多或少，甚至完全依靠政府在PPP合同期内的未来支付义务，在需要政府付费的PPP项目中，未来的政府付费确定无疑，实质上也是政府建设性债务。

第三，融资平台还是国内地方政府融资的主流渠道。2014年9月21日国务院印发国发43号文，明确了地方政府融资只能通过发行政府债券或采用PPP模式，剥离融资平台公司政府融资职能，融资平台公司不得新增政府债务。国发43号文力求将国内公共基础设施的投融资模式从融资平台主导，一步转向"地方政府债券"+

"PPP模式",至2017年,该文执行已有3个年度。以2016年为例,当年发行的可用于新建项目的地方政府专项债券为1.17万亿元,截至2016年年底签约PPP项目总投资额为3.6万亿元,估计当年通过PPP模式形成的固定资产投资不超过4 000亿元,两种方式实际解决的投资约1.5万亿元。2016年全国完成基础设施投资118 878亿元(不包括水、电、煤气行业),地方政府负责基础设施项目投资不低于9万亿元,其中约有不到1万亿是财政资金直接投入。可见,2016年超过80%的地方政府基础设施项目融资还是通过融资平台。可以合理预计,由于其他两种模式在国内还无法成为主流,在未来10年以上的时期内,融资平台的主流地位仍然难以撼动。

(二)融资平台模式的分析

融资平台是地方政府在现有财政体制和投融资体制下的重要实践创新,是国内近20年以来城镇化领域和公共基础设施项目建设的主流融资渠道。2010年6月10日,国务院印发《国务院关于加强地方政府融资平台公司管理有关问题的通知》(国发〔2010〕19号,简称国发19号文),这是国务院层面针对融资平台的第一个专门性文件。国发19号文将融资平台定义为:地方政府融资平台公司指由地方政府及其部门和机构等通过财政拨款或注入土地、股权等资产设立,承担政府投资项目融资功能,并拥有独立法人资格的经济实体。

国发19号文给出的定义,明确指出判断某个机构是否是融资平台的三条实质性标准:一是地方政府是最终出资方,也是实质控制人;二是平台的主要职能是承担地方政府投资项目的"融资"功能;三是平台是有独立法人资格的经济实体,具体包括政府部门、事业单位和国有企业,比如,各省往往由省交通厅、省公路局、省交通投资集团这3类机构,分工承担省内高等级公路的融资责任。虽然银监会每个季度都会公布融资平台名单,但由于种种原因并不完备,只能作为参考,实质性判断标准应当是国发19号文给出的3条标准。

地方融资平台主导的地方政府项目融资模式，经过2009—2012年的狂飙突进，暴露出以下可能形成系统性风险的严重问题：

第一，债务规模失控。地方政府为实现经济稳增长，启动大规模的新城区建设计划，急需巨量资金。但是，地方财政收入无力支撑，地方政府自身举债缺乏权限和规范渠道，平台模式成为最便捷的地方政府融资渠道，迅速风行全国，很多乡镇一级的政府也建立各类融资平台。平台融资方式普遍缺乏有效监督，容易造成债务规模失控，存在潜在的偿债风险。由于绝大多数融资平台缺乏经营性现金流，存量债务偿还只能靠借新还旧，新建项目的融资任务每年增加，债务累加的复利还很高，如此造成债务余额指数式高速累加，依托地方政府信用隐性担保的平台融资模式危如累卵。

第二，融资成本高企。很多平台达不到通过银行贷款和公开发债等正规方式筹集资金的资信水平，特别是2012年至2015年上半年，金融监管政策收紧，地方政府融资平台通过非正规渠道融资的借款成本迅速提高，且期限较短。但是，地方自发自还债券利率基本与国债收益率持平。平台模式与地方债券模式都是依托政府信用，最终还款都是依靠财政收入，而融资利率之间的差异在6%以上，甚至高达15%以上，存在系统性的财政风险。

第三，项目实施效率低。地方政府的项目建设普遍采取按任务分割的组织方式，融资、投资、建设、运营由不同的政府下属机构负责。地方融资平台按照政府指令去找金融机构借款，投资与建设一般由行业主管部门组建临时指挥部来负责，普遍存在缺乏同类项目实施经验的硬伤，设计与施工招投标普遍不规范。项目建成后不管质量如何，直接移交给某事业单位或国有企业负责运营，这些运营单位缺乏运营经验和专业人员，往往成为安排各方官员关系户的安乐窝。从这个流程看，重建设轻管理的问题很突出，土地与资金资源浪费的现象也非常严重，投资与运营效率很低。实际上，国内市政公用行业市场化运作已经有接近20年的发展，已经有一批能打通融资、投资、建设、运营的全流程工作的专业投资运营机构，但是在融资平台融资比较方便的背景下，专业投资运营机构获取项目又会遇到各种限制，难以在异地拓展业务，存在明显的效率损失。

国内形形色色的融资平台可以分为四类：一是综合性平台。如上海城投、杭州市城市建设投资集团有限公司（简称杭州城投）、武汉市城市建设投资开发集团有限公司（简称武汉城投）等，发达地区的综合性平台已经积累综合优势，融资成本低、组织项目建设效率高、运营管理能力强。二是专业性平台。如北京市基础设施投资有限公司（简称京投公司）、上海申通地铁集团有限公司（简称上海申通地铁集团）、北京城市排水集团有限责任公司（简称北京排水集团）、重庆水务集团股份有限公司（简称重庆水务）等，是某个特定领域的融资、建设与运营主体。如2003年成立的京投公司，截至2015年年底累计完成投资达3 953亿元，建成客流总量世界第一、总里程世界第二的超大型城市轨道交通网络。三是园区性平台。如上海金桥集团有限公司、苏州高新区经济发展集团总公司、西安高新控股有限公司等，承担经济开发区、高新区、出口加工区、保税区及自贸区等特定发展区域的基础设施融资、建设与运营、招商引资以及政府授权的公共服务职能。四是空壳型平台。2008年全球金融危机后，各地成立了一些资产规模小、可运作资源少、治理结构不规范、综合能力弱、至今未公开发行债券的区县级平台。从数量上看，这类平台占比很高，但从占有的有效资产规模看，实际占比并不大，并不能成为融资平台的主流。这类平台公司是欠发达地区金融意识落后、金融市场运作能力弱、地方政府公共管理能力差等因素的突出体现。第四类平台需要规范发展，有些可能会被淘汰或撤并，但绝对不能简单因为存在这些不规范平台，而将融资平台总体上简单粗暴扫进垃圾堆。

（三）大规模推进 PPP 模式的制约因素

在基础设施的各类实施模式中，PPP 模式涉及利益主体最多，风险分配与利益协调关系最为复杂，实施难度与不确定性也最高。国内推行 PPP 模式，实践中还受到一些因素的严重制约。需要各方面针对这些突出问题，切实补短板，才能推进 PPP 工作行稳致远。

1. 缺乏权威规范的法规政策支持

国内 PPP 领域，仅有一项部门规章，主要靠数量众多的规范性文件指导。国家发展改革委与财政部两部门发布的政策性文件存在很多不一致的地方，例如，对于实施机构、社会资本资格、前期工作要求、实施机构、入库要求、操作程序、社会资本的选择方式等方面。规范性文件的法律等级低，相互之间存在冲突，权威性欠缺，难以取信于社会资本及公众。这种政策混乱局面，给地方政府实施 PPP 项目造成实质性困难。另外，PPP 模式的内在要求，与现有预算、土地、税收、融资、国资、招投标、政府采购等法律规定，存在不衔接的问题，甚至有明显冲突，增加了法律与政策风险。

2. 政府的公共治理能力不足

PPP 模式下，政府从直接实施项目，转变为整合各方社会资源用公共治理机制和市场化方式实施项目，政府应当从行政命令方式转变为平等协商的公共治理方式。这种转变不可能在短期之类完成，甚至经常会出现地方政府行为不当甚至违约的现象。2016 年的《政府工作报告》中指出，政府要带头讲诚信，绝不能随意改变约定，绝不能"新官不理旧账"。这反映出这种现象的普遍性与严重性，各级地方政府思维方式与行为方式的转变前路漫漫。

3. 政府的规制与监管能力不足

PPP 项目合作周期长，特许经营期内可能遇到的不可预期事项会很多。政府在合同管理方面会遇到几个方面的挑战：一是 PPP 合作协议可能经常需要调整，政府需要参与并主导有关协议的再谈判；二是具体项目的日常运行涉及多个政府部门，需要整合各方面的力量对项目公司及其主要股东进行全方位、全流程的日常规制和监管；三是项目实施过程中，可能出现项目公司违约、工程事故、经营事故、社会冲突、不可抗力等突发事件，有时还需要政府介入和接管项目公司，政府要有能力主动应对，尽可能控制损失与影响。国内地方政府普遍缺乏这方面的能力和人员积累，挑战性和风险很大。

4. 缺乏众多合格的候选社会资本

PPP项目的社会资本需要具备筹集稳定、长期、成本合适的巨额资金，按百年工程标准组织好项目建设，运营管理好项目资产实现最佳社会与经济效益的综合能力。在推进市场化运作比较早、程度也比较深的制水、污水处理、生活垃圾处理、天然气、供热等少数领域，国内已经出现批量的合格社会资本，占据比较高的市场份额。但是，在轨道交通、高速公路、市政管网、海绵城市、医疗养老等更多领域，仍然缺乏批量的具备综合能力的社会资本。近年在PPP领域唱主角的央企施工企业，融资能力与运营能力的培育和提升，也至少需要5年以上的时间，并且难度很大。理论上，可以通过组建联合体来整合能力，但由于联合体的责任与利益划分、连带责任的法律界定、联合体本身的不稳定等问题，挑战也很明显。

5. 民营企业存在进入限制

2012年以来，我国民间投资增速总体呈下滑态势，2016年首次出现民间投资增速低于总体投资增速的现象，与总体投资增速的缺口有所增大。民营企业参与PPP项目，存在以下障碍：一是部分项目通过招标条件设置限制民营企业参与；二是融资成本较高，存在竞争劣势；三是民营企业应对政府履约风险的能力较弱；四是重建设轻运营不利于民营企业发挥运营管理方面的优势；五是获取项目信息较难且不及时。实际上，民营企业在看重持续运营能力和效率的污水处理、垃圾处理、环卫等市政基础设施领域，以及养老、文化等社会类基础设施领域，有特别明显的体制机制优势。未来，随着金融市场化改革的继续深入，民营企业在公共基础设施和基本公共服务领域的发展前景可期。

6. 难以实现基于项目现金流的项目融资方式

基础设施项目投资规模以亿、十亿、百亿为单位，依靠表内融资或主体担保，社会资本普遍无法承受。唯有通过以项目现金流为基础的项目融资，实现表外融资和有限追索，才有可能打破融资困局，为 PPP 模式提供稳定的资金支持。不过，国内的使用者付费项目普遍收费不足，政府付费项目又面临低层级政府"小马拉大车"、事权与财权不匹配、历史欠债或违约问题突出等现实因素的制约，难以普遍实现真正意义上的有限追索性质的项目融资。前两年依托央企主体信用的 PPP 融资模式，显著抬高了央企的资产负债率和或有负债风险，不可持续。最近几年，国内的财政管理政策与金融监管政策特别不稳定、特别难落实、特别多冲突，进一步加大项目融资的难度。

7. 缺乏中长期稳定资金支持

PPP 项目通常是资金密集型项目，项目投资回收期往往超过 15 年，特许经营期接近 30 年，巨额、稳定、低成本的资金供应是项目稳定运行的基础，具有长期资金积聚能力的财务投资者是 PPP 项目的主要出资者。国内的金融资产主要集中在银行体系，商业银行储蓄资金的主要资金来源是储户的短、中期存款，偏好期限较短的金融产品，难以提供巨量长期限的资金。随着养老、医疗、护理保险的快速发展，保险资金与养老基金在 PPP 项目融资领域，将发挥越来越重要的作用，但目前资金实力有限，监管政策也还存在一些限制。国内适合投资 PPP 项目的长久期金融产品尚不发达，商业银行与保险机构这类主流财务投资者，尚不熟悉项目融资方式，制约了

PPP 模式在国内的大范围推广。

8. 缺乏合格的批量 PPP 咨询项目负责人

牵头咨询机构的项目负责人在 PPP 项目实施中特别重要，至少要有能力完成四个方面的工作：第一，政府的决策参谋，让领导决策时踏实放心，坚定决策层推进项目的信心和决心；第二，确保吸引多家符合项目需要的投资者参加竞争，形成充分、良性的竞争局面，协助政府强中选优；第三，中介机构的牵头方，除承担自身专业任务外，还要对其他专业中介机构的专业冲突进行协调，利用自身的专家顾问网络弥补其他中介机构的专业不足，承担专业任务兜底的职能；第四，落实项目招商进度安排，在确保工作质量的前提下，协调众多相关方，积极稳妥按时间表推进项目。这种复合高端人才的极度短缺，实质性制约 PPP 项目的大规模实施。

9. 对国内外经验教训的借鉴不够扎实

政府购买服务形式的 PPP 在英国已经有超过 20 年的实践，特许经营形式的 PPP 在法国更有超过 60 年的实践，还有澳大利亚、加拿大、新西兰、新加坡、日本、中国台湾，都有比较长时间的实践。在国内，原国家计委从 1994 年开始试点，2003 年起原建设部推动市政公用行业市场化运作，也有超过 6 000 个案例。认真、全面、客观总结国内外经验与教训，避免犯重复的错误，特别重要。不过，从各种渠道了解的信息看，这轮 PPP 项目操作上过于粗糙，无知无畏的特征比较突出，存在较大的潜在隐患。

（四）融资平台和 PPP 模式的协同发展

在积极推进 PPP 模式的政策背景下，融资平台仍然可以发挥积极甚至主导性的作用。培育强平台是推进城镇化建设的必由之路，也是积极稳妥推进 PPP 模式的前提和抓手。

第一，融资平台承担城市化建设起步期的资金筹集职责。在城市化建设的起步期,诸多基础设施项目需要全面启动并超前建设,需要巨额的"第一桶金"才能打开城市建设的新局面。此时,土地价格较低,招商引资刚开始还没有产生稳定税收,社会资本怀疑发展前景难以大规模投入,唯有融资平台可以迎难而上。可以说,在国内城市化发展取得重大成效的地方,平台在初期融资中都起到绝对主导的作用。那些一开始就靠廉价卖地的地方,难以持续推进城市化建设规划的高水平落实。只有牢牢地依托政府信用和公共资源,融资平台才有生存基础。同样,只有利用好融资平台和土地财政两个轮子,在当前的财力约束和融资约束下,地方政府才能落实城市建设长远规划与目标。

第二,培育强平台是欠发达地区推进 PPP 工作的主要抓手和当务之急。从发达地区的经验来看,欠发达地区培育强平台的意义有:一是成为地方政府在公共基础设施领域的人才积聚高地、经验积累载体和对接各方资源的枢纽;二是作为地方政府城镇化项目融资的蓄水池,以及以土地资源为主的各类公共资源的积聚、培育、转化和实现主体;三是担任 PPP 等市场化项目的政府方实施主体、项目现金流不足的风险缓释主体、代表地方政府进行监管的执行机构,并且,当 PPP 项目失败时,融资平台可以作为代表地方政府接盘处理遗留问题的公共机构;四是社会资本异地投资 PPP 项目时,需要跟当地主要融资平台亲密合作实现合作共赢,这种合作可以体现为股权合作,也可以是共同开发,凝聚合力为 PPP 项目顺利平稳推进创造条件。

第三,发达地区的强平台应当走出去服务全国,成为 PPP 等市场化项目的社会资本和市政公用行业的并购整合主体。国内要大规模推进 PPP 项目,其中的一个制约因素,就是缺乏具有融资、建设、运营等方面综合能力的投资运营商群体,难以实现真正的有效的竞争态势。发达地区的融资平台在本地已经有几十年的经验积累,是国内少有的具有综合能力优势的潜在投资运营商。北京首创股份有限公司（简称首创股份）、北控水务集团有限公司（简称北控水务）、上海城投控股股份有限公司（简称城投控股）、上海环境集团股份有限公司（简称上海环境）、京投公司、深圳市地铁集团有限公司（简称深圳地铁）这类脱胎于融资平台的市场化机构，作为先行者已经取得了较大的成功。如果有更多的地方政府融资平台走出所在城市，服务于更广阔的地域，将推动 PPP 模式的深入全面推进。不过，目前地方政府普遍担心本地平台走出去掉入陷阱，需要本地财政救助，严格限制本地平台走出去。如何破解僵局，需要 PPP 大环境的改善，可能还需要较长时间。

总之，地方政府融资平台模式目前是国内公共基础设施投融资领域的主流模式，近年大力推动的 PPP 模式对特定类型的项目具有一定程度的体制机制优势，但在国内全面推广的条件尚未成熟。做实做强规范融资平台，积极审慎稳妥推进 PPP，协同发挥两种不同模式的优势，用 20 年甚至更长的时间，逐步实现政府项目投融资体制的转型升级。

第二节
项目融资要点

基础设施项目投资规模大，投资回收期长，确保项目资金来源并控制融资成本，与保质保量建好项目并控制建设成本，提高运营水平并控制运营成本，并列为基础设施项目降低项目全生命周期综合成本的 3 个支柱。基础设施项目的融资结构优化，基于项目本身的品质及相关主体的资源与实力，能力强的地方政府与社会资本善于判断与把握宏观经济政策、金融监管政策及金融市场动态变化所提供的机会之窗，为基础设施项目全生命周期提供持续、稳定和综合成本低的资金保障。

一、基础设施项目的投资特征

地方政府承担为当地居民和工商企业提供普遍需要的基本公共服务的最终责任。基础设施与公共服务相互依托，难以明确划分界限，几乎所有公共基础设施项目都是为提供基本公共服务而存在，而大部分基本公共服务的提供都需要公共基础设施支撑。

基础设施项目和其他固定资产项目相比，一个重要的区别在于基础设施项目建成后，往往能发挥几十、几百甚至几千年的经济和社会效益。由此，确保工程建设质量，建成百年工程，是基础设施项目的内在要求。例如，一条电视机生产线的经济寿命可能在 5~8 年左右，一条汽车生产线的经济寿命也难以超过 10 年。但是，都江堰水利工程建造于 2000 多年前、北京地铁 1 号线建造于 20 世纪 60 年代，这些设施现在都还在继续发挥作用，并将在未来很长一段时间内继续发挥作用。

基本公共服务的需求弹性低、进入壁垒高，政府对公共基础设施项目的规制力度很强，一般还建立了按照通货膨胀调整的收入回报机制。公共基础设施本身的有效寿命、投资回收期及项目融资期限，较其他高度竞争性行业的固定资产项目要长很多。

因此，公共基础设施项目往往可以提供定期、稳定、可预测的预期收入，可以抵御经济周期的冲击，承担较高的财务杠杆率。

二、项目融资的特征

基础设施项目投资规模以亿、十亿、百亿为单位，依靠表内融资或主体担保，商业机构普遍无法承受。唯有通过以项目现金流为基础的项目融资，实现表外融资和有限追索，才有可能打破融资困局，为基础设施项目提供稳定的资金支持。对负责实施基础设施项目的商业机构来说，过多的自有资金占用和债务担保，作为项目公司股东的项目发起人难以承受。

基础设施项目融资分为无追索项目融资和有限追索项目融资。无追索项目融资指融资行为与项目发起人的主体信用完全隔离，项目融资的还本付息来源仅限于项目本身产生的收益及源于项目本身的附属权益，如果项目失败，项目资产、收益及剩余价值不足以清偿贷款时，贷款人或投资人无权向项目发起人进行追偿。无追索权项目融资对贷款人或投资人的风险相对较大，通常适用于稳定性或安全性高、投资收益可靠的项目。

有限追索项目融资是普遍采用的融资方式，贷款人除了依赖项目资产与收益作为还款来源和担保权益外，还要求项目发起人及其他第三方（包括投资运营商、工程承包商甚至主要供货商）为项目融资提供必要的担保增信，在项目不能按时保质完成或经营失败等原因导致项目本身资产不足以偿债的情况下，可以向上述担保机构进行追索。根据项目本身情况，项目发起人及其他担保人的担保义务，一般设定最高限额，或仅限于建设期等特定期间。

股权出资占基础设施项目总投资的比例往往是20%~40%，项目发起人普遍没有能力对所有投资项目全部自行出资，需要联合其他投资者共同出资。股权融资的复杂性、难度及成本显著高于债务融资。落实和优化项目公司的股东出资结构，形成激励相容、优势互补的项目公司治理结构和激励机制，是项目融资结构优化设计的核心工作。综合实力强的股东组合，有能力确保项目的高水平运行，是吸引债权人的基础性条件。

基础设施项目债务融资占项目总投资的比例可能高达60%~80%。对于资本密集型的基础设施项目，债务融资的可获得性和融资成本，直接决定项目成败及项目全生命周期的综合成本。针对同一基础设施项目的债务融资，可能存在诸多融资条件有显著差异的备选债务融资方案与渠道。这就要求项目发起人精心打造政策敏感性强、专业经验丰富、执行力超强的融资团队，或者聘请真正高水平的专业融资顾问，熟悉各类债务融资工具的监管政策与融资市场情况的动态变化，为项目公司构建最佳的债务融资方案。

三、融资方案设计

PPP项目的风险分配，是PPP项目融资方案设计工作的起点。从风险分配结构到交易结构，再到治理结构和融资结构，最后落实为法律文本，是一项环环相扣的特别专业化的高水平创造性工作。

一是梳理项目风险。项目实施机构应当组织熟悉特定行业设计、建设、运营的行业专家，以及高水平的财务、金融、法律、政策等领域的专家，组成协同工作的专家团队。首先，各专家分别从自身专业角度提出项目全生命周期各个环节可能遇到的各类特定风险，并梳理出管理各类特定风险所需要的能力与资源。随后专家组进行汇总分析，形成项目全生命周期可能遇到的各类风险清单，复杂项目的风险清单可能多达上百项。不同地区、不同时期、不同行业、不同项目的风险清单可能存在显著差异，不能简单照搬套用。

二是梳理各相关方的风险管理能力。PPP项目的核心关键词是"公共治理"，政府应当汇聚并优化利用各利益相关方的资源和实力，实现项目全生命周期综合成本的最优。涉及PPP项目的利益相关方很多，主要包括政府及其实施机构、相关政府部门、事业单位、融资平台、设计方、建设方、运营方、各类财务投资者、保险机构、工商企业用户、家庭与个人用户等。专家组应当对各方的资源和实力进行全面摸底和梳理，评估特定主体对特定风险的承受与管理能力。

三是构建风险分配结构。PPP项目风险分配的核心原则是"将特定风险分配给最能承担该项风险的特定主体承担"。将项目特定风险与特定主体逐项进行匹配，有些风险可能有多个主体都能承担，则需要比较各主体管理特定风险的成本与效率。还有些风险可能在现有主体中找不到合适的管理方，则需要引入合适的新主体。当然，这种风险分配结构要保持足够的弹性，当外部环境发生变化时，可以主动调整以适应新的形势变化。

四是形成项目交易结构。在风险分配结构的基础上，梳理归纳各类主体在项目公司的职责，明确各类主体之间的合作关系，整理出清晰的交易结构图。项目公司是交易结构的核心主体，是对接整合各相关方优势资源的核心平台。在项目风险合理分配的前提下，落实和优化项目公司的股东结构，形成激励相容、优势互补的项目公司治理结构和激励约束机制，是项目高效率运行的基础。

五是编制法律文本草案。至此，项目实施机构聘请的法律顾问才有条件落实前几步的工作成果，着手编制 PPP 项目合作协议及有关附件的草案。在国内近年推行的 PPP 项目中，普遍急于赶进度，忽略前面几个步骤具体而细致的工作，直接请律师参考同类项目编制法律文本，甚至由牵头咨询机构内部的非专业律师代劳。项目前期工作的粗糙，将为后续项目的执行留下隐患。

六是投资竞争人编制融资方案。在政府方确定的交易结构下，各投资竞争人可以根据自身资源与实力，编制合适的融资方案。政府方在投标书综合评估阶段，应当重视对融资方案的可执行性和全生命周期综合融资成本的评估，并给予比较高的评分权重。

七是确定社会资本后的调整。通过招标程序选择适合项目需要的社会资本后，应根据特定社会资本的资源与能力状况，对前面构建的风险分配结构、治理结构和融资方案进行必要的调整，并相应调整法律文本。

八是落实项目融资安排。项目资金的落实，是项目真正落地的要件。按照国际惯例，落实项目融资安排后，才能正式签署项目协议。国内近年很多 PPP 项目并没有严格将落实融资安排作为正式签署项目合作协议或协议生效的前提条件。PPP 主管部委仅将签署 PPP

项目合同作为项目是否落地的统计标准，很大程度上虚增了 PPP 项目的落地规模，应当尽快纠正。事实上，由于实施机构及其聘请的咨询机构缺乏对金融市场的把握能力，近年国内签署 PPP 合作协议的项目中，有很高比例的项目的可融资性存在很大问题，甚至根本无法落实。

最后，才是正式签署项目协议。项目公司成立且落实融资安排后，政府方正式与项目公司签署项目合作协议。

四、股权融资要点

目前，国内 PPP 项目的专业投资者以建筑施工企业为主、投资运营商为辅，这种局面难以持续。从理论上讲，综合实力强的股东组合，有能力确保项目的高水平运行，是吸引债权人的基础性条件。因此，落实和优化项目公司的股东结构，形成激励相容、优势互补的项目公司治理结构和激励机制，应是项目融资结构优化设计的核心工作。

（一）公共投资者适度参股并发挥正能量

地方政府通常会指定本地融资平台及相关国有企业出资参股 PPP 项目公司，这类投资者是代表地方政府出资并参与项目公司决策的公共投资者。如果能有效发挥作用，可以为项目公司增信，更方便地整合利用当地有关资源，更直接地了解项目公司的决策与运营情况，更有效地维护地方政府及公众的公共利益，可以显著提升政府对项目公司的规制与监管能力。不过，公共投资者的参股不宜太高，一般在 20% 左右，不宜超过 40%，在日常经营管理方面，应是助力而不宜干扰专业投资者的运作。英国的 PFI 经历了 20 年的实践后，在 PF2 模式中，明确提出政府要适当参股，体现了英国人对公共投资者参股 PPP 项目公司的实践共识。

（二）投资运营商逐步成为专业投资者的主流

所谓"专业投资者"，主要是指承担项目建设与运营管理实际工作的社会资本，根据项目运营管理需要，可以是一家机构或多家机构组成的联合体。

专业投资者在项目公司的日常经营管理工作中发挥主导作用。专业投资者的能力高低，是决定项目能否高水平运行的关键因素。专业投资者普遍希望通过表外融资方式实现项目融资，往往与财务投资者与公共投资者共同提供股权部分出资，希望能更高比例地利用债务融资或资产证券化工具，避免自身成为重资产的资产持有型公司。

特定行业具有丰富经验和一批多年高水平稳定运营案例的投资运营商，是PPP项目最为需要的主流专业投资者，它们愿意并能够长期持有项目公司的部分股权，旨在获取稳定的长期运营收益，与PPP模式全生命周期的理念最为匹配。以水务行业为例，威立雅、苏伊士等国际水务行业的领先投资运营商，北控水务、首创股份等国内一流的水务行业投资运营商，长期深耕供水与污水处理领域，在水务项目运行管理的全生命周期各个环节都有深厚的积累。

此外，在很多案例中，工程承包商、主要设备供应商、土地及项目相关资源的综合开发商，往往也以专业投资者身份参与项目公司股权投资。不过，它们出资参股项目的主要目的并不是获取项目稳定运行后的运营收益分红，而是更加看重参股项目带来的在建筑施工、设备制造、商业开发等自身主业方面的协同综合收益。因此，这3类专业投资者普遍倾向于采取阶段性持股的方式，在完成带动其主业获利的目标后，退出项目公司的意愿特别强烈。在满足特定专业投资者退出需求、确保项目高水平运行、防止专业投资者获取暴利等方面统筹平衡，是地方政府进行PPP项目社会资本选择与全流程规制监管方面的重要工作之一。特别需要注意防范，在这类短期参与的专业投资者退出项目之后，不能给包括地方政府和其他合作伙伴在内的相关方留下遗留问题。

（三）财务投资者为 PPP 模式提供长期稳定的资金供应

基础设施项目通常是资金密集型项目，巨额、稳定、低成本的资金供应是项目稳定运行的基础，具有资金积聚能力的财务投资者是项目股权资金的重要出资者。财务投资者缺乏与项目运行管理相关的专业能力，投资目的是确保投资本金的安全性并实现合理的投资分红，它们的投资策略是支持有足够能力、可以信任的专业投资者。财务投资者的风险偏好，直接取决于其资金来源。具体来看：

首先，商业银行储蓄资金的主要资金来源是储户的短、中期存款，往往偏好流动性较高的金融产品。需要强调的是，由于国内银行业资金体量庞大，相当高比例的短期储蓄资金会长期沉淀在银行体系，成为可以投资长期项目的稳定资金来源。

其次，通过长期保障型保单积累的保险资金。这类保险资金期限长、供应稳定，对安全性的要求特别高，投资目标是实现保值而不追求短期的高收益率，可以作为基础设施项目稳定的资金来源。笔者认为，随着养老、医疗、护理保险行业的快速发展，保险资金与养老基金在基础设施投资领域，将发挥越来越重要的作用。中国人寿近期在宁波、青岛等地的多笔大金额的长期股权投资，已经彰显其长期低成本资金的优势。

最后，通过理财型保险积累的保险资金、银行理财资金、信托资金以及私募股权投资基金，其主要资金来源是高净值客户及合格投资者的资金，投资目标是追求短期高收益。期限普遍较短，资金来源不稳定，偏好预期收益率较高、流动性较强、风险相对较高的金融产品。

综上所述，笔者认为，国内适合投资 PPP 项目股权投资的金融产品尚不发达，商业银行与保险机构这类主流财务投资者，尚不熟悉建立在项目融资基础上的 PPP 融资模式，制约了 PPP 模式在国内的大范围推广。

（四）PPP 基金发挥更加实质性的主动管理作用

PPP 基金是指政府与/或社会资本牵头，单独或联合其他主体共同发起，由具备相关业务资质并经合规程序确认的机构负责管理，在政府承担有限责任的前提下，采取包括但不限于股权、债权、增信、补助等方式，为 PPP 项目提供包括但不限于投融资支持、资金管理等服务，利益共享、风险共担的私募性质的投资基金。

PPP 基金的发起人通常有公共机构、专业投资者、财务投资者 3 类机构。其中，公共机构侧重借助财政资金隐含的政府信用放大融资杠杆，引导更多社会资本积极参与本地项目，放大对 PPP 项目的支持力度和支持范围；专业投资者侧重提高项目总体的融资便利性，降低平均融资成本，放大投资杠杆，带动自身主营业务的拓展和提高投资收益率；财务投资者则侧重通过投贷联动、股债结合，提高对 PPP 项目及相关主体的控制力，同时提高综合资金回报水平。

在 PPP 项目长达 20～30 年的合作期限内，PPP 基金比较适合项目建设期的股权融资，具体有几个方面的优势：一是 PPP 基金的激励机制灵活，可有效解决投资者与管理人之间的激励约束问题；二是可以灵活运用结构化分级，满足不同财务投资者的特定风险收益特征，GP（普通合伙人）作为主动管理人可以聚集超过自身出资能力的巨额资金；三是可以采用股权、债权、增信、流动性管理等多元化方式投资，助力落实项目总体融资方案并降低综合融资成本；四是可以随用随募，资金到位与项目需求实现匹配，有利于控制项目综合融资成本；五是国有企业以基金份额转让方式退出，比国有资产转让更加方便；六是有效解决公司制企业存在的企业所得税与股东个人所得税的双重纳税问题。

目前国内 PPP 基金普遍采用有限合伙制，在基础设施领域的大规模运用还存在以下局限性：一是普通合伙人集决策与执行于一身，LP（有限合伙人）不执行合伙事务，存在严重的信息不对称；二是实际税负存在不确定性；三是基金期限较短，而基础设施项目投资回收期普遍在 15 年以上，存在再融资风险；四是基金缺乏主体信用培育积累机制，无法通过债务工具融资，融资成本较高，缺乏竞争力，对金融监管政策的变化特别敏感；五是国有独资公司、国有企业、上市公司以及公益性的事业单位、社会团体不得成为普通合伙人。还有，国内 PPP 基金专业化程度低，缺乏主动管理能力。这些要素制约了 PPP 基金在基础设施领域发挥作用的空间。

五、债务融资要点

在债务融资领域，国内存在诸多监管机构分别监管的种类繁多的债务融资工具，具体见表 8.3。

表 8.3 国内不同监管机构监管的债务融资工具情况

监管机构	债务融资工具
银监会	政策性贷款、商业性贷款、信托计划、金融租赁、直接融资工具等
证监会	公司债券、资产支持证券、资管子公司投资工具等
央行	非金融企业债务融资工具（含超短融、短融、中票、定向融资工具等）、资产支持票据等
国家发展改革委	企业债券、项目收益债券、PPP 专项债券等
保监会	基础设施投资计划（债权、股权、混合）、资产支持计划等
商务部	融资租赁
地方政府	小贷、互联网金融等

由于不同监管机构的监管理念、监管资源、监管能力存在明显

差异，在不同时段同一个监管机构对同一类融资工具的监管政策与监管力度经常会发生比较大的变化，在同一时段不同监管机构对同类债务融资工具的监管政策与监管力度往往存在明显差异。有时存在阶段性的融资良机，在特定时期某类融资工具特别便利，成本还比较低，如果能抓住这种机会，则获益丰厚。而有些时候，各类监管机构同时收紧融资政策，获得融资的难度明显加大，融资成本也会显著提升。国内债务融资领域的复杂性、难度与挑战性非常高。

由此，针对同一个 PPP 项目的债务融资，可能存在诸多融资条件有显著差异的备选债务融资方案与渠道。这就要求项目发起人有专门的经验丰富的融资团队，熟悉各类债务融资工具的监管政策与融资市场情况的动态变化，为项目公司构建最佳的债务融资方案。

六、保险资金的参与

保险资金积极参与 PPP 项目投资，能够发挥保险资金作为长期资金的优势，有效匹配 PPP 项目融资需求，支持实体经济发展。同时，PPP 项目具有较为稳定的现金流，符合保险资金配置需求，也能为保险行业提供优质配置资产。

（一）保险资金的主要特征

与银行、信托、证券、基金等其他金融子行业的资金相比，保险资金具有以下特征：

一是长期性。保险资金特别是寿险中的养老保险、医疗保险所积聚的保险资金的久期通常非常长。以养老保险为例，一个 25 岁硕士毕业的年轻人，如果当年就开始参加养老金计划，按月、季度或年向养老保险计划缴费，按照锁定规则，到 65 岁退休之前一直存钱而不能取出，这个积累期最长可达 40 年。假设他的预期寿命是 85 岁，在 65 岁至 85 岁这 20 年时期内往往是平均使用退休前积累的养老金。理论上，养老保险资金的久期最长可以到 60 年。医疗保险也是如此，一个正常人生命周期内的总医疗费用有 70% 以上是在生命最后几年集中支出，之前的几十年时间积存的医疗保险资金的久期也长达 30~40 年。养老保险与医疗保险是寿险公司的主要资金来源，由此寿险公司很高比例的保险资金的久期可以长达 30 年以上，其他金融子行业的资金不具备这个特点。

二是稳定性。养老保险与医疗保险都是制度化的储蓄计划，一旦加入某家保险公司的某项保险计划，由于转换成本较高，投保人一般不会轻易转换保险公司，而是稳定地按约定水平按期缴纳保险费，这种资金来源的稳定性也超过其他金融子行业。投保人长期稳定缴纳保险费的基础是保险资金要获得超过长期通货膨胀水平的长期投资收益率，确保这种长期储蓄资金实现保值增值。所以保险资金的投资目标强调获得超过通货膨胀水平的绝对收益，重视配置长期战略性资产，相对忽视短期的交易性机会。

三是安全性。对于特别有钱的高收入人群，家庭财富或持续收入完全可以轻松应对养老、医疗、护理、意外等社会风险的冲击，购买商业保险的意义不大。对于日常支出都无法保证的低收入人群，也无力购买商业保险。因此购买商业保险的主体人群是中产阶级，他们将当期工薪收入的一部分节约出来购买保险，为退休后的养老、医疗、护理或意外风险积累资金。由此，商业保险资金又称为"中产阶级的养命钱"，保险资金的安全性要求超过其他金融子行业所管理的资金。

保险资金的上述特征，与基础设施项目的投资特征高度匹配。因此，保险资金可以为基础设施项目提供期限长、规模大、来源稳定、成本适当的中长期投资资金来源。

部分保险机构已经通过股权投资计划、债权投资计划、直接股权投资、信托计划、投资基金等各种投资工具，尝试参与 PPP 项目投资。2014 年，中再资产发起设立股权投资计划，出资 120 亿元投资北京地铁 16 号线。2016 年，保险业出现了一批投资 PPP 项目的案例，国寿股份通过信托计划和投资基金，出资 21.16 亿元投资青岛地铁 4 号线项目，还通过信托计划出资 116.44 亿元投资宁波"五路四桥"项目；太平投资出资 1.5 亿元，直接参股呼和浩特地铁 1 号线项目公司；太平洋资产发起 20 亿元的债权投资计划，为央企施工企业的子公司提供资金支持，投资郑州郑新快速通道等 5 个河南省级重点建设项目。

（二）监管政策要点

2016 年 7 月，中国保险监督管理委员会（简称中国保监会，于 2018 年 3 月与中国银行业监督管理委员会的职责整合，组建为中国银行保险监督委员会）修订发布《保险资金间接投资基础设施项目管理办法》（保监会令 2016 年第 2 号，简称《办法》），为保险资金通过基础设施投资计划参与 PPP 项目投资打开了政策空间。2017 年 5 月 4 日，中国保监会印发《关于保险资金投资政府和社会资本合作（PPP）项目有关事项的通知》（简称《通知》），进一步明确相关具体事项，推动保险资金参与 PPP 项目投资。

《通知》主要内容如下：

1. 明确政策支持

PPP 项目公司作为特殊目的载体，没有经营历史，融资模式和风险点与成熟企业有实质性差异，融资面临较多困难。《通知》根据《办法》规定，给予充分政策支持：一是拓宽投资渠道，明确保险资金可以通过基础设施投资计划形式，向 PPP 项目公司提供融资；二是创新投资方式，除债权、股权方式外，还可以采取股债结合等创新方式，满足 PPP 项目公司的融资需求；三是完善监管标准，取消对 PPP 项目公司的主体资质、信用增级等方面的硬性要求，交给市场主体自主把握；四是建立绿色通道，对符合国家发展战略的 PPP 项目，建立专门的业务受理及注册绿色通道，提高运作效率。

2. 加强风险管控

一是明确对 PPP 项目、主要社会资本方和政府方的监管要求，保障项目合法合规，控制项目建设和运营风险。《通知》给保险资金保留了较大投资空间，同时又可守住项目的风险底线。

投资计划投资的 PPP 项目应当符合以下条件：（1）属于国家级或省级重点项目，已履行审批、核准、备案手续和 PPP 实施方案审查审批程序，并纳入国家发展改革委 PPP 项目库或财政部全国 PPP 综合信息平台项目库。（2）承担项目建设或运营管理责任的主要社会资本方为行业龙头企业，主体信用评级不低于 AA＋，最近两年在境内市场公开发行过债券。（3）PPP 项目合同的签约政府方为地市级（含）以上政府或其授权的机构，PPP 项目合同中约定的财政支出责任已纳入年度财政预算和中期财政规划。所处区域金融环境和信用环境良好，政府负债水平较低。（4）建立了合理的投资回报机制，预期能够产生持续、稳定的现金流，社会效益良好。

二是强化投资计划管理，明确受托人管理职责，把风险管理责任交给市场主体，并完善保险资金退出机制，要求投资协议明确约定，在投资计划存续期间主要社会资本方转让项目公司股权的，须取得投资计划受托人书面同意，防止保险资金承担最终接盘风险。

三是建立外部专家风险评审机制和监管联动机制，充分揭示、披露和监测投资风险。并要求由专业律师出具专项法律意见，认定投资的 PPP 项目运作程序合规，相关 PPP 项目合同规范有效。

《通知》的发布，为保险资金参与 PPP 项目投资提供了适合的路径，有利于解决 PPP 项目公司融资难的瓶颈制约，支持 PPP 项目推进，同时满足保险资金配置需求，实现行业效益和实体经济发展的双赢。下一步，保监会将进一步完善相关的投资比例、偿付能力等配套监管标准，更好地发挥政策效果。

第三节
基础设施资产证券化

资产证券化是指以缺乏流动性但具有未来稳定现金流的财产或财产权利作为基础资产，通过结构化金融技术，将其转变为可以在资本市场上流通和转让的标准化证券。运用资产证券化工具，可以将基础设施项目相关的非标准化资产转变为标准化证券。对于那些在基础设施项目前期阶段承担较高风险、有较高预期收益率的专业投资者和财务投资者，资产证券化是实现投资退出的重要渠道。

一、出发点

公共基础设施项目普遍投资规模巨大，特许经营期往往长达30年左右，项目投资回收期也通常长达15年以上，对投资资金的规模与期限要求很高。几乎没有合适的资金类型，可以满足基础设施项目全生命周期的资金需求。如果一定要求投资者始终持有基础设施项目资产，直至30年左右的特许经营期结束，将严重制约基础设施项目的融资落实和大面积推广。

由此，针对基础设施项目不同阶段的风险收益特征，整合不同种类投资者的资源优势和投资诉求，构建具有充分弹性、可灵活调整的多元化融资结构，实现项目全生命周期的综合融资成本最优化，是基础设施项目融资结构设计的核心要义。在控制风险的前提下，实质性提升基础设施资产的流动性，是基础设施项目投融资方案设计的重要内容。

基础设施项目全生命周期不同阶段的风险收益特征存在显著差

异。在 2~5 年的项目建设期，项目设计、建设与试运营阶段的风险相对较高，尚未产生充分足够的现金流，需要由能够管理项目建设风险的投资运营商或承担项目建设风险的施工企业主导融资。在这个阶段，通过投资基金等私募渠道筹集能够承担高风险的资金，是可行的选择，不过融资成本相对较高。

基础设施项目所提供的基本公共服务的需求弹性低、进入壁垒高，往往具备自然垄断特征，一般还建立了按照通货膨胀调整的收入回报机制。因此，进入稳定运营期的基础设施项目往往可以提供定期、稳定、可预测、可控制的现金流。通过资产证券化工具，将成熟但缺乏流动性的处于稳定运营期的基础设施资产，转换为标准化的金融产品，可以转由追求合理稳定回报、风险承受能力较低的财务投资者或公众投资者持有。并且，由于标准化的资产证券化产品有较好的流动性，能够在金融市场更加方便地转让，可以缓解国内长期资金稀缺的困局，通过减少期限利差进一步降低资金成本。在这个阶段，项目已经建成，不存在因资金不到位而影响项目建设运行的问题，还可以为资金规模庞大的金融市场提供合适的标准化产品，提升金融市场的成熟度和发展深度，扩大直接融资规模。

同时，前期风险管理能力较高的投资者，通过资产证券化可以盘活巨额存量资产，将盘出资金滚动投入新的基础设施项目，可以切实降低其融资压力，扩大有效运作的资金规模和项目投资规模，助力有综合优势的专业投资者"强者更强"，从而提升社会整体效率。

通过两个阶段风险管理能力与风险收益要求不同的投资者群体的平稳切换，可以有效降低基础设施项目在可能长达 20 年以上的稳定运营期的资金成本，从而有助于降低长达 30 年左右的特许经营期的综合资金成本。

二、业务发展潜力

证券化最理想的基础资产,是由数量众多、单个小额、相关性低的资产所构成的资产池,因此房贷、车贷、小贷等金融资产是美国等资产证券化成熟市场的主流基础资产。基础设施单个项目的资产金额就足够大,个位数的基础设施资产组合在一起就是很大金额的资产包,要构建以成千上万为数量级的众多基础资产所组成的资产池,通常缺乏操作性。

实际上,诸多使用者付费类的基础设施项目,其付费用户往往数以百万计,包括收入水平不同的家庭用户,以及处于不同行业的工商企业用户,众多的付费方具备数量众多、单个小额、相关性低的特征,违约率符合统计意义上的大数定律,是合适的实施证券化的潜在大类基础资产。如果再进一步,构建由多项处于不同行业、不同地域的基础设施资产所组成的资产池,基础资产的分散性效应更加理想。

需要指出,美国有一个强大的市政债券市场为基础设施领域提供长期、稳定、低成本的资金供应,基础设施领域进行证券化的需求并不强烈,因此基础设施资产并非美国资产证券化的主流基础资产类型。但并不能据此认为,美国市场上基础设施类资产证券化案例不多,由此在我国国内开展基础设施资产证券化的业务前景就不大。

国内有使用者付费机制的存量基础设施资产,按重置成本法保守估计超过 100 万亿元,其中相当一部分可以通过资产证券化方式盘活。2016 年新建基础设施项目投资总额已达 11.88 万亿元,[1] 待

---

[1] 资料来源:国家统计局. 中华人民共和国 2016 年国民经济和社会发展统计公报[EB/OL]. [2017-02-28]. http://stats.gov.cn/tjsj/zxfb/201702/t20170228_1467424.html.

项目建成进入稳定运营阶段后，也可以通过资产证券化方式转变成为标准化证券。在国内，使用者付费类的基础设施领域，开展资产证券化的潜力很大、前景广阔，完全有可能走出一条适应国内需求和特点的基础设施资产证券化的光明坦途。

截至 2016 年年底，国内证券行业已备案并发起设立 81 只以公用事业收费权作为基础资产的企业资产证券化产品，总发行规模 803.95 亿元，平均单只发行规模 9.93 亿元，平均期限 5.73 年，基础资产涉及收费公路、供热、供电、供气、公交、供水、污水处理等。[1] 国内金融市场对基础设施类资产证券化产品有了一定的共识和实践经验，培养了一批专业人才，为下一步更广泛地开展业务打下了良好的基础。

三、实务要点

相对于金融资产作为基础资产的资产证券化业务，基础设施资产证券化业务更加复杂。针对国内当前的情况，需要重点关注以下几个方面。

（一）原始权益人的持续经营能力

由于诸多原因，国内目前的基础设施资产证券化业务普遍未能真正做到资产独立和破产隔离，未能实现相对于原始权益人的会计出表，原始权益人通常兼任资产管理人，还是次级档的实际持有人。因此，原始权益人的持续经营能力，对基础设施资产证券化产品的安全性至关重要。具有综合优势的行业龙头企业能够得到更强的支持，可能会影响很多基础设施子行业的竞争格局，进而引导出现投

---

[1] 资料来源：中国证券投资基金业协会副秘书长陈春艳 2017 年 1 月 17 日基金业协会 PPP 资产证券化业务培训材料。

资运营商的兼并与收购，有效提升行业集中度。

(二) 产品结构的精细化以实现精确定价

相对于传统的公开市场债务融资工具，资产证券化的核心优势在于结构化。将基础资产的现金流进行精细的结构化操作，设计出众多期限不同、风险收益特征不同的多达数十种的一系列证券，进而匹配不同类型投资者的多元化的风险收益特征，是成熟市场资产证券化业务的重要特征。根据微观经济学的价格歧视理论，子产品与特定投资者的风险收益特征匹配得越到位，定价可以越精准，消费者剩余越少，原始权益人与/或受托人获得的利益越大，资产证券化相对于传统主体债务融资工具的优势越明显，各方推动资产证券化的积极性就会越高。目前国内的资产证券化产品的结构普遍简单，尚不能满足不同投资者的投资需求，导致次级产品的销售比较困难，保险资金对资产证券化产品兴趣不大等问题。

(三) 稳定的项目净现金流作为支持

首先，未能产生稳定现金流的基础设施资产，不适合搞资产证券化。比如，处于建设期的项目，能否如期建成，能否产生稳定的现金流存在不确定性，不满足推进资产证券化的基本条件。其次，需要重点关注项目净现金流。基础设施资产的正常运营，需要偿还巨额借款的本息，持续支出包括人工费、材料费等在内的直接运营成本，以及维修养护等各类费用，基础设施资产的经营性现金流入扣除各种刚性支出后的净现金流，才是支持资产证券化产品的可靠现金流。比如，国内的供水行业，由于水费价格未到位，普遍缺乏可用的净现金流，目前大规模开展证券化的条件并不成熟。最后，应当设计有效的现金流归集和划转机制，及时归集并有效控制项目净现金流，切实防止出现资金混同风险与挪用风险。需要指出，基础设施项目的净现金流来源高度依赖于使用者付费，并不意味着马上就要全面大幅度涨价，但是确实需要建立价格机制以形成稳定合理的预期。

（四）专业化的中介机构团队

基础设施资产证券化涉及法律、会计、税务、评级与金融工程等多个通用专业领域。对于基础设施资产证券化来说，合格的受托人与资产管理人这两个角色尤为重要。资产证券化业务的交易结构中，受托人是核心，应当根据成熟市场的经验，构建以受托人为核心的治理结构。有两类受托人主导了美国资产证券化业务的发展：一是房利美（Fannie Mae）与房地美（Freddie Mac）在住房抵押贷款支持证券（RMBS）领域，发挥制定房贷标准、敞开收购合格基础资产、高效率低成本推进证券化流程、对接各类投资者等方面的核心作用；二是部分具有主动资产管理能力的金融机构，在基础资产收集、培育、打包、证券化、投后管理等方面发挥全流程主动管理作用。相对于金融资产支持的证券化业务，基础设施资产证券化业务对成批的独立第三方资产管理人的要求更为迫切。如果缺乏可以替换原始权益人的候选资产管理人，将严重制约基础设施资产证券化业务的推广。

四、面临的挑战

2016年我国境内共发行488单资产证券化产品，总发行量8 827.97亿元，市场存量为11 084.66亿元，[①] 从规模上看已经成为国际上排名靠前的资产证券化市场。不过，境内资产证券化业务还

---

① 资料来源：2016年中国资产证券化市场年报［EB/OL］. 2017年1月1日发表于微信公众号"CNABS"。

存在以下问题，制约基础设施资产证券化业务的稳步发展。

（一）法律保障力度不够

除信贷资产证券化业务外，国内其他类型的资产证券化业务的SPV的信托法律关系主体地位，尚未得到《中华人民共和国信托法》（简称《信托法》）的明确支持，基于信托关系实现资产独立和破产隔离的法律基础不够牢固。另外，与国内其他金融产品业务一样，规范基础设施资产证券化业务的法规层次还很低，缺乏足够的法律支持与保障。

（二）受托人能力不足

受托人是代人理财的受信人，要坚持受益人利益最大化的原则，切实落实信义责任（fiduciary duty）。国内目前资产证券化业务的受托人普遍被通道化，权利与责任难以落实到相关主体，与规范的信托型资产证券化产品的治理结构差距较大。

（三）税收成本不确定

除信贷资产支持证券外，国内其他资产证券化产品尚未明确所适用的税收政策。由于资产证券化业务涉及的交易环节与交易主体较多，国际成熟市场往往制定专门的税收法规，确保不因实施资产证券化业务而增加税收负担，即实现税收中性。税收成本的不确定性，将制约包括基础设施资产证券化业务在内的资产证券化业务的发展。

（四）项目净现金流不足

国内的基础设施领域，普遍尚未建立起有足够水平的使用者付费机制，靠使用者付费无法提供扣除成本费用之后的稳定净现金流。即使有使用者付费机制的基础设施项目，大多也还需要政府补贴，地方政府是否具有足够的支付能力成为关键因素。由于净现金流不足，现有以基础设施资产为基础资产的资产证券化业务，普遍依赖原始权益人及其关联机构的主体信用，实质上还是信用融资，而不是真正的资产支持产品。

（五）金融市场不成熟

国内固定收益市场缺乏长期投资者和高风险投资者，主要购买资金来自银行自营资金和理财资金。由此造成：一是期限超过5年的产品难以销售；二是次级产品往往由原始权益人或其关联方自持；三是往往还需要外部增信。并且，基础设施资产证券化产品规模较小，缺乏做市商，交易不活跃，流动性较差，导致同一主体发行基础设施资产证券化产品的利率比公募债券普遍要高50~100个基点（BP），甚至高于长期银行贷款利率，存在成本劣势。

五、政策建议

基础设施资产证券化业务作为推进公共基础设施项目市场化运作的重要环节，是新一轮投融资体制改革和金融体制改革的突破口，应从全局高度谋划，加强监管协调。

（一）推动立法建设

推动研究制定统一的资产证券化法等基本法规，明确SPV作为合格信托的法律主体地位，解决资产独立、破产隔离等关键法律问题，修订完善评级、会计、税法、抵押变更登记等配套法规政策。

（二）培育受托人

在统一法律框架内，明确保险资产管理公司、证券公司、基金管理公司等非银行业金融机构依据《信托法》从事资产证券化业务的受托人身份，尽快统一基础资产、受托机构、信用评级、信息披露等监管标准。为受托人履职构建一些行业公共基础设施，比如交易场所及专门机构，进行产品登记和确权，公共信息与技术平台等。

（三）培育净现金流

建立基础设施与公共服务的价格形成、调整和监督机制，推进地方政府财税体制改革形成稳定财源。基础设施项目的净现金流来源高度依赖于使用者付费，并不意味着马上就要全面大幅度涨价，但是确实需要建立价格机制以形成稳定合理的预期。

（四）完善市场机制

促进资产证券化产品投资者的多元化，打破刚性兑付。将合格基础设施资产证券化产品纳入中证登标准券范围以开展质押式回购，降低银行投资基础设施资产证券化产品的资本占用，提高保险资金投资基础设施资产证券化产品的偿付能力认可比例，形成市场化的发行交易机制和风险定价机制，促进基础设施资产证券化业务的健康发展。

第四节
PPP 资产证券化

为盘活 PPP 项目存量资产，吸引更多社会资本参与 PPP 项目建设，2016 年 12 月 26 日，国家发展改革委和证监会联合发布了 2698 号文，这是国务院相关部委首次发布关于 PPP 项目资产支持证券的政策性文件，通知要求各省发展改革委推荐一些传统基础设施领域的 PPP 项目，试点发行 PPP 资产证券化产品，以便陆续推广。2017 年 3 月 10 日，首批 4 单 PPP 资产证券化项目集中落地，这中间不过

3个月时间，效率之高，令人叹服。

一、政策要点

（一）重要意义

2698号文提出，PPP项目资产证券化是保障PPP持续健康发展的重要机制。资产证券化是基础设施领域重要融资方式之一，对盘活PPP项目存量资产、加快社会投资者的资金回收、吸引更多社会资本参与PPP项目建设具有重要意义。各省级发展改革委与中国证监会当地派出机构及上海、深圳证券交易所等单位应加强合作，充分依托资本市场，积极推进符合条件的PPP项目通过资产证券化方式实现市场化融资，提高资金使用效率，更好地支持传统基础设施项目建设。

2017年1月9日，发展改革委投资司、证监会债券部牵头召开PPP项目资产证券化座谈会，标志着PPP项目资产证券化工作正式启动。发展改革委投资司相关领导在接受新华社记者专访时介绍，PPP项目资产证券化在提高PPP项目资产流动性，提高PPP项目规范程度，促进PPP项目回报率的合理确定，推进资产证券化的进程等四方面有重要作用。

第一，PPP项目资产证券化最直接的作用就是盘活PPP项目存量资产，提高PPP项目资产的流动性。具体来说，PPP项目的资产证券化为社会资本方增加了资金退出渠道，缩短了退出时间，提高了资金周转率，因此能够增加PPP项目对社会资本，尤其是民间资本的吸引力。

第二，PPP项目的资产证券化客观上还可以起到提高PPP项目规范程度的重要作用。PPP项目的资产证券化需要经资信评级机构评级、管理人的尽职调查、律师事务所出具法律意见书、交易所的挂牌审核、基金业协会的备案等系列流程，那些管理不规范、质量不过关、运营不理想的项目将难以发行资产证券化产品。因此，将来 PPP 项目资产证券化常态化之后，有利于促进 PPP 项目依法合规运作、保证工程质量、提高运营水平、规范内部管理，也能从另外一个角度，对地方政府规范开展 PPP 项目起到一定的监督或者促进作用。

第三，PPP 项目的资产证券化可以通过市场机制对 PPP 项目的回报率进行合理引导。现在有的地方人为压低 PPP 项目的回报率，甚至压到 2% 以下，而中国人民银行最新规定的 5 年期以上人民币贷款基准利率为 4.9%，回报率过低打压了社会资本方参与 PPP 项目的积极性。开展资产证券化后，资产支持证券利率太低则难以发行，客观上会为 PPP 项目的合理回报率划定一个底线。

第四，PPP 项目的资产证券化同时还会推进我国资产证券化的进程。美国资产证券化的产品占债券总量的一半以上，尽管 2016 年我国资产证券化发行融资规模比 2015 年提高了一倍多，但总量依然不大，PPP 项目的资产证券化可以为我国资产证券化的进程提速。

（二）省级发展改革部门的职责

1. 明确重点推动资产证券化的 PPP 项目范围

各省级发展改革委应当会同相关行业主管部门，重点推动符合下列条件的 PPP 项目在上海证券交易所、深圳证券交易所开展资产证券化融资：一是项目已严格履行审批、核准、备案手续和实施方案审查审批程序，并签订规范有效的 PPP 项目合同，政府、社会资本及项目各参与方合作顺畅；二是项目工程建设质量符合相关标准，能持续安全稳定运营，项目履约能力较强；三是项目已建成并正常运营 2 年以上，已建立合理的投资回报机制，并已产生持续、稳定的现金流；四是原始权益人信用稳健，内部控制制度健全，具有持续经营能力，最近 3 年未发生重大违约或虚假信息披露，无不良信用记录。

2. 优先鼓励符合国家发展战略的 PPP 项目开展资产证券化

各省级发展改革委应当优先选取主要社会资本参与方为行业龙头企业，处于市场发育程度高、政府负债水平低、社会资本相对充裕的地区，以及具有稳定投资收益和良好社会效益的优质 PPP 项目开展资产证券化示范工作。鼓励支持"一带一路"建设、京津冀协同发展、长江经济带建设，以及新一轮东北地区等老工业基地振兴等国家发展战略的项目开展资产证券化。

3. 积极做好 PPP 项目管理和配合资产证券化尽职调查等工作

项目实施单位要严格执行 PPP 项目合同，保障项目实施质量，切实履行资产证券化法律文件约定的基础资产移交与隔离、现金流归集、信息披露、提供增信措施等相关义务，并积极配合相关中介机构做好 PPP 项目资产证券化业务尽职调查。各地发展改革部门和相关行业主管部门等要按职责分工加强监督管理，督促项目实施单位做好相关工作。

（三）证券监管部门及自律组织的职责

1. 着力优化 PPP 项目资产证券化审核程序

上海证券交易所、深圳证券交易所、中国证券投资基金业协会应按照规定对申报的 PPP 项目资产证券化产品进行审核、备案和持续监管。证券交易所、中国证券投资基金业协会等单位应建立专门的业务受理、审核及备案绿色通道，专人专岗负责，提高国家发展改革委优选的 PPP 项目相关资产证券化产品审核、挂牌和备案的工作效率。

2. 引导市场主体建立合规风控体系

中国证监会系统相关单位应积极配合发展改革部门加大 PPP 项目资产证券化业务的宣传和培训力度，普及资产证券化业务规则及监管要求等相关知识，推动 PPP 项目相关责任方建立健全资产证券化业务的合规、风控与管理体系。

3. 鼓励中介机构依法合规开展 PPP 项目资产证券化业务

中国证监会鼓励支持相关中介机构积极参与 PPP 项目资产证券化业务，并督促其勤勉尽责，严格遵守执业规范和监管要求，切实履行尽职调查、保障基础资产安全、现金流归集、收益分配、信息披露等管理人职责，在强化内部控制与风险管理的基础上，不断提高执业质量和服务能力。

（四）营造良好的政策环境

1. 共同培育和积极引进多元化投资者

国家发展改革委与中国证监会将共同努力，积极引入城镇化建设基金、基础设施投资基金、产业投资基金、不动产基金以及证券投资基金、证券资产管理产品等各类市场资金投资 PPP 项目资产证券化产品，推进建立多元化、可持续的 PPP 项目资产证券化的资金支持机制。中国证监会将积极研究推出主要投资于资产支持证券的证券投资基金，并会同国家发展改革委及有关部门共同推动 REITs 发展，进一步支持传统基础设施项目建设。

2. 建立完善沟通协作机制

国家发展改革委与中国证监会将加强沟通协作，及时共享 PPP 项目信息，协调解决资产证券化过程中存在的问题与困难。中国证监会、国家发展改革委及相关部门将共同推动建立针对 PPP 项目资产证券化的风险监测、违约处置机制和市场化增信机制，研究完善相关信息披露及存续期管理要求，确保资产证券化的 PPP 项目信息披露公开透明，项目有序实施，接受社会和市场监督。各省级发展改革委与中国证监会当地派出机构应当建立信息共享及违约处置的联席工作机制，推动 PPP 项目证券化产品稳定运营。

3. 工作要求

各省级发展改革委于 2017 年 2 月 17 日前，推荐 1~3 个首批拟进行证券化融资的传统基础设施领域 PPP 项目，正式行文报送国家发展改革委。国家发展改革委将从中选取符合条件的 PPP 项目，加强支持辅导，力争尽快发行 PPP 项目证券化产品，并及时总结经验、交流推广。

中国证监会各派出机构、上海证券交易所、深圳证券交易所、中国证券业协会、中国证券投资基金业协会等有关部门单位做好支持配合工作，推动传统基础设施领域 PPP 项目资产证券化融资平稳健康发展，并依据传统基础设施领域 PPP 项目资产证券化执行情况，不断完善资产证券化备案及负面清单管理。

二、配套政策

（一）《资产证券化基础资产负面清单》

根据中国证监会 2014 年 11 月 21 日发布的《证券公司及基金管理公司子公司资产证券化业务管理规定》（中国证券监督管理委员会公告〔2014〕49 号）的相关要求，中国证券投资基金业协会将承担资产证券化业务的事后备案工作，对资产支持专项计划备案、风险控制等实施自律管理，并对基础资产负面清单进行管理。为此，中国证券投资基金业协会制定了《资产支持专项计划备案管理办法》（简称《备案管理办法》）、《资产证券化业务基础资产负面清单指引》、《资产证券化业务风险控制指引》等自律规则或相关文件。

《资产证券化业务基础资产负面清单指引》的第二条明确规定，资产证券化业务基础资产实行负面清单管理。负面清单列明不适宜采用资产证券化业务形式，或者不符合资产证券化业务监管要求的基础资产。《资产证券化业务基础资产负面清单指引》的附件《资产证券化基础资产负面清单》中的第一条规定：以地方政府为直接或间接债务人的基础资产。但地方政府按照事先公开的收益约定规则，在政府与社会资本合作模式（PPP）下应当支付或承担的财政补贴除外。

《资产证券化基础资产负面清单》第一条的除外规则，为需要政府补贴的 PPP 资产证券化业务预留了发展空间。

（二）《资产证券化监管问答（一）》

2016 年 5 月 13 日，中国证券会针对资产证券化业务发展过程中的一些政策性问题，发布《资产证券化监管问答（一）》，对市场机构关心的 5 个问题进行了政策解释和回答，其中涉及基础设施类资产证券化的问题有两个，具体如下：

（1）对于污水处理费、垃圾处理费、政府还贷高速公路通行费等收费，其按照"污染者/使用者付费"原则由企业或个人缴纳，全额上缴地方财政，专款专用，并按照约定返还给公共产品或公共服务的提供方。请问上述收费权类资产是否可以作为资产证券化的基础资产？

答：上述为社会提供公共产品或公共服务，最终由使用者付费，实行收支两条线管理，专款专用，并约定了明确的费用返还安排的相关收费权类资产，可以作为基础资产开展资产证券化业务。该类基础资产应当取得地方财政部门或有权部门按约定划付购买服务款项的承诺或法律文件。

以该类资产为基础资产的，管理人应当在尽职调查过程中详细了解提供公共产品或公共服务企业的历史现金流情况，约定明确的现金流返还账户。管理人应当对现金流返还账户获得完整、充分的控制权限。

对这个问题的解答，为污水处理费、垃圾处理费、政府还贷高速公路通行费等名为政府结算、实质为使用者付费的基础实施项目实施资产证券化提供了明确的政策许可。

（2）对于政府与社会资本合作（PPP）项目开展资产证券化，请问相关 PPP 项目的范围应当如何界定？

答：政府与社会资本合作（PPP）项目开展资产证券化，原则上须为纳入财政部 PPP 示范项目名单、国家发展改革委 PPP 推介项目库或财政部公布的 PPP 项目库的项目。PPP 项目现金流可来源于有明确依据的政府付费、使用者付费、政府补贴等。其中涉及的政府支出或补贴应当纳入年度预算、中期财政规划。

对这个问题的解答，明确了 PPP 类项目的可选项目范围，基础资产现金流的主要来源，涉及政府支出或补贴应当纳入年度财政预算和中期财政规划。

（三）落实绿色通道的自律规则

2017 年 2 月 17 日，上海证券交易所、深圳证券交易所同步发布《关于推进传统基础设施领域政府和社会资本合作（PPP）项目资产证券化业务的通知》，明确 3 个方面的事项：

一是鼓励支持 PPP 项目企业及相关中介机构依法积极开展 PPP 项目资产证券化业务。各相关方应勤勉尽责，严格遵守执业规范和监管要求，切实履行尽职调查、信息披露、现金流归集、收益分配和风险防控等职责，确保业务稳健运营，保障投资者利益，维护市场稳定。

二是成立 PPP 项目资产证券化工作小组，明确专人负责落实，对于符合条件的优质 PPP 项目资产证券化产品建立绿色通道，提升受理、评审和挂牌转让工作效率。项目申报阶段实行即报即审，受理后 5 个工作日内出具反馈意见，管理人提交反馈回复确认后 3 个工作日内召开工作小组会议，明确是否符合挂牌要求。项目挂牌阶段专人专岗负责，提升挂牌手续办理效率。

三是根据统一安排，两家交易所建立与证监会、国家发展改革委、基金业协会、证券业协会和其他交易场所的沟通衔接机制，积极推进符合条件的项目通过资产证券化方式实现市场化融资，为PPP项目联通资本市场提供配合与支持。

中国证券投资基金业协会也同时发布《关于推进传统基础设施领域政府和社会资本合作（PPP）项目资产证券化业务的通知》，明确以下事项：

一是专项计划管理人按照《备案管理办法》的要求，通过基金业协会备案管理系统以电子化方式报备PPP项目资产证券化产品，备案网址为：ba.amac.org.cn。

二是针对符合2698号文要求的PPP项目资产证券化产品，会指定专人负责，依据《备案管理办法》在备案标准不放松的前提下，即报即审、提高效率，加快备案速度，优先出具备案确认函。

三是中国证券投资基金业协会将全力配合证监会、交易所，落实2698号文工作，引导PPP项目资产证券化业务健康发展。

三、首批产品情况

2017年2月22日，各省级发展改革委共上报项目41单，其中污水垃圾处理项目21单，公路交通项目11单，城市供热、园区基础设施、地下综合管廊、公共停车场等项目7单，能源项目2单。国家发展改革委组织专家评审后，向中国证监会推荐首批9单试点项目。3月8日，两家证券交易所受理首批4单产品的申报材料；3月10日，中信证券-首创股份污水处理PPP项目收费收益权、华夏幸福固安工业园区新型城镇化PPP项目供热收费收益权、中信建投-网新建投庆春路隧道PPP项目等3只资产支持证券获得上交所挂牌转让无异议函；同日，广发恒进-广晟东江环保虎门绿源PPP项目资产支持专项计划获得深交所挂牌转让无异议函，标志着国家发展改革委和中国证监会推进的传统基础设施领域PPP项目资产证券化产品正式落地。首批4只产品的基本情况见表8.4。

表8.4 首批4只PPP项目资产支持专项计划的基本情况

项目名称	发行规模	期限	结构	评级	发行利率
首创股份污水处理PPP项目收费收益权资产支持专项计划	5.3亿元	1~18年（优先01：1年；优先02：2年；优先03：3年；优先04至优先18：4~18年，每3年回售或赎回）	优先1~18档	AAA	优先01：3.70%；优先02：3.98%；优先03至优先18：4.60%
华夏幸福固安工业园区新型城镇化PPP项目供热收费收益权资产支持专项计划	7.06亿元	1~6年（优先01：1年；优先02：2年；优先03：3年；优先04：4年；优先05：5；优先06：6年；每3年回售或赎回）	优先A1~A6档	AAA	优先A1：3.9%；优先A2：5.0%；优先A3至优先A6：5.2%
网新建投庆春路隧道PPP项目资产支持专项计划	7亿元	14年（A：每两年回售或赎回；B：每3年回售或赎回）	优先A 优先B	AAA AAA	4.05% 4.15%
广晟东江环保虎门绿源PPP项目资产支持专项计划	3.2亿元	3~15年（优先01：3年；优先02：6年；优先03：9年；优先04：12年；优先05：15年）	优先	AAA	优先01~优先05：4.15%

从上述4单产品的发行情况及与潜在发行人的沟通情况看，国内大规模推进PPP资产证券化业务，面临以下挑战：

（一）产品流动性较弱，发行利率不低，影响优质项目开展资产证券化的动力

由于 PPP 资产证券化产品目前的流动性不高，相比于同期限、同评级的公司债/中短期票据具有较高的流动性溢价。通过图 8.1 中对 2016 年 1 月至 2017 年 1 月企业资产证券化产品与中短期票据的收益率曲线的比较可以看出，流动性溢价大概为 50～100bp。另外，自 2016 年 12 月份以来，随着去杠杆、防风险进程的推进，资金面一直维持紧平衡态势，国内固定收益市场利率出现了较大幅度上涨。优质 PPP 项目往往能够获得银行的低息贷款，据调研，很多此类项目目前可以获得银行贷款基准利率或下浮 10% 的贷款成本，在目前市场环境下，PPP 资产证券化并不具有利率优势，使得很多优质 PPP 项目的发行意愿不高。

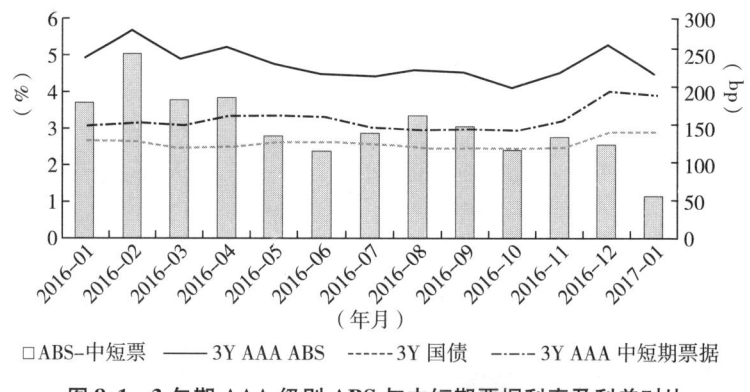

图 8.1　3 年期 AAA 级别 ABS 与中短期票据利率及利差对比

（二）缺乏中长期机构投资者，制约长期限产品的规模化发展

从美国市场经验来看，长期限市政债券的主要投资者类型为共同基金、银行、保险、个人投资者等，REITs 产品的主要投资者类

型为养老金、共同基金、个人投资者等。目前国内保险公司、社保基金、养老金的资金规模较小，参与 PPP 资产证券化产品投资的能力与意愿均不强，银行资金仍为主要资金来源。银行资金一般是自营资金或理财资金，通常偏好于 3 年或 5 年以内的投资久期，对于长期限 PPP 资产证券化产品（无回售含权结构）的需求通常不强。

为拉长融资期限确保发行规模，同时又为了控制发行成本，PPP 资产证券化产品目前市场上主流的设计为"定期票面利率调整权＋投资者回售选择权＋再销售机制"（通常每 3 年开放一次），但若届时发生极端情况，导致出现大额回售且再销售不顺利，会给原始权益方造成阶段性的资金压力。因此，中长期机构投资者的引入是这类产品未来规模化发展的重要突破口。

（三）不同环节的税务处理政策目前不太明确

目前，国内资产证券化业务中仅针对信贷资产证券化出台了相关税务处理规定，即《财政部、国家税务总局关于信贷资产证券化有关税收政策问题的通知》，（财税〔2006〕5 号）企业资产证券化业务一直缺乏比较明确的税务处理规定。PPP 资产证券化项目涉及机构较多、资金流转环节也较多，PPP 项目的投融资架构、建设运营模式不同，直接影响项目公司的会计处理与资产证券化的途径，相应也会对基础资产转让、原始权益人取得证券化对价、证券持有人取得收益等环节的税务处理产生重大影响。如果没有一个明确的税收规定，不同地方税务局的理解和判断不同，可能会引起重复征税、征过头税的现象，在很大程度上增加 PPP 项目发行 ABS 或 REITs 产品的税收成本。

（四）市场化增信工具缺乏，信用评级体系尚待完善

在 PPP 资产证券化项目中，地方融资平台公司不能为产品提供增信，地方政府仅能在"政府付费"模式下作为服务采购方按照合

同约定履行政府付费义务，但不能为资产证券化产品提供担保。PPP资产证券化项目实务中，若为"使用者付费"项目，由于PPP项目公司自身实力通常不强，在中国目前的信用评级体系下需要寻找外部增信（通常是由社会资本或第三方担保公司提供增信）。而很多PPP项目中，社会资本的实力可能不强，或者难以向第三方担保公司提供满足其要求的反担保措施，则这类项目将难以开展资产证券化，境外市场中债券担保、CDS（信用违约互换）等市场化增信工具在国内资产证券化领域还比较缺乏。

对于收益权资产和股权资产，国内目前的信用评级体系过于看重主体增信，对基础资产的质量、资产服务机构的运营能力等因素考虑不足，使得很多优质的"使用者付费"模式的PPP资产证券化项目在没有外部强担保的情况下难以获得较高评级，而这类项目金融机构从贷款角度的认可度却很高，比如某省会城市的自来水收费项目，如果PPP项目公司自身财务实力不是很强，则资产证券化产品评级可能还到不了AA，而这类基础资产的现金流稳定性很高，且付费方也足够分散和稳定，实际信用风险较低。

四、发展 PPP 资产证券化的建议

（一）大力培育和支持"一级市场做市商"和"二级市场做市商"

PPP资产证券化的发展需要"一级市场做市商"和"二级市场做市商"。所谓"一级市场做市商"是指"对基础资产进行做市"，即做市机构主动寻找或创设资产，然后把资产设计成证券化产品销售给资本市场投资人。这类机构需要挖掘资产价值，对资产风险进行合理定价，提高资产的标准化程度（包括合同法律标准、信息披露标准等），设计产品对接资本市场，实现非标转标并创造流动性。

所谓"二级市场做市商"是指"对证券化产品进行做市",指由有实力的机构进行双边报价和交易撮合,以提升证券化产品流动性,考虑到 PPP 资产证券化产品期限通常都很长,做市商的引入显得非常重要。

(二)将优质 PPP 资产证券化产品纳入质押库提供定向融资便利

对于优质的 PPP 资产证券化产品(比如评级为 AAA),可以考虑将其定向纳入"质押库",作为机构投资者向央行申请再贷款的可接受质押标的,并允许其纳入中证登标准券范围以开展质押式回购,这将极大提升 PPP 资产证券化产品的流动性,是降低其发行利率的重要措施,同时,由于设置了较高准入标准,也可以有效控制相关风险。

(三)积极引入保险、社保基金、养老金等中长期机构投资者,并增强主流机构投资者参与投资的积极性

PPP 模式是国家重要战略,通过优选基础资产和精细化产品设计,也可为市场投资者提供良好的投资标的。建议相关监管部门适当降低准入标准,积极引导保险、社保基金、养老金等中长期机构投资者参与 PPP 资产证券化产品投资。另外,可通过设置一些优惠政策增强主流机构投资者参与投资的积极性,比如可以考虑将银行机构投资 PPP 资产证券化的额度在进行宏观审慎评估体系(MPA)等指标考核时降低其对资本额度的占用比例、提高保险公司投资 PPP 资产证券化产品的偿付能力认可比例等。

(四)明确税务处理规定,实行"税收中性"原则

税务处理是资产证券化的重要基础性问题,如果要推动 PPP + ABS、PPP + REITs 的规模化发展,"税收中性"原则需要得到贯彻

和落实，不宜因为开展资产证券化或 REITs 而带来额外的税收负担。同时，管理人需对证券化的交易结构进行严密安排，降低证券化的交易税负与资产支持证券存续期间的税负，避免双重征税风险或减少其影响。

（五）大力发展 CDS 等市场化增信工具，并优化信用评级体系

目前国内金融市场中，CDS 的发展潜力较大。中国银行间市场交易商协会已推出 CDS，这类产品的标准化程度很高，还可以在二级市场上进行流通转让。对于信用评级体系，建议借鉴和参考美国市政收益债券经验，强化对基础资产质量及资产服务机构运营能力的考量，避免过于依赖强主体增信。

美国市政收益债券除了以基础资产的项目收益作为债券的偿付来源外，通常还采取另外两种增信措施对债券的偿还提供保护：一种是建立偿债准备金制度，另一种是购买债券保险。特别是购买债券保险，已成为主要的市场化增信手段之一，可以起到提高债券信用评级、降低融资成本的作用。

（六）强化信息披露和后续管理，提高产品的标准化、流程化和动态化程度

国内资产证券化业务目前呈现出"重发行、轻管理"的现象，不利于该类业务的长远健康发展。国家发展改革委和证监会的 2698 号文中明确提出"研究完善相关信息披露及存续期管理要求，确保资产证券化的 PPP 项目信息披露公开透明，项目有序实施，接受社会和市场监督"，相关中介机构在具体业务推动过程中需要强化对信息披露和后续管理的重视程度，通过专人专岗设置、流程优化和信息系统建设等措施，提高产品的标准化、流程化和动态化程度，及时有效地防范、监测和应对产品风险。

2017年7月6日,财政部、中国人民银行、中国证监会联合印发《关于规范开展政府和社会资本合作项目资产证券化有关事宜的通知》(财金〔2017〕55号)。7月28日,富诚海富通-浦发银行PPP项目资产支持证券在上交所成功发行,标志着财政部PPP项目资产证券化首单正式"落地"。

第五节
基础设施 REITs

REITs是以发行权益类证券的方式募集资金,并将资金专门投资于不动产,将每年的投资收益按很高的比例分配给投资者的一种投资模式。说起REITs,大多数人认为仅是"房地产"投资信托。但海外实践显示,REITs的内涵可以扩展为包含铁路、高速公路、通信设施、电力配送网络、污水处理设施及其他具备经济价值的土地附着物,这些常见的基础设施资产都可以归类为不动产。投资于这些基础设施资产的REITs即基础设施REITs。

国外经验显示,基础设施REITs是基础设施重要的融资渠道。基础设施REITs拥有其他融资方式所不具备的优势和特点,与基础设施领域的资金需求非常匹配,也应该成为我国在基础设施领域项目融资的重要渠道之一。基础设施REITs具有明显的优势:公募REITs具备较为广泛的投资者群体,可以获得成本较低及期限较长的融资,起到降低项目公司整体的杠杆率水平和优化债务结构的作用;同时由于税收优惠,投资人也可以获得具有竞争力的税后投资回报。

2016年12月26日,国家发展改革委、证监会联合发布的2698号文中特别提出要"推动不动产投资信托基金(REITs),进一步支持传统基础设施项目建设"。

一、国外基础设施 REITs 的发展概况

基础设施投资对于一个国家的经济发展有着重要的长期和短期效应。起于 1929 年的大萧条导致美国及全球经济的大幅下滑。为重振经济，1933 年，罗斯福总统签署了《全国工业复兴法》(The National Industrial Recovery Act)，其中最重要的内容之一就是政府在公共工程方面的投资。20 世纪 50 年代，艾森豪威尔总统在任期间，美国政府成功在基础设施领域引入私人资本，不但公共总投资在 GDP 中的占比达到历史高位的 7%，而且联邦政府债务不断下降。在 2008 年金融危机之后，奥巴马总统颁布了《2009 美国复苏与再投资法案》(American Recovery and Reinvestment Act, 2009)，提出要通过投资基础设施刺激经济增长。新上台的特朗普总统提出的"长期基建投资计划"也备受瞩目。而积极的财政政策和宽松的货币政策导致政府负债上升，仅靠政府财力已无法推动基础设施建设的高速增长，根据美国土木工程师协会 (American Society of Civil Engineers，简称 ASCE) 2016 年的统计，未来 5 年美国仅地面交通系统的平均年投资资金缺口就将达 1 100 亿美元，因而迫切需要私人资本等社会资本作为基础设施融资的重要来源。

利用 REITs 为基础设施项目进行融资，在美国也属于一项相对较新的尝试。2007 年，美国国税局 (Internal Revenue Service) 在给美国电力基础设施联盟 (Energy Equipment and Infrastructure Alliance) 的批复函中确认了基础设施可以成为 REITs 的合格投资对象，这一批复函确立了 REITs 投资基础设施项目的合法地位。在过去几年，美国国税局规定从非传统型不动产投资中所获得的租赁收入，也可以成为 REITs 的合格收入。在美国，已经出现基于电力配送网络、移动通信塔、天然气管网等高度专业性的基础设施资产的RE-

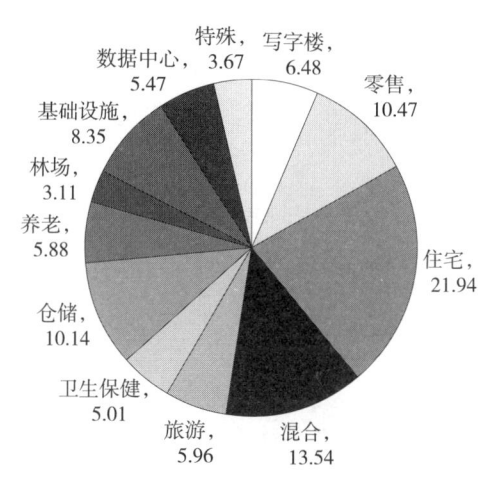

图 8.2 美国公募 REITs 类型市值占比（%）

资料来源：NAREIT。

ITs。NAREIT（美国 REIT 协会）将这些新的资产类别归为另类 RE-ITs。如图 8.2 所示，截至 2016 年 11 月，在 FTSE（金融时报指数）NAREIT 的权益类 REITs 综合指数中的 167 只公募 REITs 中，共有 5 只基础设施 REITs 的总市值已达 763.62 亿美元，占全部 167 只公募 REITs 总市值的比例为 8.35%。另外，还有 6 只以数据中心为基础资产的 REITs 的总市值达 500.43 亿美元，占全部 167 只公募 REITs 总市值的比例为 5.47%；以及市值占比为 3.67% 的特殊 REITs。综上，广义基础设施 REITs 占全部 167 只公募 REITs 总市值的比例接近 17.49%。

截至目前，美国国税局已经确认 REITs 可投资的基础设施领域包括铁路、微波收发系统、输变电系统、天然气储存及输送管线、固定储气罐等。美国 5 只典型的基础设施 REITs 的基本情况如表 8.5 所示，值得一提的是，HASI 和 PW 系两只关注于"绿色"清洁能源领域的 REITs，主要投资风能、太阳能等可再生能源领域的债权（包括项目贷款、应收账款、融资租赁和证券等）以及不动产（用于出租）和项目公司股权。

表 8.5　美国 5 只典型的基础设施 REITs 的基本情况

REITs 的名称	代码	行业	主要特征
American Tower	AMT	无线通信	持有、管理、开发和租赁无线和广播通信塔等业务
CorEnergy	CORR	能源管理	收购中上游能源基建资产，专注于管道、存储槽罐、传输线及收集系统等
InfraREIT	HIFR	电力传输	持有电源线、变电站、发射塔、配电电线杆、变压器和相关资产，还持有一条铁路
Power	PW	交通能源	持有、开发、收购并管理交通、能源领域的资产，收购租赁可再生能源项目资产，如太阳能发电厂、风能发电厂
Hannon Armstrong Sustainable Infrastructure	HASI	能源管道	开发太阳能、风能、地热能、生物质能和天然气等与可持续发展相关的基础设施项目

澳洲是全球第二大 REITs 市场。近年来，澳大利亚 REITs 投资领域也已经从商业物业发展到包括基础设施在内的更多的资产类型。目前共有 20 余只上市的基础设施 REITs，资产类型包括收费公路、飞机场、广播电视塔、码头、铁路等。

在亚洲市场，印度在 2014 年效仿美国，也推出了 REITs 法案，允许开展 REITs 及基础设施投资信托（Infrastructure Investment Trusts，简称 IITs）业务。2016 年，SEBI（印度证券交易委员会）将 REITs 投资于开发项目的比例从 10% 放宽到 20%，同时宣布免除红利分配税（dividend distribution tax），据悉目前已发行数单基础设施 REITs 和写字楼 REITs。值得一提的是，针对 PPP 和非 PPP 项目，SEBI 在 SPV 和开发项目投资要求上有一些差异。如，PPP 项目必须通过 SPV 进行投资，且开发项目必须至少完成工程进度或者预算开支的 50%（需第三方认证）；而非 PPP 项目没有 SPV 的限制，且证照齐全即可投资。换句话说，发展中国家对新增项目需求相对旺盛，可因地制宜地发挥基础设施REITs在投资开发项目上的作用，还可以根据PPP开展情况与PPP制度相结合并进行定制，互相促进。

我国目前的基础设施融资面临瓶颈。随着我国城镇化加速发展，对公共产品和服务的供给效率和质量都有更高要求。国发〔2014〕43号文的出台要求加强地方政府性债务管理，对地方政府债务规模实行限额管理，基础设施建设需要由依赖政府投资开始向多元化模式转变。PPP模式的推出正是符合我国基础设施领域发展方向的大政方针。但除了法律、财务制度等问题外，融资工具和流动性的缺乏也是制约PPP大力发展的因素之一，因而迫切需要进一步发展资本市场工具，缓解政府举债融资受限和继续扩大基础设施投资需求之间的矛盾。推动基础设施REITs的发展，可能是解决方案之一。

二、基础设施REITs的合格基础资产

REITs产生于美国。但长期以来，REITs一直主要投资于房地产及相关行业的基础资产。基础资产是否可以扩大到其他资产，资产如何界定？这对于基础设施的REITs的应用与推广非常关键。

上一节提到的美国国税局在2007年给美国电力基础设施联盟的批复函裁定（Private Letter Ruling）中对基础设施是否符合《美国法典》（*U. S. Code*）中关于REITs资产和收入的相关约定进行了解释。该裁定表明：

第一，REITs并购的基础资产系出租给拥有经营权的租户，该REIT本身并非有意获得相关经营权。换句话说，即基础设施REITs的收入来自将资产出租给运营商获得的间接的租金收入，而非直接运营产生的收益。这可类比零售类REITs在买下购物中心后，自身并不销售商品或服务，而是将其店面出租给品牌零售商并收取租金。

第二，基础资产签订的租约系三净租约（triple net lease），租金

数额并不直接和租户的净收入或利润挂钩，由租户承担全部必要的设备和人员成本来保障运行。租户支付租金后，获得设施的使用权，而REITs不再提供任何服务。美国在商业物业中，一般也是采用三净租约，租户负责房产的维修、房产税收、房产保险和装修费用等。尽管形式各异，该约定的实质是要区别对待出租基础设施和提供相关服务的税务处理，使得基础设施REITs的业务重点聚焦于投资基础设施本身。

美国国税局规定，若要享受REITs的税收优惠待遇，必须满足一系列测试的合格条件。这些合格条件主要包括：（1）至少75%以上的总资产投资于不动产相关领域。（2）75%以上的营业收入来自不动产租金、转让所得或者抵押贷款利息。（3）年终必须将90%以上的应税收入分配给股东。根据该规定，上述批复函指出：第一，该机构的申请中目标资产必须在本质上属于永久性构造物，且其各个组成部分无论在物理上还是在功能上都不可分割，因而满足第（1）条对投资领域的要求。第二，资产的用途只能是被动的运输或储存产品，并不涉及相关产品的生产或加工过程，因而也满足第（2）条关于收入比例的要求。有趣的是，为支撑裁定结论，美国国税局把该机构的设施性质类比为铁路，而此前美国国税局已在税则中约定铁路资产系"不动产"。

这个批复函非常重要，也为我国制定有关法规提供了经验借鉴。根据这个裁定逻辑，铁路、高速公路、通信设施、电力配送网络、污水处理设施等具有类似特点的基础设施，都可能成为基础设施REITs的投资标的。

三、我国基础设施REITs的发展展望

近年，REITs成为房地产、基础设施和资产证券化等领域的共同热词，各方关注度很高。REITs作为直接融资工具，具有盘活存

量资产、降低企业杠杆率、提升资源配置效率、降低项目融资成本、促进金融市场发展等正面作用。

（一）国内发展 REITs 的政策动态

2009年11月11日，人民银行联合银监会、证监会等11部委成立"REITs试点管理协调小组"，详细制订了试点实施方案，并在北京、上海、天津开展试点工作。

2015年4月21日，财政部、国土资源部、住房城乡建设部、中国人民银行、国家税务总局和银监会发布《关于运用政府和社会资本合作模式推进公共租赁住房投资建设和运营管理的通知》（财综〔2015〕15号），明确提出："支持以未来收益覆盖融资本息的公共租赁住房资产发行房地产投资信托基金（REITs），探索建立以市场机制为基础、可持续的公共租赁住房投融资模式。"

2016年12月21日，国家发展改革委、中国证监会发布2698号文，明确提出："共同推动不动产投资信托基金（REITs），进一步支持传统基础设施项目建设。"

2017年6月7日，财政部、中国人民银行、中国证监会发布《财政部、人民银行、证监会关于规范开展政府和社会资本合作项目资产证券化有关事宜的通知》（财金〔2017〕55号），明确提出："推动不动产投资信托基金（REITs）发展，鼓励各类市场资金投资PPP项目资产证券化产品。"

不过，国内对REITs的现有政策还停留在呼吁阶段，并没有特别明确的产品制度，也没有成体系的合格REITs的税收、分红、资产配置、收入占比等一整套测试指标，而高层次的法规和明确的税收政策支持，还只听到楼梯响。

（二）发展基础设施REITs的必要性

积极探索并大规模发展公募发行、公开交易的权益型REITs，可以聚集规模巨大的社会公众资金，为基础设施项目提供稳定的资金保障，公众也能获得合理稳定的投资收益，实现家庭财富保值和传承。国内基础设施领域存量资产规模超百万亿元，通过REITs可以有效盘活存量资产，其发展潜力巨大。

目前国内基础设施领域的项目融资面临瓶颈。我国正在经历人类历史上前所未有的城镇化过程，对公共基础设施和基本公共服务的效率和质量提出很高的要求。2016年基础设施领域的新建项目投资近15万亿元，每年增速超过20%，涉及20多个行业，存量基础设施资产的规模超过100万亿元。新预算法和国发〔2014〕43号文等政策性文件密集出台，要求加强地方政府性债务管控，对地方政府债务规模实行限额管理，基础设施项目建设由主要依赖地方政府融资平台，向PPP模式为主的多元化模式转变。但是，长期融资工具和流动性的缺乏，是制约PPP项目落地实施的关键因素。迫切需要发展资本市场工具，盘活存量资产，缓解地方政府举债融资受限和继续扩大基础设施项目投资之间的矛盾。推动基础设施REITs的发展，可能是解决方向之一。

基础设施REITs拥有其他融资方式所不具备的优势和特点，可能也应该成为国内在基础设施领域进行融资的重要渠道之一。基础设施REITs具有以下优势：一是可以享有公司所得税优惠政策，提高投资者的收益率与/或降低基础设施项目的融资成本；二是通过权益型REITs盘活存量资产，可以降低基础设施项目投资者的负债率，优化债务结构；三是公募REITs具备较为广泛的投资者群体和较高的流动性，可以获得较低融资成本及较长期限的资金支持。

基础设施项目建设通常有两种模式，即对存量项目进行更新改造的褐地项目和投资新建项目的绿地项目。一般而言，褐地项目处于稳定运营期，有较稳定的现金流，可以把已经建成进入稳定运营阶段的褐地项目资产转让给权益型REITs，实现专业化运营。对于绿地项目，面临一定的完工风险，由于建设期往往无现金流或现金流较少，而权益型 REITs 又有一定当期的分红压力，因此权益型 REITs 不宜高比例直接投资绿地项目。

（三）发展基础设施 REITs 的前提条件

在国内要推广基础设施类 REITs，需要在几个方面着力创造条件：

第一，需要税收支持政策。从国外的经验看，REITs 之所以发展迅速，一个重要原因是在税收方面享受明确的支持性政策。与商业地产类 REITs 一样，迫切需要明确避免公司所得税双重纳税等税收问题。更进一步，由于依托公共基础设施项目提供基本公共服务是政府责任，公共基础设施项目本身的主营业务收入主要来自使用者付费或财政付费，这类收入能否豁免征税，需要相关政策明确。

第二，明确资产转让政策。目前国内基础设施项目的股权转让、资产转让、经营权转让的政策与流程尚未明确，不利于基础设施类资产的有序转让，也难以对基础设施类资产进行有效估值。2014 年 12 月，国家发展改革委印发 2724 号文，将退出机制作为重要的一环予以规范，并提出政府要"依托各类产权、股权交易市场，为社会资本提供多元化、规范化、市场化的退出渠道"。2017 年 7 月国家发展改革委印发《国家发展改革委关于加快运用 PPP 模式盘活基础设施存量资产有关工作的通知》（发改投资〔2017〕1266 号），提出"运用 PPP 模式盘活基础设施存量资产，要在符合国有资产管理等相关法律法规制度的前提下优先推出边界条件明确、商业模式清晰、现金流稳定的优质存量资产，提升社会资本参与的积极性。支持社会资本方创新运营管理模式，充分挖掘项目的商业价值，在确保公共利益的前提下，提高合理投资回报水平"，但是并未明确规定具体的操作流程，有待于政策层面进行完善。

第三，培育稳定的项目现金流。国内的公共基础设施领域，普遍尚未建立起水平足够的使用者付费机制，靠使用者付费无法提供扣除成本费用之后的稳定净现金流。即使有使用者付费机制的基础设施项目，大多也还需要政府补贴，地方政府是否具有足够的支付能力成为关键因素。由于净现金流不足，以基础设施资产为基础资产的资产证券化业务，普遍依赖原始权益人及其关联机构的主体信用，实质上还是信用融资，而不是真正的资产支持产品。基础设施项目资产的现金流不足，将制约基础设施类REITs的推广。

第四，IPO实行注册制。权益型的公司制REITs一般针对公开发行并上市交易的上市公司。由于基础设施REITs的标准化程度高、基础资产的项目现金流稳定、REITs的分红率也很稳定，是稳定资本市场的重要品种。建议中国证监会设立专门的基础设施类REITs板块，简化发行和上市程序，为基础设施领域的融资拓展稳定的渠道，同时为保险资金、养老基金和财富传承资金等中长期资金提供理想的长期配置标的。国内资本市场上，已经有一批以高速公路、港口、机场、供水、污水处理为主业的上市公司，这些公司经过必要改造并通过合格性测试后，即可转型为标准化的基础设施类REITs。

虽然推广基础设施类REITs目前还需要一些条件，且面临一些制约性因素，但是REITs在基础设施领域的应用，确实是解决基础设施项目融资的有效手段之一，加快这一方面的试点探索及政策支持，非常有意义。我特别看好REITs率先在基础设施领域落地并实现快速发展。

2014年9月26日，印度证券监管机构（即印度证券交易委员会）发布《房地产投资信托条例》和《基础设施投资信托条例》，为在印度设立和运行REITs提供了专门的监管框架，给有意投资于印度房地产和基础设施行业的外国投资者更多信心。截至2017年6月，共有5只基础设施REITs在印交所上市发行，基础资产主要以公路、运输和可再生能源为主。印度这样的前现代化国家都能搞成REITs，我们必将搞得更好更有影响力。

据悉，中国证监会近期也会发布 REITs 监管政策，期待中国版的基础设施 REITs 快速落地，为国内基础设施项目提供长期低成本资金支持。

第六节
项目融资典型案例

本节介绍一些国内基础设施投融资领域的典型案例，这些案例在项目融资方面有一些较好的做法，有关经验可复制、可推广，其中体现的一些理念尤其值得借鉴。

一、案例 1：上海老港垃圾填埋场项目

（一）项目背景

老港四期卫生填埋场是上海市生活垃圾处理系统的一个重要组成部分，计划 2004 年年中投入使用，将为上海市城市生活垃圾提供长期、可靠、稳定、安全卫生的最终消纳设施。根据工程可行性研究报告，按处理规模 4 900 吨/日，使用年限 18 年测算，四期工程总投资 9.97 亿元。该项目为世界银行 APL（可调整规划货款）·上海城市环境项目固体废弃物管理子项目，计划利用世界银行贷款 4 000 万美元。

（二）招商背景

（1）国家计委、财政部、建设部、环保总局 2002 年 6 月 7 日发布《关于实行城市生活垃圾处理收费制度促进垃圾处理产业化发展的意见》（计价格〔2002〕872 号）。国家计委、建设部、环保总局

2002年9月10日发布《国家计委、建设部、国家环保总局关于推进城市污水、垃圾处理产业化发展的意见》，项目市场化运作的政策条件基本成熟。上海市有关垃圾收费、垃圾处理产业化政策正在制定过程中。

（2）原老港填埋场未达到卫生填埋标准，沼气、废水、空气污染严重。国内卫生填埋场建设刚起步，国内设计单位无足够的设计经验和技术储备，难以取得突破。

（3）国际上垃圾填埋技术相当成熟，市场份额为少数几家公司瓜分。ONYX（奥绿思）、SITA（升达）等垃圾处理行业巨头一直在跟踪老港项目，表达了强烈的参与意向。

（三）招商目的

（1）引进资金，特别是引进国际一流的先进技术和运营管理经验，提升上海市垃圾填埋处理水平，降低垃圾处理综合成本。

（2）推进上海市垃圾处理项目建设、运营的市场化改革，为建立与上海市垃圾处理产业化发展方向相适应的投融资和运营管理体制提供实践经验。

（四）招商方式

（1）按照国际惯例和规范，参照国际招标的有关程序，在公开、公平、公正、规范的原则下设置国际竞争性招商程序。

（2）通过资格预审程序或邀请3~4家具有先进技术和运营管理经验的国际战略投资者参加招商，综合考虑投资竞争人提交的商务方案、技术方案、运营管理方案和招商主体关注的其他因素。

（3）投资人选定后即组建项目公司，项目公司负责老港四期项目的设计、投资、建设和运营管理，经营期满后将项目公司资产无偿移交给政府指定的机构。

（五）招商方案边界条件

（1）招商主体：上海市人民政府授权市环卫局和上海城投作为老港四期项目招商主体，联合实施老港四期项目竞争性招商。

分析：第一，政府正式授权或批准招商主体进行招商是项目开始招商的必要条件。在未获政府批准的情况下进行招商，项目结构难以确定，并且存在招商结果不能得到政府确认和无法通过审批的可能性。第二，因潜在投资人参加竞争性招商的支出很大，失败的风险也很大。招商行为未获授权，潜在投资人难以认真对待，招商成功没有保证。

（2）项目招商范围：按照招商主体提供的特许经营期内生活垃圾填埋处理规模和要求，设计、投资、建设和运营管理老港四期卫生填埋场。

分析：第一，老港一、二、三期项目应进行环保优化，但优化方案和标准目前仍难以确定。如纳入本次招商范围，将增加招商准备工作和投资者准备招商申请书的难度。第二，老港场现有部分设备和建筑物、构筑物可在四期项目中利用，可将有关固定资产清单在招商时提供给投资者选择利用，以防止重复投资。暂不将有关存量资产作为中方投入注入项目公司，老港四期正式投入运营后，再转让或租赁给项目公司。

（3）项目公司组织形式：通过竞争性招商选择的国际战略投资者与上海城投组建中外合资项目公司，合资公司的股权比例在综合考虑世界银行 APL 贷款对贷款主体的要求和潜在投资者的投资意向后确定。

分析：第一，该项目将利用 4 000 万美元世界银行贷款，以项目公司作为借款人，操作相对简便清晰。第二，世界银行贷款的借款主体一般为政府性公司，以外商独资项目公司作为世行 APL 贷款主体的可能性较小，但在 APL 贷款中世行强调吸引非政府资金的投入。

第三，取得市计委、市财政的支持，争取世行同意由中外合资项目公司作为世行 APL 贷款的贷款主体和项目执行单位。第四，可考虑以上海城投作为世行 APL 贷款主体，上海城投将世行贷款作为资本金或以转贷款方式进入项目公司。第五，以政府性投资公司上海城投作为合资项目的股东之一，共担风险，共享收益，可增强外方对投资环境的信心，降低对投资项目政策性风险的评估，从而降低项目的综合成本。

（4）特许经营协议：上海市政府授权市环卫局与项目公司签订《特许经营协议》，项目公司取得特许经营权，负责设计、投资、建设和运营管理老港四期卫生填埋场。

分析：第一，特许经营协议规定和规范政府与项目公司之间的相互权利义务关系，是项目在较长的特许经营期内顺利运作的基础。第二，政府签署特许经营协议表明将以财政作为项目的信用支持，增加对战略投资者的吸引力，有利于项目成功招商和降低项目综合成本。第三，特许经营期不超过 30 年，在特许经营期期满后，项目资产应无债务、不设定担保、设施状况完好地移交给政府指定的机构。

（5）垃圾处理费：上海市政府指定上海城投与项目公司签订《垃圾处理费结算协议》，在特许经营期内，按招商确定的结算价格标准与项目公司结算垃圾处理服务费。在考虑通货膨胀、税收政策调整等因素的基础上，确定垃圾处理服务费的调价公式。在垃圾收费机制建立后，有关合同的权利义务转移至垃圾收费主体。

分析：第一，老港四期项目 2004 年年中投入使用，到时垃圾收费机制已建立，由垃圾收费主体与老港四期项目公司结算垃圾处理费。第二，目前垃圾收费主体未明确，暂由政府指定城投公司作为结算主体，为项目公司确立收入回报机制。第三，可以考虑将垃圾处理服务协议作为特许权协议的一个完整附件，与垃圾处理服务相关的所有条款都将详细完整地反映在作为附件的垃圾处理服务协议中。

最终形成的项目运作框架见图 8.3。

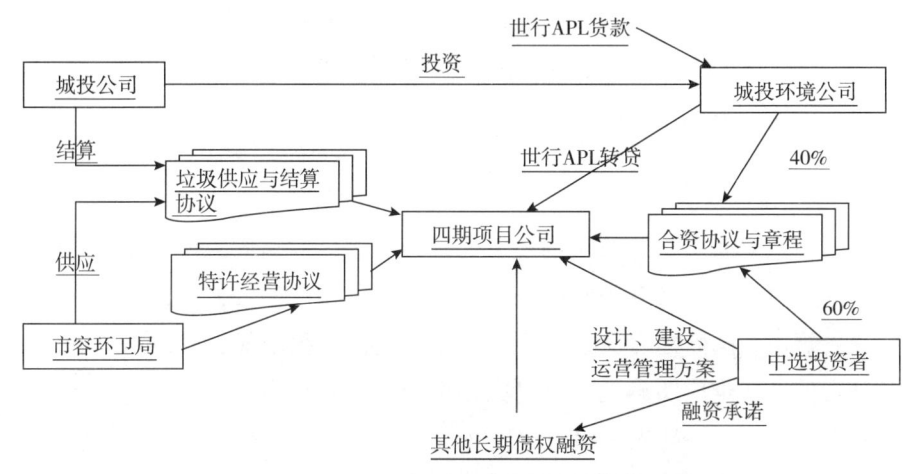

图 8.3 上海老港垃圾填埋场项目运作框架

其中：第一，上海市政府授权市环卫局与项目公司签署《特许经营协议》（含 17 个附件）。第二，上海市政府授权市环卫局与市城投公司与项目公司签署《垃圾供应与结算协议》，市环卫局负责垃圾供应，市城投公司负责结算垃圾处理费。第三，上海城投环境公司与招商选择的投资者共同出资组建项目公司，其中上海城投环境占比 40%，中选投资者占比 60%。最终选择的中选投资者为 ONYX 与中信泰富组成的联合体，各出资 30%。第四，债务融资中，上海城投环境公司负责落实 4 000 万美元的世界银行贷款，中选投资者负责落实商业银行贷款资金。第五，明确由中选投资者根据《特许经营权协议》及其附件《技术规范与要求》《技术方案》的约定，负责项目公司的建设管理与日常运营维护工作。

（六）招商工作机构

（1）招商领导小组：由市政府、市计委、市建委、市财政局、市外资委、市外管局、市环卫局、上海城投有关领导组成。

（2）招商主体：市环卫局和上海城投。

285

（3）招商代理：招商主体通过比选，聘请上海国际集团资产经营有限公司与上海申信进出口有限公司组成的联合体为招商代理机构。

（4）招商工作小组：由招商主体、招商代理、法律顾问和技术顾问委派相关工作人员组成。

（七）招商标的及权重/评审准则

（1）招商标的及权重的设置体现招商主体的招商意图，即招商主体通过招商最需要得到的是什么。为保证招商的公开、公平、公正、规范，招商标的及权重必须在整个招商过程中保持连续性。招商标的及权重应明确地、尽可能详细地反映在招商文件中，以使投资者能有针对性地提交招商建议书。

（2）在基础设施项目招商中，通常采用综合评估法。该项目将综合考虑投资竞争人提交的商务方案、技术方案、运营管理方案、法律方案和招商主体关注的其他因素。在评标权重中，技术与运营管理方案占比70%，商务方案占比20%，法律方案占比10%，体现招商方对引进先进技术的高度重视。

（八）招商政策

1. 土地使用政策

根据《国家计委、建设部、国家环保总局关于推进城市污水、垃圾处理产业化发展的意见》，垃圾处理设施可采取行政划拨方式提供项目建设用地；投资、运营企业在合同期限内拥有划拨土地规定用途的使用权。近期向市有关政府部门咨询政策和协调，在项目正式招商之前，明确招商后成立的合资项目公司为老港四期用地的征地主体，同时尽可能落实行政划拨用地政策。

2. 世行APL贷款政策

老港项目可使用4 000万美元的世行APL贷款，但项目的贷款主体性质不同，贷款条件及利率也会不同。取得市计委、市财政的支持，争取世行同意由中外合资项目公司作为世行 APL 贷款的贷款主体和项目执行单位。

3. 税收优惠政策

老港四期项目税收政策包括两个方面：

第一是建设期的营业税优惠。根据税务局的意见，由于优惠政策现已取消，而老港一到三期没有在优惠政策取消之前办理过税收优惠申请手续，因此按规定，老港四期不能享受税收优惠。如果能够得到市政府的特批，可通过财政补贴等变通形式取得优惠。

第二是运营期的税收优惠。目前没有明确适用垃圾处理企业的特殊税收优惠政策。近期市环卫局已经拟订了《国家计委、建设部、国家环保总局关于推进城市污水、垃圾处理产业化发展的意见》实施意见，在该实施意见中，提出了一系列的税收优惠政策，但该实施意见的正式签发尚需时日。

如果招商文件发布时，有关税收优惠政策尚未出台，则招商政策中暂不列入税收优惠，但让投标企业注明税收政策对价格的影响，并将税收因素作为垃圾处理费的调价因素，当经营期有税收优惠政策出台时，可根据调价公司对垃圾处理结算价格进行相应调整。

（九）争议解决机制

设立了三个层次的争议解决机制：一是友好协商机制。由项目公司代表 3 名（各方股东各派 1 人），政府代表 3 名（环卫局 2 名，上海城投 1 名）组成协调委员会，不定期召开会议，解决对于填埋场建设、调试、运营及维护的争议，协调委员会的费用由项目公司承担。二是专家裁决机制。专家小组由国内外、行业内最具影响力的专业人士组成，为友好协商机制解决不了的争议提供建议。三是仲裁，选择上海国际仲裁中心作为争议的最终解决场所。从项目的实际运营看，虽然在项目运行过程中不可避免出现了诸多争议，但都在协调委员会层面上得到妥善解决。

(十) 招商结果

ONYX、SITA、香港惠记 3 家国际一流的固体废弃物处理行业专业投资运营商参与竞标，最终，ONYX 与中信泰富组成的联合体胜出，引进国内缺乏的国际先进技术建设特大型海滩滩涂生活垃圾卫生填埋场。

该项目于 2005 年 12 月 12 日正式投入运营，工程总投资 8.99 亿元，每吨生活垃圾处理费降低 40%，总库容为 8 000 万吨，是原工可报告测算的 2 000 万吨总库容的 4 倍，实际日处理规模超 9 000 吨，运营期延长至 50 年，规划中的老港五期将解决上海市 100 年内的生活垃圾最终处置难题。特别是总库容的翻倍增加，为寸土寸金的上海节约了宝贵的土地资源。

(十一) 技术创新

在国内首次采用全生命周期生态设计理念，实现填埋场建设与运营的有效衔接，有效节约一次性工程投资，降低每吨垃圾的综合处理成本。将填埋作业工艺与环境岩土工程技术有机结合，解决大型滩涂型填埋场的堆高填埋技术难点以及软土地基的不均匀沉降对库底稳定的影响，库容增加 4 倍。采用填埋气收集与发电利用系统，实现填埋气资源化回收利用。成功解决特大型库区的地下水和渗滤液的收集和导排问题。采用全自动监控系统，有效提升大型填埋场的营运管理水平。封场后将建成生态型休闲公园。

(十二) 案例点评

本案例是国内新建项目国际招商的经典案例，签订了规范有效成体系的项目合同，政府、社会资本等项目各参与方合作顺畅，较好地实现了招商目的，取得良好的经济效益与社会效益。项目的招商组织体系、前期准备工作、交易结构设计、项目合同体系、争议解决机制，有很多原创性的设计与探索，具有较强的示范借鉴意义。

二、案例2：中信苏埃通道及统征地项目

（一）项目背景

内海湾将广东省汕头市"分割"成南北两岸，连接汕头市南北两岸的交通通道，有1995年通车的汕头海湾大桥和1999年通车的礐石大桥。汕头海湾大桥位于东边，礐石大桥位于西边，汕头市南北两岸依然沟通不畅。加之汕头市多年实施的是由西向东的发展战略，汕头北岸发展迅速，而南岸发展极为缓慢，北岸人多地少和南岸地广人稀的现状形成鲜明对比。改变这种局面的首要关键是解决交通问题。连接汕头市南北两岸的汕头海湾隧道是重点项目，投资总额是60亿元。但2013年汕头市公共财政预算收入只有112.04亿元，单纯依靠政府财力很难在短期之内建成。汕头市政府引入中信集团合作开发，不仅仅是投资海湾隧道，还将打造一个总规划面积是168平方公里的滨海新城。项目预计投资总额是500亿元，预计开发周期为25年，采用分片区滚动开发的模式。项目首期开发区域12.4平方公里，开发建设内容包括五个方面：第一是基础设施建设，包括投资达60亿元的过海隧道；第二是土地整理；第三是大型公建配套，包括博物馆、学校、医院、城市公园、影剧院等；第四是产业配套，包括城市商业、旅游酒店、体育健康、文化创意园等；第五是旧村改造。

（二）交易结构

早在2010年12月，中信集团就与汕头市政府签署了滨海新城项目的战略合作框架协议，花了4年时间进行协商谈判，中信方面与汕头市濠江区政府签订了11个大的合同，还包括若干附加协议，是非常庞大的体系，光是合同体系的构建就花了两年时间。该项目交易结构图如图8.4所示。

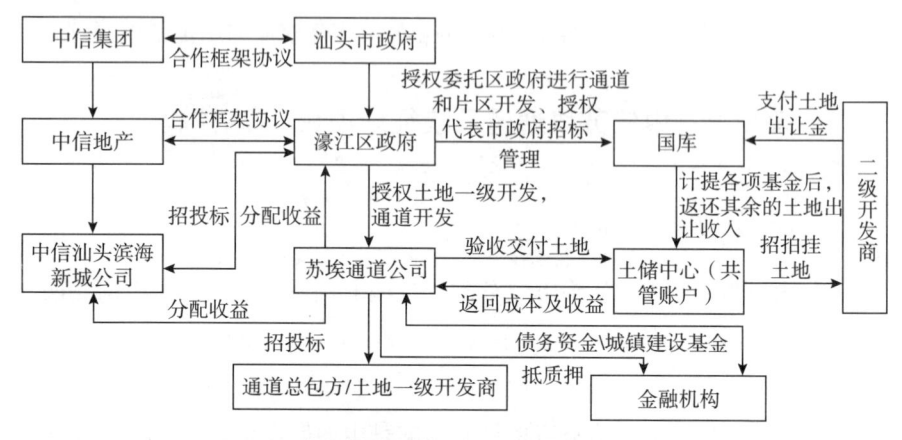

图 8.4 中信苏埃通道及统征地项目交易结构图

合同体系共分为五个层级，如表 8.6 所示。

表 8.6 中信苏埃通道及统征地项目的合同体系

	主要合同
一	合作框架协议（中信集团与汕头市政府） 合作框架协议（中信地产与濠江区政府）
二	增资协议（中信汕头滨江新城公司与濠江区政府），股东协议（苏埃通道项目公司，注册资本金 2 亿元，其中中信 1.02 亿元，政府 0.98 亿元）；区政府实际出资 0.03 亿元，从中信汕头滨江新城公司借款 0.95 亿元
三	PPP 协议（项目公司与濠江区政府，项目总投资 93 亿元，统征地 4 580 亩 33 亿元） 附件一：统征地成本收益计算及土地出让收入支付协议 另：中信汕头滨江新城公司还负责 2 757 亩非统征地（集体土地）的一级开发
四	施工合同一：苏埃通道围堰临时工程建设协议（项目公司与中铁隧道公司）； 施工合同二：统征地综合开发协议（项目公司与中建二局）
五	优先股融资协议（项目公司与中广银信基金，10 亿元，由中信地产回购） 银行贷款协议（项目公司与中国银行，17.68 亿元） 目前共落实资金 29.68 亿元

第一个层级是中信集团和汕头市政府签订的确定合作关系的框架协议，以及中信地产公司和濠江区政府项目合作的更为具体的框架协议。

第二个层级是构建项目公司。濠江区政府首先出资300万元成立特殊目的公司苏埃通道公司，随后中信汕头滨海新城公司与区政府对苏埃通道公司共同增资至2亿元，其中中信汕头滨海新城公司占股51%，区政府占股49%，中信汕头滨海新城公司给区政府提供0.95亿元借款用于增资，区政府实际出资300万元，却享有项目公司49%的收益分配权，体现中信地产充分照顾政府利益的分配关系。

第三个层级是PPP协议，由濠江区政府与项目公司签署，授权项目公司负责统征地一级开发和建设隧道工程。在项目公司层面，实现未来土地收益，与基础设施运营捆绑，庞大的交易架构的目的就是为了把特许经营权、土地开发结合在一起，解决投资来源和回报问题。项目公司对4 580亩统征地一级开发完之后，扣除开发成本，部分收入专项用于隧道建设资金，余额作为项目公司收益。项目公司的收入来源还包括向外地车辆收费、年票、收取隧道运营配套费及政府财政补贴。项目土地出让收益扣除项目成本、政府提留的基金税费后的溢价部分由政府和中信集团按照股权比例分成。政府除了获得土地溢价收益还获得了整个城市形象的改善，产业的导入，新增的就业岗位和长期的税源。中信集团通过这个过程获得土地开发收益的分成，实现投资回报。

第四个层级是施工合同。包括项目公司与中铁隧道公司签订的《苏埃通道围堰临时工程建设协议》，项目公司与中建二局签订的《统征地综合开发协议》等。

第五个层级是项目融资合同。项目公司的2亿元资本金中，区政府实际出资300万元，中信汕头滨海新城公司实际出资1.97亿元。中信汕头滨海新城公司是由中信地产（占比51%），两家施工企业中建股份（占比17%）与五洲交通（占比7%），两家财务投资者天恒基金（占比20%）和首一创投（占比7%）共同出资。该项目首期29.68亿元的总投资中，使用了省级政府融资平台公司粤财控股主导设立的中广银信基金提供的10亿元优先股形式的夹层资金，由中信地产负责回购。剩余17.68亿元是由中国银行提供的项目贷款。

（三）案例点评

（1）在项目公司层面，实现了负责项目操盘的专业投资者中信地产、掌控公共资源的地方政府、有很强施工能力的建筑施工企业与财务投资者的共同出资。通过股权比例设置，满足了中信地产的核心操盘权和地方政府的收益分配权，并整合了施工企业的组织建设能力以及财务投资者安排资金的能力。

（2）汕头市第十三届人大常委会第三十五次会议通过了《汕头经济特区土地储备条例》，自2015年12月1日起施行。其中明确规定"土地一级开发项目成本主要包括土地收储支出、配套设施建设和城市基础设施建设支出、社会资本参与土地一级开发的投资回报及资金成本等"，将土地一级开发的投资回报及资金成本纳入土地出让收入的使用范围，通过地方立法突破了《国务院办公厅关于规范国有土地使用权出让收支管理的通知》（国办发〔2006〕100号）的具体规定，为该项目的顺利实施消除了政策限制。

（3）总规划面积168平方公里的滨海新城由中信地产负责编制规划，报政府批准后组织实施，掌握规划主导权有利于利用社会资本的综合操盘能力提升整个区域的发展潜力与空间，弥补低层级地方政府能力不足的短板。

三、案例3：中建青浦重固镇项目

（一）项目背景

重固镇位于上海市青浦区东北，距区政府 7 千米，距虹桥机场 15.7 千米，距上海市中心 27 千米，是上海市区和青浦新城的连接点。重固镇是全国文明镇、国家卫生镇、国家生态镇，面积 24 平方公里，下辖 8 个村民委员会和两个居委会。目前常住人口 5.5 万人，其中户籍人口 1.6 万人。2017 年 2 月，重固镇成为上海唯一的由国家发展改革委和住建部认定的重大市政工程领域 PPP 创新工作重点城市，也是重大市政工程领域 PPP 创新工作重点城市名单中唯一的镇一级的行政区域。

重固镇有三大显著特点：一是交通出行便捷，区位优势明显，背靠西虹桥，面向长三角，逐步成为长三角"一小时经济圈"的重要节点；二是古镇文化积淀底蕴深厚，境内的福泉山古文化遗址有 7 000 余年历史，称为古上海的历史年表，是上海唯一一处国家级大遗址；三是农村风貌完整，水乡特色显著，是虹桥商务区周边唯一一处成片保存农村风貌的地区。2016 年，重固镇全面完成农村集体经济组织产权制度改革，农村土地确权和土地流转率达到 99%。

"十三五"期间，重固镇着力打造"五个重固"：一是打造人文重固，努力成为"上海历史记忆"和"当代文明风尚"的集成镇；二是打造生态重固，力争成为上海西部"生态养身休闲镇"；三是打造宜居重固，努力建成产业、生态、文化三者有机融合和谐发展的青浦"新型城镇示范镇"；四是打造创业重固，力争成为青浦"新兴产业培育发展镇"；五是打造智慧重固，加快建设现代化智慧城镇。

青浦区综合考虑重固镇新型城镇化项目具有可复制性、土地减量具有空间,选择该项目作为试点项目,探索青浦区 PPP 模式的操作路径。历时两年多,先后经历了尽职调查摸底、实施方案编制、明确合作内容与方式、通过竞争性谈判选择合作伙伴等流程。

(二) 合作内容

集中建设区内:在北青公路以北 2.6 平方公里的区域内,完成 10 个地块约 731 亩的"城中村"改造,可出让土地 583 亩,通过营造宜居宜业环境,提高公共服务水平,努力传承福泉古韵、打造幸福小镇;北青公路以南完成 1.4 平方公里的工业用地减量化和转型升级,整理土地 1 538 亩,可出让土地 1 309 亩,通过提升产业发展层次,打造成为"大虹桥"现代服务业集聚区的重要组成部分。

集中建设区外:农业生产区涉及总农业用地 16 000 亩,通过农村工业用地减量及宅基地置换整理土地 1 950 亩,获得 1 950 亩用地指标,通过"美丽乡村"建设,提升乡村风貌,培育集体经济组织的造血机制。

远期项目包括:一是类集中建设区规划面积 0.86 平方公里,可用土地面积 1 450 亩;二是福泉山国家遗址考古及周边土地开发。

项目总投资为 170 亿元,其中近期静态投资预估约 119.5 亿元,含"城中村"改造 29.8 亿元及其他新型城镇化项目 89.7 亿元。已经批复的一期项目总投资约 72.3 亿元。

(三) 合作要点

1. 工作机制

重固镇作为项目实施主体,负责组织编制项目实施方案及有关文件。青浦区有关部门组成 PPP 项目综合协调机构,通过联审方式对项目实施方案、补偿机制、合同条款等事项进行评审。实施方案报区政府、区委常委会审议通过,2015 年 10 月,区政府正式批复同意项目实施方案。随后,项目申报入国家发展改革委第二批重点推介的 PPP 项目库,并由重固镇在上海政府采购网通过竞争性磋商方式选定合作伙伴,2015 年 12 月 31 日,项目正式签约。2016 年 1 月,区发展改革委批复同意项目(一期)可行性研究报告。

2. 组建项目公司

项目公司注册资本金 1 亿元,其中:青浦区政府下属融资平台公司上海青浦发展(集团)有限公司占比 20%,重固镇集体经济组织上海重固投资发展有限公司占比 10%,社会资本中建联合体占比 70%。社会资本是由中国建筑股份有限公司下属的中国建筑第八工程局有限公司(占比 42%)和中建方程投资发展有限公司(占比 28%)组成的联合体。

组建重固镇新型城镇化建设基金,向项目公司提供 50 亿元的股东借款。基金中,中建联合体作为优先级 LP 出资 35 亿元,青发集团作为劣后级 LP 出资 15 亿元,GP 出资 0.05 亿元,其余资金由项目公司融资解决。其中,2016 年 3 月 14 日,经国家发展改革委审批,获得国家开发银行上海分行放款的 10 亿元专项建设基金,利率 1.2%,期限 10 年。

青浦区政府授权项目公司作为唯一实施主体,具体授权业务有:咨询策划、规划设计(含规划修编报批)、投资、土地整理、基础设施建设、公共设施建设、城镇更新(含"城中村"改造等)、产业发展、功能提升等。

3. "1+x" 模式

该项目合作采用"1+x"的模式,其中,"1"指重固镇新型城镇化项目整体以 PPP 模式实施,"X" 指为多个子项目组合(包括"城中村"改造、城市更新、土地一级开发、基础设施,公共设施建设、产业发展、城市功能提升、产业发展、新农村建设服务等),根据子项目的不同性质采用不同的 PPP 实施方式。

运营期收益可以完全覆盖总投资的经营性项目,通过授予特许经营权的使用者付费方式实施。运营期收益不能覆盖总投资的准经营性项目,通过授予特许经营权使用者付费加财政缺口性补偿方式实施。运营期不产生收益的非经营性项目,通过政府购买服务方式实施。

4. 服务费构成

服务费由专业服务费、土地整理服务费、工程建设服务费、产业发展服务费、投资合理回报及双方一致认可的其他费用组成。其中:

专业服务费指策划、规划、设计、咨询等专业服务所发生的费用,结算项目包括:专业服务费、项目公司管理费及项目税金。

土地整理服务费包括两个部分:一是动迁及征地补偿费,结算项目包括动迁补偿费、征地补偿费及与动拆迁相关的其他一切费用,项目公司管理费及项目税金。二是"七通一平"相关的基本建设费,结算项目包括按经核定建设内容范围内的概算(以区发展改革委批复为准),项目公司管理费及项目税金。

工程建设服务费指公建配套设施建设工程建设服务费,结算项目包括按经核定建设内容范围内的概算(以区发展改革委批复为准),项目公司管理费及项目税金。

产业发展服务费按导入产业的投资规模的约定比例计算,奖励费按当年产业发展财政增量的约定比例计取。

投资合理回报结合考虑合理利润与绩效考核结果,基于政府审计确认的项目公司实际完成投资额,年化回报率盯住 5 年期贷款基准利率每年浮动,并结合绩效考核结果确定。

双方认可的其他费用指不包括在上述费用范围内,但经双方一致认可的其他费用。

5. 面临的挑战

一是建设用地规模有限。上海实行最严格的建设用地控制政策,大规模城镇开发受到土地政策的严重制约。目前，重固镇建设用地占比约28%，而按照目前的郊野单元规划，新型城镇化建设用地占比要下降到25%左右，用地问题十分突出。

二是产业层级较低。重固镇现有产业以零星分布的粗放型工业为主，低端低效产业居多，工业用地产出效率低下，缺乏可以解决本地居民就业问题的核心支柱产业。同时，在城镇集中建设区内，聚集了大量低端劳动密集型产业和商业服务业，形成斑点式分布的"城中村"，产业区、居住区、商业区交织混杂，改造难度非常大。

6. 项目前期工作费用

实施方案编制（含物有所值评价和财政承受能力评价）费用87.5万元，由青浦区政府支付。项目公司支付可行性研究报告编制费用50万元。社会资本中建联合体支付社会资本采购咨询服务费327万元。

（四）案例点评

（1）中建联合体参与城镇化建设PPP项目，不同于短平快、高周转的房地产项目依托短期内提升土地价值，而需要通过长期的建设和运营，发现和提升城镇的潜在空间和投资价值。在重固镇新型城镇化PPP模式中，政府性基金以及农村集体经济也是社会资本的组成部分。项目公司中重固镇集体经济组织占股10%，今后将获得稳定的收益；同时，未来项目会将4万平方米商业用地让渡给重固镇集体经济组织，让当地农民分享城镇化"红利"。

（2）该项目创新土地增值收益分配机制。按照"存量收益归街道、增量收益用于功能提升"的原则，具体指：存量收益指自然增值部分或由于土地规划参数调整带来的级差收入，由政府主导分配；增量收益指新增功能性项目及高标准公共设施建设运营、产业功能导入带来的增值部分，由项目公司享有。在政府承担主要风险的领域，设计公共资源决策管理及干预机制，仅让社会资本获得较低的无风险收益,确保政府"守土有责"。市场化项目有效保障项目公司经营决策权,激励社会资本高水平运营,享有绝大部分收益,但需要承担市场风险。

(3)选择综合实力突出的社会资本。选择的社会资本是中建集团下属公司组成的联合体,正在谋求转型发展,将该项目作为样板,深耕青浦,能够较好地平衡短期和长期利益、经济利益与社会效益。社会资本有能力在规划方案、功能定位、招商、建设、运营、管理、融资方面为政府整合优质资源和服务。

(4)聘请专业服务机构。全过程PPP咨询服务机构是上海投资咨询有限公司,法律顾问是北京大成(上海)律师事务所,还提前请国家开发银行等金融机构提供融资建议。实践表明,专业服务机构为政府提供了客观、科学、公正的咨询意见,有助于促成项目依法合规,对项目长期高效运行构建了合理规范有效率的机制保障。

四、案例4:池州污水处理及市政排水PPP项目

(一)项目背景

国务院2013年9月印发《国务院关于加强城市基础设施建设的意见》(国发〔2013〕36号),明确要求通过特许经营、投资补助、政府购买服务等多种形式,吸引包括民间资本在内的社会资金,参与投资、建设和运营有合理回报或一定投资回收能力的可经营性城市基础设施项目。因此,污水处理设施的投资、建设和运营等环节的进一步向市场开放,是中央和各地政府努力推进投融资体制改革的大方向。

为解决池州市城市基础设施存在的总量不足、标准不高、运行管理粗放等问题,加强城市基础设施建设、提高城市运行效率、推动经济结构调整和发展方式转变,池州市人民政府拟采取PPP模式

实施池州市主城区污水处理及市政排水购买服务项目。池州市人民政府授权市住建委，采用邀请招标方式选择项目的投资合作伙伴，投资人与市政府授权主体共同组建项目公司购买项目资产，同时市住建委将向项目公司授予特许经营权。

(二) 项目实施的必要性

(1) 利用存量资产与社会投资人合作，可以盘活主城区污水处理及市政排水设施存量资产，进一步理顺池州市污水处理服务费和排水设施服务费收支体制，建立完整的政府购买服务体系。

(2) 资产转让获得的资金既可以偿还池州市建设债务，也可以用于城市基础设施建设，开辟了城市基础设施建设新的融资渠道，缓解池州市财政压力。

(3) 引入社会战略投资人，利用战略投资人的资源，可以解决新建污水项目缺乏建设资金的现实问题，并且能充分发挥其专业分工的优势，利用其成功的技术和管理经验，提高项目资源的使用效率和经济效益。

(4) 通过开发市场引入竞争，有利于提高污水处理及排水设施服务质量和池州市排水体系的总体运行效率，为池州市公用事业改革积累成功经验，加快池州市公用事业的市场化进程，有利于池州市公用事业快速发展。

(三) 整体思路

(1) 厂网一体。试点项目采用"厂网一体"运营模式，将污水处理厂和排水管网项目整合打捆，通过招标选择合作伙伴，购买市政公用设施运营维护管理服务。通过"厂网一体"实现排水管理行政权力归集和运营主体合一，理顺管理体制。

(2) 存量增量一体。存量资产为主城区已建污水处理厂 2 座 (10 万吨/日)、已建排水管网 750 公里、已建污水泵站 7 座 (10.45

万吨/日），项目总资产约 7.12 亿元；增量项目为新建污水处理厂 3 座（6.5 万吨/日）、新建排水管网 554 公里，新建项目总投资 13.42 亿元。

（3）市县一体。项目分两期实施，一期范围为主城区（市本级），已建资产 7.12 亿元，新建项目总投资 13.42 亿元；二期已建资产 13.92 亿元，新建项目总投资 6.99 亿元。待一期项目落地后，正式启动二期项目推进。

（4）建管分离。采取政府购买服务后，政府相关部门由过去的"既当裁判员、又当运动员"向"只当裁判员"转变，政府部门专注于做好监管和督查，进一步提升建设、运营效益。

（四）基本模式

根据住建部、财政部对池州市市政污水处理厂网一体化项目整体招商的要求，该项目采用"PPP＋特许经营"的模式进行运作。具体为：

（1）池州市人民政府或授权主体与选定的投资人合资组建项目公司。

（2）池州市人民政府授权市住建委与项目公司签署《特许经营协议》，授予项目公司特许经营权。项目公司购买已建污水处理厂及排水设施；在特许期内投资建设规划中的污水处理厂及排水设施等；负责运营、维护和升级改造污水处理厂及排水设施；项目公司在特许经营期结束后将正常运行情况下的上述设施无偿移交给池州市人民政府或其指定机构。

（3）由产权所有人与项目公司签署《资产转让协议》，将主城区已建的清溪污水处理厂（一期、二期）、城东污水处理厂、排水设施等转让给项目公司。

（4）池州市人民政府或其授权主体根据项目公司提供服务情况向项目公司支付购买服务费。

鉴于改扩建项目、新建项目存在不确定性，本次项目招标及《特许经营协议》签订的核心内容是围绕已建污水处理厂及排水设施，对于改扩建项目、新建项目仅做原则性约定，待这些项目条件成熟后，参照《特许经营协议》中约定的相关原则，另行签订补充协议。

（五）交易结构

该项目一方面应符合国有资产产权转让的要求，另一方面还应符合国家关于公用设施产业化特许经营政策的有关规定，所以该项目在实施中需要将已建设施的资产产权转让和授予特许经营权同步进行，确定的交易结构见图8.5。

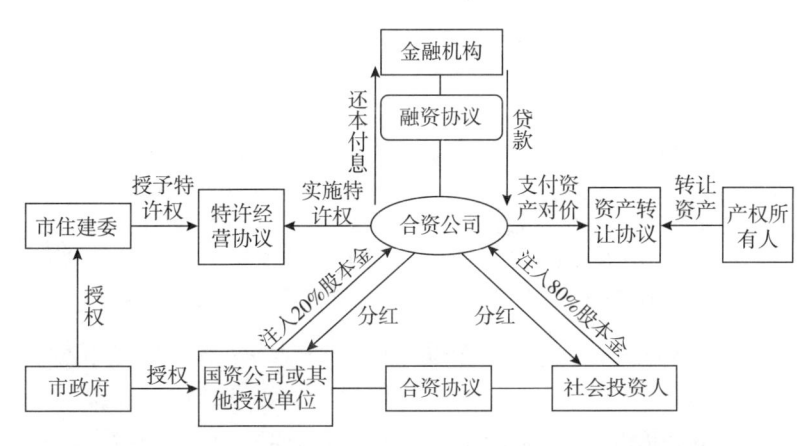

图8.5 池州市市政污水处理厂网一体化项目的交易结构图

（1）通过公平、公开、公正、择优的原则，采用邀请招标的方式选择项目合作伙伴。

（2）中标人和市政府指定主体在池州市合资组建项目公司，按照80%：20%比例签署合资合同和章程，并注入资本金。

（3）如果使用财务杠杆，项目公司应与金融机构签订融资协议，融资金额为资产转让价款与资本金之间的差额。

(4) 市住建委与项目公司签订《特许经营协议》，授予项目公司独家的特许经营权，由项目公司自行承担费用、责任和风险，负责池州市主城区已建污水处理厂及排水设施的运营和维护以及新建项目的投融资、建设和运营维护，并取得购买服务费。特许经营期满终止时，项目公司应将主城区污水处理厂及排水设施的所有权、土地使用权无偿、完好、无债务、不设定担保地移交给池州市人民政府或其指定机构；项目公司通过在特许经营期内取得购买服务费，补偿经营成本、还本付息（若有）、回收投资、应缴税金和获取投资回报。

(5) 项目公司与产权所有人签订《资产转让协议》，项目公司购买已建污水处理厂及排水设施等资产并支付转让费用，转让费用由项目公司股东资本金出资和融资解决。

（六）投标人的选择

参与项目的投标人应具备以下资格：

(1) 投标人应是该项目招标文件购买人，且应是独立法人。该项目不接受联合体投标。

(2) 投标人应具有良好的银行资信、财务状况以及相应的融资能力，截至 2013 年 12 月 31 日，净资产不低于 3 亿元人民币。

(3) 具有良好的业绩。截止 2014 年 6 月 30 日，在中国大陆地区，投标人应具有城市污水处理厂的投资、建设和运营经验与业绩（投资、建设和运营 3 项经验须至少具备两项），且已经成功运行一年以上；具备城市排水设施运营的经验与业绩，且已经成功运行一年以上；应具有实施该项目所需的技术能力、管理能力和融资能力。

(4) 在近 3 年（2011 年 6 月以来）内没有发生过重大生产安全和质量事故、或因违犯法律法规受到处理的事件。

该项目拟采用邀请招标的方式确定投资人，选定的邀请对象为：北京城市排水集团有限责任公司、深圳水务（集团）有限公司、首创股份有限公司和安徽国祯环保股份有限公司 4 家。

（七） 主要时间节点

池州市市政污水处理厂网一体化项目的主要时间节点表如表 8.7 所示。

表 8.7　池州市市政污水处理厂网一体化项目的主要时间节点表

时间	事项
5 月 28 日	咨询机构入场开展工作
6 月 4 日~7 月 11 日	调研、方案制作、财务测算、招标文件编制
7 月 11 日	发售招标文件
7 月 17 日	招标文件澄清会议
7 月 18 日	调研组深入池州调研
8 月 9 日	项目开标及评标，深圳水务为第一候选人
9 月 15~16 日	第一轮谈判（深圳）
9 月 23~24 日	第二轮谈判（池州）
10 月 15~16 日	第三轮谈判（池州）
11 月 11 日	第四轮谈判（池州）
12 月 12 日	特许协议、资产协议草签，合资协议正式签订
12 月 29 日	特许协议、资产协议正式签订

（八） 案例点评

（1）住建部和财政部两部委的示范项目，是财政部 30 个试点之一，安徽省是国家发展改革委的试点省，因此池州项目也得到了国家发展改革委的重视。

（2）城市污水管网第一次实行市场化特许经营，管网和污水厂打包实行市场化特许经营也是第一次。这是住建部城建司主推的模式。污水管网实行政府购买服务模式，新增管网和旧网改造也实行同样模式。

303

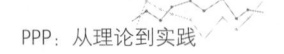

（3）项目公司实行混合所有制，社会资本占80%，政府指定机构持股20%。

（4）4家投标人参加竞标，北排、深圳水务和首创竞争激烈，充分竞争。

五、案例5：开封市民生养老院 PPP 项目

（一）项目背景

该项目拟建成开封市规模最大的养老服务机构，面向社会提供1 500张养老床位及多元的养老服务，以缓解养老服务的供求紧张局面。同时通过政府和社会资本合作更好地为社会公众提供优质养老服务，不断满足老年人持续增长的养老服务需求。2015年1月23日，开封市民生养老院PPP项目入选河南省PPP推介项目（第一批），是河南省在全省范围内重点建设的两个养老PPP项目之一。2015年5月28日，该项目入选开封市首批PPP推介项目。

（二）建设内容与规模

该项目位于开封市金明大道与郑汴路交叉口东南300米处，开封市社会福利园区内，项目占地70.95亩。项目分主体工程和政府配套工程两部分：主体工程占地约43.86亩，建筑面积34 400平方米，地下车库7 200平方米，拟建设综合楼、康复楼、智障老人公寓楼、家居养老楼、自理型老人公寓及配套设施等。政府配套工程占地约27.09亩，建筑面积21 250平方米，拟建设两栋老年养护楼和两栋综合服务楼。建设工期为两年，预计2018年建成。

（三）项目进展

该项目现已按基本建设程序完成立项、规划、土地、环评、能

评、可研、初步设计等大部分前期审批手续。现已按 PPP 程序完成项目识别、项目准备及项目采购，正处于项目执行阶段。

（四）项目基本信息表

开封市民生养老院 PPP 项目基本信息表如表 8.8 所示。

表 8.8　开封市民生养老院 PPP 项目基本信息表

项目	内容
项目名称	开封市民生养老院 PPP 项目
项目类型	新建
所属行业	养老产业
总投资	该项目总投资为 2.2 亿元，包括土地费用 2 870 万元；主体工程投资为 15 330 万元，由社会资本全部投资；政府配套工程投资为 3 800 万元，其中社会资本投资 2 370 万元，中央投资 1 430 万元。社会资本总投资为主体工程投资 15 330 万元和配套工程投资 2 370 万元，共计 17 700 万元
建设内容	该项目位于开封市金明大道与郑汴路交叉口东南 300 米处，开封市市社会福利园区内，项目占地 70.95 亩。项目分主体工程和政府配套工程两部分建设：主体工程占地约 43.86 亩，建筑面积 34 400 平方米，地下车库 7 200 平方米，拟建设综合楼、康复楼、智障老人公寓楼、家居养老楼、自理型老人公寓及配套设施等。政府配套工程占地约 27.09 亩，建筑面积 21 250 平方米，拟建设两栋老年养护楼和两栋综合服务楼。建设工期为两年，预计 2018 年建成
产出标准	正式投入运营后，拟向社会提供 1 500 张养老床位及养老服务，其中 1 000 张床位由项目公司市场化自主经营，项目实施机构保留 500 张床位，并按照 PPP 协议的约定，一部分床位面向基本养老服务对象（"三无老人"、低收入老人、经济困难的失能半失能老人），由项目公司负责为其提供基本养老服务，另一部分床位以附加床位补偿的方式交付项目公司，通过市场化自主经营增加项目收益

(续表)

项目	内容
运营服务范围	提供的养老服务内容包括：个人生活照料服务、老年护理服务、心理/精神支持服务、安全保护服务、环境卫生服务、休闲娱乐服务、协助医疗护理服务、医疗保健服务、家居生活照料服务、膳食服务、洗衣服务、物业管理维修服务、陪同就医服务、咨询服务、通讯服务、送餐服务、教育服务、购物服务、代办服务、交通服务等
合作期限	30年（含建设期两年）
运作方式	项目运作方式为BOT，即： （1）项目实施机构依法选定社会资本，由社会资本独立出资设立项目公司。项目实施机构与项目公司正式签署PPP协议，并授予项目公司该项目的特许经营权 （2）经营期内，项目实施机构负责该项目配套工程的部分投资（中央投资）和建设，项目公司负责该项目的主体工程全部投资建设和配套工程的部分投资，以及全部项目设施的运营、维护和管理，并通过使用者付费收入以及财政补助收回投资并获得合理回报 （3）合作期满后，项目公司将项目设施无偿、完好地移交给项目实施机构或政府指定的其他机构
回报机制	项目回报机制为可行性缺口补助，社会资本取得投资回报的资金来源包括： （1）使用者付费收入 包括市场化养老服务收入，"三无老人"基本养老服务收入，养老相关服务收入和配套商业设施经营收入 （2）项目差额收益补偿 从500张基本养老服务床位中取得满足预期数量（255张）的附加床位进行实物补偿或在附加床位数量不足时，以附加床位对应产生的年度预期收益进行货币补偿 （3）政策性补贴 即根据《开封市人民政府关于加快推进社会养老服务体系建设的意见》（汴政〔2013〕16号）规定，可依法享受的建设补贴（自建每张2 000元，分5年）和床位运营补贴（每位600元/年）

(续表)

项目	内容
实施机构	开封市民政局
采购方式	公开招标
中选社会资本	河南宏锦源实业集团有限公司、河南中城建设集团股份有限公司联合体
签约日期	2016 年 7 月 14 日
项目公司设立概况	公司名称：开封市福祉养老服务有限公司 设立时间：2016 年 7 月 13 日 股权结构：河南宏锦源实业集团有限公司持股 90%；河南中城建设集团股份有限公司持股 10%

（五）交易结构

开封市民生养老院 PPP 项目的交易结构图如图 8.6 所示。

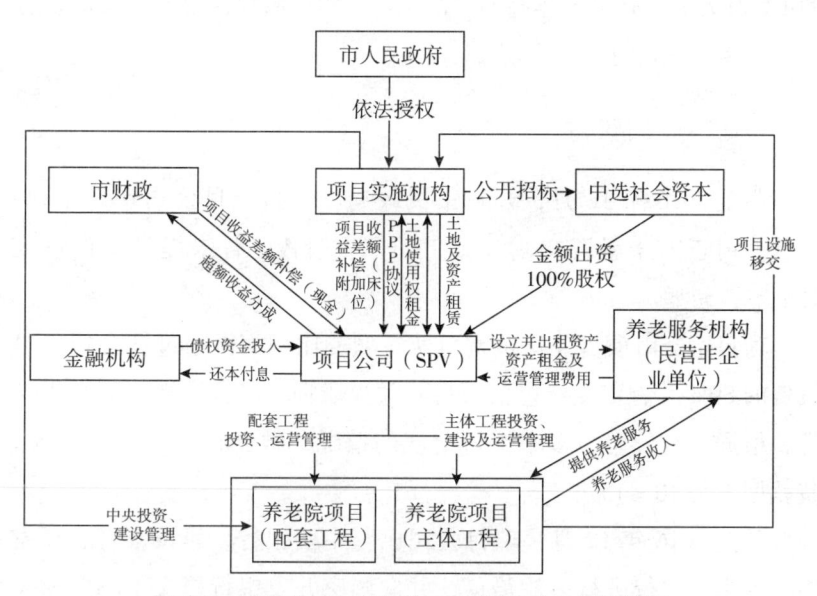

图 8.6 开封市民生养老院 PPP 项目的交易结构图

（六）实施过程

1. 政府方组织保障

2015年9月，经市政府授权批准市民政局为项目实施机构，主要负责项目的具体实施，包括实施方案编制和报批、采购文件的编制、组织政府采购、谈判与合同签署、项目执行和项目移交等工作。2015年10月，成立了PPP工作领导小组，负责整个项目的统筹和决策。领导小组由开封市副市长任组长，市民政局、市财政局、市发展改革委、市国土局等相关部门负责人组成，通过建立良好的沟通协调机制，有力保障了项目的顺利推进。

2. 项目公司设立情况

项目公司由中选社会资本（河南宏锦源实业集团有限公司和河南中城建设集团股份有限公司）在开封市共同出资设立，注册资本为1 000万元。社会资本持有项目公司100%股权，政府不参股，也不委派相关人员进入管理层。

（七）时间进度

截至2016年12月，开封市民政局已交付项目公司建设用地，项目公司正处于融资交割和施工图审查阶段，暂未提供建设进度计划。

项目融资由项目公司负责落实，融资比例不得超过社会资本总投资的80%。融资支持包括项目收益权质押、股权质押、股东担保等，根据项目公司与多家银行洽谈的情况，融资利率约6%~7%，贷款期限为10~15年。

截至2016年12月，项目公司已与中国银行、建设银行、浦发银行等多家银行进行多轮洽谈，并向国家开发银行提交了融资相关材料，金融机构未完成审批，项目融资交割尚未完成。

（八）主要问题

（1）养老相关优惠政策的享受主体主要为非营利性养老机构（民办非企业单位）而非项目公司。根据《国务院关于加快发展养老服务业的若干意见》（国发〔2013〕35号）、《河南省人民政府关于加快发展养老服务业的意见》（豫政〔2014〕24号）、《开封市人民政府关于印发进一步加快发展养老服务业意见的通知》（汴政〔2015〕33号）等文件，只有非营利性养老机构才能享受所得税、房产税、土地使用税等多方面税费优惠政策。然而对于养老PPP项目来说，社会资本需设立项目公司才便于向金融机构融资，而项目公司无法获得相关政策优惠，只能另行设立非营利性养老机构来提供养老服务。为增强养老PPP项目对社会资本的吸引力，建议承担了社会公益责任的项目公司也能直接享受养老相关优惠政策。

（2）土地租赁期限受限于《合同法》，无法与PPP项目合作期限匹配。开封市民生养老院PPP项目的建设用地由市民政局以划拨方式取得，并与项目公司签订土地使用权租赁合同，有偿提供给项目公司使用。根据《合同法》的规定，租赁期限不得超过20年，租赁期届满时只能根据PPP协议确定的合作期限再续签租赁合同。建议《合同法》能针对PPP项目将租赁期限放宽，以满足PPP项目全生命周期的需要。

（3）主要依靠使用者付费的PPP项目，民营资本融资难度较大。该项目主要依靠使用者付费，财政提供的可行性缺口补助为实物补偿；土地为划拨用地，项目资产权属归开封市民政局，通过有偿租赁提供给项目公司使用；民营资本自身融资能力也较为有限。虽然民政部联合人民银行等五部门印发的《中国人民银行、民政部、银监会、证监会、保监会关于金融支持养老服务业加快发展的指导意见》（银发〔2016〕65号）中第（十一）条指出，拓宽养老服务业贷款抵押担保范围。鼓励银行业金融机构积极开展应收账款、动产、知识产权、股权等抵质押贷款创新，满足养老服务企业多样化融资需求。民政部、国家开发银行也印发了《关于开发性金融支持社会养老服务体系建设的实施意见》（民发〔2015〕78号），提出为养老项目提供融资，但现实中的金融机构仍有诸多顾虑，造成民营资本融资难度较大。建议银行业金融机构应充分响应和落实已出台的相关政策，为民营资本提供融资支持。

（九）案例点评

1. 发挥了民营资本参与PPP项目的积极性和主动性

养老服务属于新兴的朝阳产业，加上该项目总投资额2.2亿，投资规模不大，对国企、央企的吸引力有限，但也说明具有经营性、投资规模适中的PPP项目非常适合民营资本的参与。民营资本只要能转变观念，认同PPP长周期、低风险、低回报的项目特性，就能与政府形成良好的共赢合作局面。

2. 项目兼具市场经营性和社会公益性，保障了"三无老人"的基本养老需求

主体工程完全由社会资本投资建设，建成后主要用于市场化经营；配套工程由中央财政资金和社会资本共同投资建设，建成后作为政府配套设施供社会资本使用，以此换取用于为"三无老人"提供基本养老服务的500张床位，保障了市本级"三无老人"的基本养老需求。

3. 以实物补偿替代货币补偿，创新了可行性缺口补助方式

配套工程可提供养老床位500张。在满足"三无老人"基本养老需求的前提下，根据社会资本投标报价，将一定数量的空余床位交由社会资本进行市场化经营，以实物补偿替代货币补偿，既解决了"三无老人"需求难以估计的难题，也灵活利用了项目资源，在提高社会资本收益水平的同时也减少了政府财政支出。

4. 通过项目超额收益分成,增加了财政收入

对于 500 张基本养老服务床位,扣除"三无老人"使用的和已作为项目差额收益补偿的附加床位,如果还有剩余的床位,则作为超额收益床位使用,政府可以根据超额收益床位产生的收益,获得 80% 的项目超额收益分成,这样既增加了项目公司的收入,也增加了财政收入。

六、案例 6:宁波"五路四桥"存量 PPP 项目

(一)项目背景

宁波"五路四桥"存量项目系城市交通组合项目,包括东外环路、南外环东延、惊驾-城庄路、机场路北延、通途路西段、通途路高架工程,于 2005 年开工建设、2011 年年底竣工通车,属于已经建成的存量资产转型的 PPP 项目。

该项目建设总投资约 139.14 亿元(含建设期财务成本),于 2005 年开工建设、2011 年年底竣工通车,目前养护与运行正常。本次 PPP 转型总投资约 117.04 亿元(项目总投资 139.14 亿元扣除到位资本金 22.1 亿元),分两个子项同步实施。子项一投资额为 64.53 亿元,包括东外环路、通途路西段和通途路高架工程;子项二投资额为 52.51 亿元,包括南外环东延、惊驾-城庄路、机场路北延和机场路快速干道工程。

(二)融资结构

2016 年 11 月,上海国际信托有限公司与中国人寿资产管理有限公司中标宁波"五路四桥"存量 PPP 项目,项目内容为位于宁波的七项存量公路桥梁工程的有偿转让后的投融资、运营维护和移交。

该项目各子项分别成立项目公司,都由宁波通途投资开发有限

公司出资1 000万元全资设立，之后再由社会资本方增资扩股，每个子项目增资不少于3 000万元。完成增资后，由各项目公司分别受让存量项目，转让价款即为PPP项目投资，并由项目公司开始负责相关公路、桥梁的运营维护工作。投资回报主要为政府给予的可用性补贴、运营维护补贴以及如设施临时租赁、沿线广告发布等其他收益。本项目的融资结构图如图8.7所示。

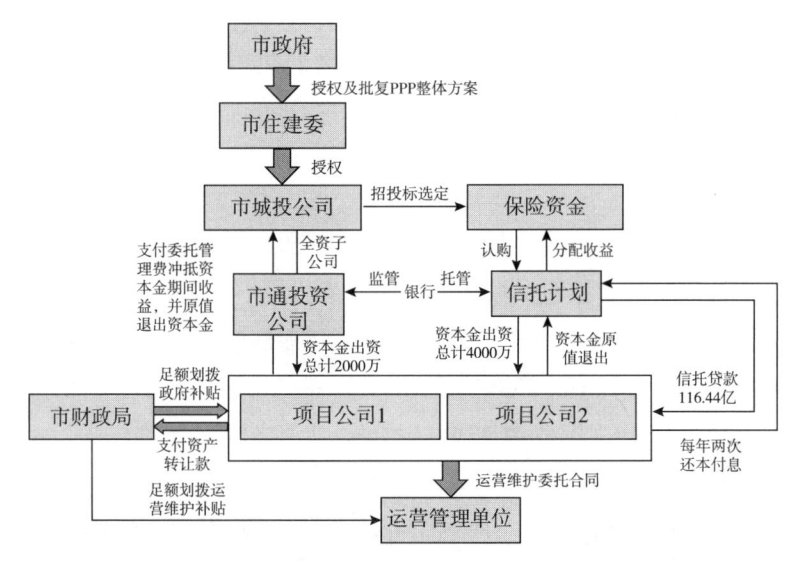

图8.7 宁波"五路四桥"存量PPP项目的融资结构图

（三）案例点评

该项目的建成通车对疏通城市交通瓶颈、提高城市路网通行效率、构建完善的城市骨架具有十分重要的意义。可深化投融资体制改革，促进政府职能转变，鼓励社会资本积极参与提供公共服务，充分发挥政府和社会资本各自优势，提高公共服务的供给质量和效率。该项目运用TOT方式，将存量公共服务项目转型为PPP项目，引入社会资本，将政府性债务转换为非政府性债务，减轻地方政府的债务压力，是PPP模式的又一成功范例。

七、案例7：青岛地铁4号线项目

（一）项目背景

青岛市地铁4号线PPP项目是保险资金自主参与并成功中标的首单基金类轨道交通地铁PPP项目，且入选二十部委联合公布的全国第三批PPP示范项目。总投资约181.90亿元，线路全长30.7千米，是青岛市主城区东西向骨干线，对缓解青岛市城市交通紧张局面，改善居民出行结构，构筑青岛市现代化快速交通体系等方面具有重要意义。

（二）融资结构

2016年10月26日，中国人寿中标青岛地铁4号线PPP项目后，将持有"青岛地铁4号线基金"优先级LP份额，占比58.33%。该基金将与青岛市政府、施工方设立项目公司，负责青岛市地铁4号线PPP项目的投融资、建设与运营。该项目是中国人寿与青岛市政府签署全面战略合作协议后，第一次与青岛市的直投项目合作。青岛地铁4号线项目的融资结构图如图8.8所示。

（三）案例点评

该项目提升了保险资金支持国家基础设施PPP项目建设的力度，为保险资金参与PPP项目投资积累了宝贵经验，行业及社会影响度广，具有标志性及示范性意义。

通过保险资金出资优先于政府及施工方出资的结构化安排，保证了保险资金的安全性，并通过纳入青岛市财政预算与中长期财政规划的可行性缺口补助安排，借助青岛市政府信用和安全性高的优势，起到了行业引领作用，具有较强的可复制性，可在全国其他重点城市的基础设施投资领域，特别是轨道交通地铁领域内复制推广。

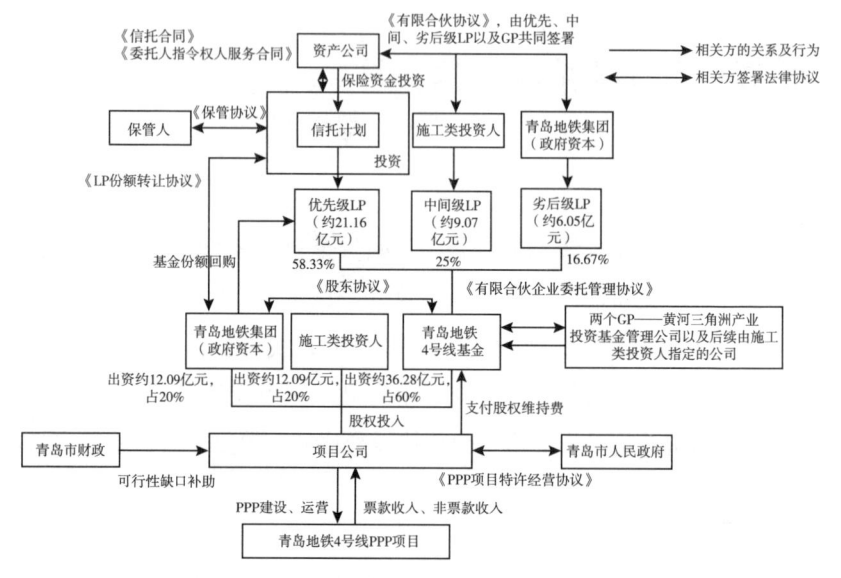

图 8.8　青岛地铁 4 号线项目的融资结构图

八、案例 8：上海自来水浦东公司股权转让国际招商项目

（一）招商背景

1. 2000 年 5 月，上海市水务局成立

在水务局成立之前，上海水务体制是"五龙管水"：公用局管城市供水、市政局管排水及污水处理、水利局管河道治理、地矿局管地下水、环保局管污水排放，而这些部门从属于不同的委、办。作为上海市政府机构调整的一部分，在水利部的直接指导下，上海市成立对水资源进行统一管理的政府主管部门市水务局，建立了从水源地到城市供水、排水、污水处理、河道治理及回收利用的"一龙治水"政府管理模式。2001 年 6 月 23 日，上海历史上第一个《上海市水资源综合规划纲要》通过专家评审。

2. 2000年11月，上海水务资产经营发展有限公司成立

为适应上海公用基础设施项目投融资体制及国有资产管理体制深化改革的需要，上海城投将历年投资所形成的水务行业大部分资产投入组建全资子公司上海水务资产经营发展有限公司。该司注册资本90亿元，肩负上海水务行业"筹集建设资金、盘活存量资产、监管国有资产"三大任务。

3. 国际资本青睐水务行业投资项目

网络泡沫破灭后，大量国际资本四处寻找投资渠道，由于对"新经济"的认识发生改变，能提供长期稳定预期回报的水务类基础设施项目受到国际资本的青睐。中国经济增长速度在未来较长一段时期内将高于世界平均水平，上海浦东新区的特殊地位对国际水务巨头有很强的吸引力。浦东自来水项目作为国内首次将水厂和管网纳入合资范围的区域性合资项目更具有标志性意义。经资格预审后，法国威望迪水务集团（Vivendi）、苏伊士昂帝欧集团（Suez Ondeo）、泰晤士水务公司（Thames Water）等3家公司从众多竞争者中脱颖而出，作为招商申请人参与本次招商。

4. 国内强大的资本供应能力使资金不再稀缺

国内资本市场经过十年发展，目前的市场规模和市场承受能力已能够容纳可提供长期稳定预期回报的基础设施类大盘蓝筹股，为利用国内资本市场进行大区域全行业的存量资产改制上市提供了可能。国内非国有经济及混合经济经过20年的发展，为通过国有资本部分退出，盘活存量资产提供了大量潜在的合作伙伴。引进资金不再是利用外资的最主要目的，本次招商的主要目的是选择具有本行业核心竞争力的国际一流的战略合作伙伴，引进先进技术和管理经验，向居民提供优质高效的供水服务。

5. 供水价格有适当调整空间

上海虽水系发达、水资源丰富，但由于受水污染影响，全市人

均可利用的饮用水有限，是一个典型的水质型缺水城市。为缓解本市供水矛盾，保障经济和社会的可持续发展，必须加强节约用水。适当调整水价有利于增强全社会保护和合理利用水资源的意识，促进节约用水，加快实现节水型城市的目标。为促进供水行业有效实现市场化运作，改变长期实行的保本微利的定价政策势在必行。

6. 浦东地区有良好的投资环境

浦东开发已进入第 12 个年头，浦东新区经济、金融、文化和科技的快速发展为世人所瞩目。2000 年，浦东新区 GDP 达到 920.52 亿元，人均 GDP 达 4447 美元，年均增速超过 20%。21 世纪二三十年代，浦东新区将建成具有世界一流水平的外向型、多功能、现代化的新城区。上海市自来水浦东有限公司位于国内改革开放的最前沿，浦东新区未来的飞速发展将使该公司服务区域内的用水需求量大幅增加，从而大大提高其主营业务收入。公司成立之初，据预测，2005 年浦东新区的常住人口将达 260 万，之后几年内公司的供水量将以每年 3%～5% 的速度递增。诱人的发展前景必将吸引国外众多水务行业巨头前来投资。这正是时代赋予浦东公司的大好发展机遇。跨国公司通过直接投资的方式进入国内的供水行业，必然会带着战略眼光来进行地域选择。从这一角度讲，上海自然是其首选。浦东新区是国家级的经济特区，改革开放已有十多年的历史，已形成了良好的投资环境，这可以更好地保障外商利益，减少投资风险。同时，新区政府和国家有关政府部门提供了各项优惠政策，又可在很大程度上降低外商投资的先期投入成本。上海市自来水浦东有限公司自身所处的得天独厚的地理优势将对外商产生强烈的吸引力。

（二）上海市自来水浦东有限公司简介

1999 年 10 月，为在全市范围内形成"优质优价、竞价上网"的竞争格局，上海市政府将按事业单位管理的原上海市自来水总公司裂变为浦东、市南、市北、闵行 4 家区域性的国有独资有限责任公司。上海市自来水浦东有限公司于1999年11月12日正式成立，公司目前为上海水务资产经营发展有限公司的全资子公司。公司成立时间虽不长，但其历史可追溯至1935年9月德商设计并建造的浦东水厂。截至2000年12月31日，公司现有主业单位8家，其中5家为非独立核算单位（浦东水厂、临江水厂、凌桥水厂、泵站管理所、营业所），另3家为独立核算单位（浦东供水管理所、上海上水自来水特种工程有限公司、上海浦茂自来水工程有限公司），直属独立核算多种经营企业4家（上海申波自来水物探工程技术有限公司、上海自来水贸易公司、上海自来水广告公司、上海风顺房地产开发经营公司）。截至2001年12月31日，总资产24.3亿元，所有者权益16.9亿元，流动负债6.9亿元，长期负债0.5亿元，资产负债率28.4%。2001年度实现主营业务收入2.0亿元，主营业务利润0.25亿元，其他业务利润0.48亿元，净利润0.13亿元，净资产收益率为0.77%。

公司担负着浦东城市化地区的供水服务任务，服务区域北起凌桥、南至陈行、东至外环线、西至黄浦江，另特供浦东国际机场，供应面积319平方公里。随着浦东地区城市化的飞速发展，供水区域内常住人口从1992年的81.7万增加到2001年11月的171万。公司计划收购浦东新区自来水公司，该公司目前供应面积160万平方公里，供应人口50万。

（三）招商目的

1. 推进上海水务行业投融资体制改革

建国以来，我国的供排水行业基本实行由政府垄断经营的管理体制，企业由政府组建，投资由政府拨款，价格由政府制定，盈亏由政府统包，企业基本没有经营风险可言。同样，上海自来水企业长期在计划经济模式下运营，管理水平、管理效率和经济效益相对低下，经营机制不能适应市场竞争的客观要求。随着我国改革开放的不断深入，需要再造适应市场经济客观要求、特别是能迎接 WTO 挑战要求的企业经营机制，水务行业的现代企业制度改革势在必行。浦东公司以对外合资为契机，变单一的国家拨款为直接、间接融资、吸引外资和产权转让等多种方式的融资形式，努力为公共产品行业投融资体制改革做出探索。

2. 引进先进的专业技术和管理理念、管理方法

中国水务市场的前景，吸引了国际上众多著名的水务企业，各大水务公司纷纷抢滩中国市场，有的公司已为之做了近十年的前期试进入工作，积累了很多适应中国市场的经验。浦东公司有意与外商合资消息一传出，就有中法水务公司（Sino French Water）、法国威望迪集团、美国地球工程公司（Earth Tech）、英国泰晤士水务公司等多家国外大公司前来洽谈合作事宜。通过与国际上先进的水务企业合资经营，在引进先进的专业技术的同时，可以嫁接适应市场经济、符合国际惯例的先进的管理理念、管理手段、管理方法，促进整个行业管理、经营水平的提高。

3. 探寻符合市场规律的融资渠道

水务行业的项目，资金需求非常大。采用国际上常用的股权转让、BOT 等方式，能够吸引巨额外资，进一步滚动盘活资产存量及筹资建设新项目，走活上海水务行业投融资改革一盘棋，以期逐步改变本市城市水务基础设施的面貌。

4. 在浦东新区树立水务企业机制和管理创新的良好形象

浦东新区为国内外所瞩目，具有特殊的先发效应。选择上海市自来水浦东有限公司作为吸引外资的试点企业，较为符合浦东的开放特性，具备多种有利条件和广泛社会影响。浦东地区的水厂、管网大都在近十多年中采取规模化建设，并且随着城区的不断扩大，世界跨国公司在浦东的投资项目日趋增多，张江高科技园区、金桥出口加工区等园区的快速扩容和发展，浦东机场、磁悬浮列车等特

大型建设项目的建成,迫切需要符合国际惯例、按市场经济规律运作的自来水企业。浦东新区也是各项改革政策的试验区,诸如设立外资银行、"一桥三区"等,都取得良好的试验成果。可以预期,自来水行业的对外融资和中外合资,也将会取得良好"示范效应"的收效,在浦东新区组建中外合资企业,采用国际惯例运作,对于树立水务企业机制和管理创新的良好形象,以致推动整个行业改革进一步深化,将产生积极影响。

5. 应对加入 WTO 后的市场竞争

我国加入 WTO,面对国际上众多跨国水务集团的竞争态势,供排水企业国有独资、保守落后的体制和垄断格局再不打破,自来水企业将有可能失去竞争能力,拱手让出市场。因此,加快体制改革、机制创新是一项紧迫任务。

(四) 积极意义

1. 争取最大外汇现金流量,并尽可能按国际惯例进行操作

与以往中方投入土地、厂房,外方投入资金、设备和技术的合资方式不同,浦东公司采用部分股权转让方式,组成新的合资企业,转让股权权益所得资金由中方收回。这一跨国并购的行为涉及双方并购过程中的许多法律程序和规范文本,必须以符合国际惯例的操作手段方可达到预期目的。

2. 力求提高经营管理水平

在引进资金投入的同时,还需选择国际先进的制水、供水技术和现代化管理的成功经验。提高经营管理水平和效率,降低生产和管理成本,降低管网系统的漏失率,并能进一步配合对水厂、管网的改造,改善水质,提高和改善人民生活水平。

3. 保持社会基本稳定

组建中外合资经营的水务企业,首先是要保持原自来水浦东公

司的职工群众平衡过渡，合理安置，不影响现有的生产。同时还要保持供水区域的管理平衡过渡，保障浦东开发建设的稳定局面。

4. 提高水务行业技术和管理水平

引入国际先进的水务企业管理和技术，将在行业中形成有益的市场竞争体制和市场运作模式，形成投资主体多元化的现代企业制度模式，促进水务企业体制改革进一步深化，进而全面提升水务行业的技术、管理和经营水平。

5. 提高企业赢利水平

目前，自来水浦东公司净资产值达18亿元人民币，年利润率仅为约0.5%，属于微利型企业。从国外一些跨国水务集团的投资意向报告分析，中外合资后，将从降低成本、加强管理、提高经营能力等方面，全面提高企业的经营利润，预计将在2~3年内达5%以上的利润率，基本接近国外先进同业的利润水平。

（五）前提条件

（1）外商投资人需以自有资金一次性受让股权。

设置目的：可以使中方及时取得大量的资金，盘活存量资产，用于水务行业其他重大项目投资。

（2）外商投资人具备有关自来水企业方面的先进技术和管理经验。

设置目的：该项目引进外资的一个重要目的，是在盘活存量资产的同时引进国外水务行业先进的生产技术和工艺、以及先进的管理经验和理念。通过合资，以合资公司先进的管理和生产模式为典范，深化上海乃至全国水务企业在生产和管理上的改革，改进技术，改善管理，提高和优化服务，完成向市场化转型的目标。

（3）合资公司双方按比例共享利益、共担风险和亏损。

设置目的：一是吸取原BOT项目保证固定回报所产生的问题的

经验教训，二是通过中外双方共担经营风险、共享利益，外方在追求利润最大化的驱动下，能够更加积极主动地将先进的技术和管理注入合资公司。并且能够客观地从合资公司本身的利益和情况出发，制定合资公司的发展战略，使用先进的技术和管理模式，从而使中方引进先进技术和管理的目的得以实现。

（4）合资公司经营期限最长不得超过 50 年，期限届满如需延长，依照双方约定。

设置目的：自来水行业属于公用事业行业，具有初始投入巨大、回收期比较长的特点。上海市自来水浦东有限公司的发展需要巨大的资金投入，包括设备更新、技术引进、管理和服务系统提升。这些投入需要在短时期内完成。为了保证短时期的巨大投入不给公司的运营和社会造成巨大的压力，避免造成合资公司财务上的不平衡及现金流的不稳定，影响合资公司的融资偿还能力，中方考虑延长合资期限，给外方一个长期稳定的投资回报期，使合资企业在现行的生产成本较高的情况下，通过从银行获取足够的融资，稳定健康地发展。

（5）上海市自来水浦东有限公司的现有资产，不包括土地使用权。

设置目的：主要目的是为保证国有资产的保值增值。上海作为国内改革开放的重要前沿，而浦东又是上海发展的龙头和经济增长点，其土地升值的潜力相当大，而且土地的升值从某种意义上讲是必然的。上海市自来水浦东有限公司的土地使用权是通过国家划拨取得的，将来该土地使用权的价值将远远大于目前的价值，若在合资前不约定土地使用权升值带来的利益的归属，对于中方投资人而言是不利的。因此，该土地使用权作为国有资产，其保值增值应当得到充分的保证。从这一目的出发，考虑不把土地使用权列入自来水浦东公司目前的资产范围。外方投资人虽然获得自来水浦东公司的股权，但是不能对土地使用权行使股东权利，而且在以后股权转让时不得将土地使用权的价值考虑在内。

（6）合资公司董事会成员由双方委派。一方担任董事长，另一方担任总经理。上海市水务局代表政府委派一名独立董事。在合资公司期限届满前3～5年，经营管理以中方为主。

这一条件可分为3个内容：

・董事长、总经理轮流担任。

・独立董事。

・终止前由中方管理。

设置第一个条件的目的：一是为了体现双方在合资公司中权利的平衡，保证投资双方在合资公司中处于平等的地位，使得双方的利益均得到充分的保证；二是体现出双方共同经营、共同管理的精神和原则；三是保证中方在合资公司存续期间对国有资产进行监督，防止外方投资者利用在公司中的职权抽逃资金，防止国有资产的流失，损害国家的利益。

设置第二个条件的目的：自来水行业关系国计民生，对社会的稳定和发展有着举足轻重的作用。涉及重大社会公共利益的事项必须与行业协会、政府主管部门进行必要的协调，接受政府部门的监督和指导。独立董事在合资企业决定有关公共利益事项的时候发挥作用，从保护社会公共利益及稳定社会的角度参与合资公司的重大决策。

设置第三个条件的目的：在合资期限届满时中方能够妥善、顺利、完全接管合资公司的生产与管理。

（7）合资公司成立后，除遵守国家的法律法规和上海市地方性法规、规章外，须接受上海市水务局以及有关行业主管部门的行业管理。

设置目的：为保证合资公司将来同样遵守上海市水务局的行业管理，执行市水务局对供水企业的行业规定。体现政府行业主管部门对供水企业的监督和管理。

（8）合资公司成立后所执行的水价（含调价）与市中心城区其他供水企业保持一致。如需调整水价，必须依上海市制定的有关法规、规章执行。

设置目的：将来水价的上涨是必然的，但是对上涨的时间政府有战略上和大局上的安排。根据目前的状况，合资公司成立后将面临技术改造、水厂建设和设备更新等方面巨大的资本支出。这些巨大支出无疑将影响到合资公司的收入和利润，合资公司在最初几年内将面临亏损。本条旨在防止合资公司成立后因前期亏损而要求水价上涨，进而给政府带来压力，造成社会的不稳定。

（9）取水要求。如合资公司取用原水的，应与原水供水企业签订产销合同。如需自行取水，必须在上海市政府规定的饮用水源保护区内取水。

设置目的：保证原水供应关系的稳定和原水水质标准的满足，防止重复建设取水设施。

（10）自来水浦东公司签订的经营性合同，概由合资公司承继。

设置目的：为了保证合资后的一段时间内，合资公司生产、供水的稳定。

（11）自来水浦东公司现有的员工，将成为合资公司的基本员工，原劳动合同对合资公司仍具有约束力。

设置目的：保护自来水浦东公司员工合法权益，保证生产供应的正常和社会稳定。

（12）自来水浦东公司已承诺的正在实施或将要实施的对社会公益性事业所尽的义务及提供的无偿服务，投资人应予以承诺并保证合资公司付诸实施。

设置目的：原来上海市自来水浦东有限公司作为公共服务供应单位，承担了一些无偿的社会公益性质义务和服务，因此政府希望合资公司同样能够承担并付诸实施。

（13）在同等条件下，合资公司应优先与原自来水浦东公司管辖的其他服务性企业建立经营性伙伴关系。

设置目的：原自来水浦东公司与一些企业建立起经营性合作伙伴关系，合资公司应继续支持这些企业的生存和发展。为了这次合资，浦东公司将一部分不良资产剥离，组建了另外一个公司，中方希望合资公司成立后对该公司予以业务上的支持。

(14) 合资公司成立后，依照中共上海市委文件的要求，应建立党团组织。

设置目的：鉴于供水企业在社会生活中的重要影响和作用，中方希望党团组织在合资公司中继续发挥积极的政治、组织和思想领导作用，以保证合资公司生产运营的正常、稳定、健康、有序。

(15) 由于浦东公司的无形资产将不列入资产评估范围，凡涉及合资公司的股权转让、出售或清算，需对合资公司的资产进行评估时，无形资产同样不列入资产评估范围。

设置目的：由于自来水浦东公司的无形资产的价值难以评估，而且数额巨大，为了保证国有资产不流失，所以股权转让、出售或清算时无形资产同样不列入资产评估范围。

(六) 招商程序

在市水务局和上海城投的正确领导下，自来水浦东公司股权转让国际招商工作，按照市政府所同意方案确定的原则、要求和程序，各项工作紧张而有秩序地展开，整个招商工作充分体现了"公开、公平、公正"的原则，并严格按照国际惯例和中国法律进行操作。

1. 方案确定

自来水浦东公司股权转让、进行中外合资经营，是一项涉及广、难度大、要求高的系统工程。为了做好这项工作，水务资产公司根据局领导的意图要求、以及自来水浦东公司的实际情况，本着"积极审慎、开拓创新"的原则，经过半年多的时间准备，通过大量的调查研究、多方案比选，确定了实施方案，并得到市政府的原则同意。方案要点为：自来水浦东公司50%股权转让，采用国际招商的方法，并按市场化的原则，不设固定回报，中外双方共同经营、共享收益、共担风险。自来水公司通过招商组建中外合资经营企业，这种模式在全国还是首例。

2. 筹备阶段

2001年9月24日，自来水浦东公司部分股权转让项目工作小组正式成立，项目工作小组由水务资产公司、上海城投、上海产权交易所、上海东方国际招标有限公司、润和律师事务所及自来水浦东公司等有关专业人员组成。项目工作小组按照前期以上海对外投资工作委员会和上海市水务局的名义向市政府递交的《关于上海市自来水浦东有限公司部分股权出售的报告》（2001年11月8日获得市政府批准）中所述的操作步骤进行前期筹备工作。

3. 资格预审阶段

为了选择理想的投资人，并使整个招商工作在"公开、公平、公正"的原则下进行，自来水浦东公司部分股权转让招商项目在上海产权交易所产权交易网站上市挂牌公告。

为便于对潜在的投资人进行第一轮筛选，项目工作小组制定了《资格预审公告》《资格预审须知》等资格预审文件，并于11月14日向法国昂帝欧水务公司、法国威望迪水务集团、英国泰晤士水务公司、美国坦克公司下属的地球工程公司、意大利英波基洛股份有限公司（Impregilo）、世界著名跨国公司ABB公司、香港中华电力有限公司共7家公司发送了资格预审文件。11月21日，苏伊士昂帝欧－新世界联合体（由法国昂帝欧水务公司与香港新世界基建有限公司组成）、法国威望迪水务集团、英国泰晤士水务公司等3家外商递交了资格预审答复文件，其他4家弃权。

由市水务局、水务资产公司、上海市各自来水公司等单位领导组成的资格预审评审组，对3家外商的资格预审答复文件进行了公正客观的评审，一致认为，3家外商均符合资格预审要求，可以进入下一步的招商推介和招商申请阶段。

为展现自来水浦东公司的合资优势，并便于外商有的放矢地制作招商申请文件，项目工作小组组织了自来水浦东公司招商推介会、实地踏勘、数据库资料查询3项活动。

4. 招商申请阶段

该阶段是整个股权转让项目过程中比较重要且持续时间比较长的阶段。在这个阶段中，项目工作小组在有限的时间里制作了招商文件，招商文件包括《招商须知》《股权转让合同草稿》《合资合同草稿》《合资章程草稿》等内容，招商文件是指导下一步工作和成立合资公司的重要依据。

12月21日，3家通过资格预审的申请人领取了招商文件。外商在制作招商申请文件过程中，就招商文件和前期招商推介阶段所提供的资料提出进一步澄清的要求，项目工作小组有选择地针对某些问题制作了两批问题解答备忘录，供外商参考。

2002年2月5日，苏伊士昂帝欧－新世界联合体、法国威望迪水务集团、英国泰昭士水务公司按招商文件的要求，分别提交了各自的招商申请文件，招商申请文件是确定最终投资人的重要依据。

5. 招商申请文件整理阶段

项目小组对3家外商递交的招商申请文件进行了初步审核，认为在形式上均符合项目招商方《招商须知》的各项要求。2002年2月6日至2月20日，项目组所有成员会同自来水浦东公司的相关人员在完全封闭、绝对保密的情况下，根据将来评审和谈判的要求和目的，对外商提交的招商申请文件进行了全面的分类整理，最终形成4个文件：《三家招商申请文件的浓缩版》、《分类汇总对照表》、《谈判要点》和针对3家申请人的招商申请文件所提出的《问题澄清清单》。前两个文件供专家评审时使用，后两个文件供将来澄清阶段谈判时使用。整个整理工作循序渐进、有条不紊，基本达到预期的要求和目的，为下一步的评审和谈判工作奠定了良好的基础。同时，项目组还制作了《评审标准和办法》，作为评审时的依据。

6. 澄清谈判阶段

澄清谈判阶段分两个阶段进行。第一阶段澄清谈判时间为2002年3月4日~3月6日，主要是就中方在历次的文件中提出的合作原则和前提，外方在招商申请文件中没有明确承诺的，要求外方予以澄清和说明。外方就我方提出的问题从各自的角度不同程度地进行了澄清及说明，或完全承诺，或部分承诺，或有条件承诺，或未做出承诺但予以说明。谈判结束后，形成澄清谈判备忘录，该备忘录由中外双方谈判代表认可签字，作为将来股权转让合同、合资合同和章程谈判的基础及评审依据。通过第一轮澄清谈判，明确了外方对合作原则和前提的态度，为后一阶段的评审和谈判创造了良好的条件。

第二轮澄清谈判时间为3月11日至3月16日，主要是要求外方对招商申请文件内各个方案中不清楚和不明确的内容予以解释和说明。为提高效率，谈判分成财务组、技术组、组织人事组，三组同时进行。外方就我方谈判前提出的书面问题和谈判时提出的疑问制作书面的回答备忘录。该备忘录既是对招商申请文件的补充，也是专家评审的依据。该轮澄清谈判使中方更加深入了解了外方招商申请文件中的各个方案的细节和对将来合资公司运营的构想，为后一阶段的评审和确定最终的投资人提供了可靠的基础。

7. 项目招商有关政策性问题的协调和落实

项目工作组积极主动与市政府有关主管部门取得联系。与上海市房屋土地资源管理局就合资公司的土地使用方式、税费减免等问题，进行了多次商讨，形成了处理办法，并专报市政府。同时，对于外汇账户设立、资产产权过户、工商登记等问题，积极主动与国家外管局上海分局、市国资办、市工商局等取得联系，争取早日解决这些政策配套问题。

8. 最终确定投资人阶段

组织专家综合考虑招商申请文件、澄清与谈判备忘录等有法律效力的文件，综合考虑技术方案、商务方案、法律方案及股权转让款报价，选择最终投资者。

整个程序参照《招标投标法》以及该项目的特殊性，具体日程安排见表 8.9。

表 8.9　上海自来水浦东公司股权转让国际招商项目的日常安排表

事项	时间节点
上海水务资产经营发展有限公司就该项目向市水务局请示	2001 年 6 月上旬
经上海市水务局讨论同意，与上海水务资产经营发展有限公司联合向上海市外资委征求意见	2001 年 7 月上旬
征得外资委同意，市水务局和市外资委就该项目联合向市政府请示	2001 年 8 月上旬
取得市政府批准	2001 年 10 月 15 日
招商代理人拟定具体工作日程和工作内容	2001 年 10 月 22 日
招商申请人资格预审	2001 年 11 月 5 日
发布《招商说明书》和上海市自来水浦东有限公司《企业介绍》并召开招商推介会	2001 年 11 月 8 日
组织外商实地踏勘	2001 年 11 月 12 日
外商就该项目的有关问题提问	2001 年 11 月 22 日
发售招商文件	2001 年 11 月 30 日
外方根据要求提交招商申请文件	2002 年 1 月 30 日

（续表）

事项	时间节点
整理分类外方提交的招商申请文件	2002 年 2 月 15 日
外方对招商申请文件进行澄清说明并形成备忘录	2002 年 3 月 4 日
对重大问题进行谈判并形成备忘录	2002 年 3 月 11 日
针对 3 个法律文件进行谈判并形成备忘录	2002 年 3 月 16 日
专家评审	2002 年 4 月 25 日
确定合作方并与之就具体问题进行签约谈判	2002 年 5 月 8 日
中外双方签订有关法律文件	2002 年 5 月 13 日
向外资委报批	2002 年 6 月 10 日
工商变更登记，合资公司成立	2002 年 8 月 30 日

（七）招商结果

（1）吸引世界排名前三位的水务行业巨头参与竞标，因竞争充分激烈，政府方完全掌握项目操作的主动权。中选投资者为VIVENDI集团，评估价值7.6亿元的股权转让成交价格20.3亿元，溢价1.66倍。

（2）通过转让存量资产方式引进资金、国际一流的先进技术和管理经验，突破自来水管网应由中方控股的利用外资政策，实现水务行业国有存量资产的潜在巨大市场价值。

（3）突破"保证水量、提高水价"等常规操作模式，自来水供水价格与上海市区其他3家区域性自来水公司保持一致，水量随区域性市场需求波动。

（4）合资公司运营管理水平的优势凸显。2007年12月，上海城投与浦东新区政府签署协议，由浦东威立雅自来水公司负责运营管理新区全境供水设施，显著扩大服务区域。2010年3月，浦东威立雅公司临江水厂60万吨深度处理项目竣工并正式通水，由此标志着上海自来水制水工艺和服务水平有了进一步提升。目前，上海其他区域性自来水公司的技术与管理对标浦东威立雅自来水有限公司。

（八）案例点评

自来水浦东公司部分股权转让国际招商、中外合资经营，是上海市供排水行业深化改革、加快发展的一项重要举措，对于引进技术、引进管理、引进资金，进一步推进自来水行业机制和体制创新，提升企业经营管理水平和整体素质，使之与我国加入WTO后市场形势的发展相适应，与建设上海国际大都市对城市供水企业要求相适应，具有积极的作用和意义。在市水务局和上海城投的领导下，自来水浦东公司股权转让国际招商工作，按照市政府所同意方案确定的原则、要求和程序，各项工作紧张而有秩序地展开，整个招商工作充分体现了"公开、公平、公正"的原则，并严格按照国际惯例和中国法律进行操作。该项目社会效益显著，经济效益可行，程序操作规范，完全达到了预期目的。

九、案例9：隧道股份BOT项目专项资产管理计划

隧道股份BOT项目专项资产管理计划设立于2013年5月14日，是国内首单BOT项目的资产证券化产品。该项目交易结构清晰、审批流程到位、项目文本规范，是不依赖于原始权益人与/或关联方的主体信用、基于项目净现金流的规范性资产支持产品，是国内少见的可以作为示范案例的规范性项目。

（一）交易结构

该产品的交易结构图见图8.9。

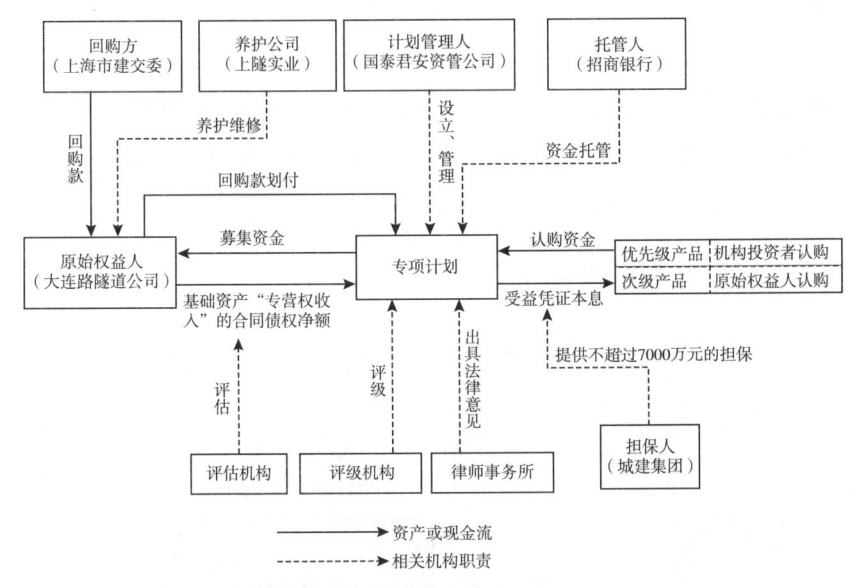

图 8.9　隧道股份 BOT 项目专项资产管理计划交易结构图

（二）基础资产

大连路隧道公司于 2001 年与原上海市市政工程管理局（因政府机构改革，2009 年变更为上海市城乡建设和交通委员会）签订的《专营权合同》约定，公司特许经营权期限为 28 年，其中建设期 3 年，享有政府授予大连路隧道公司对大连路越江隧道工程项目的 25 年经营权。该项目的基础资产为《专营权合同》中约定的 2013 年 4 月 20 日至 2017 年 1 月 20 日期间应到期支付的，每年 4 月 20 日、7 月 20 日、10 月 20 日、12 月 20 日和次年 1 月 20 日合同规定的专营权收入扣除隧道大修基金以及隧道运营费用后的合同债权及其从权利，涉及基础资产现金流合计约为 5.48 亿元。

隧道大修基金是指根据《专营权合同》附属文件《上海市大连路隧道工程投资建设运营权投资方案文件》规定，在营运期间每年提取 400 万元大修基金，按月分摊折算，基础资产现金流中须扣除

331

的大修基金合计为 1 600 万元。隧道运营费用是指为项目公司的正常运营所提取的隧道养护费用、管理费用和其他费用，其中管理费用和其他费用为大连路隧道公司日常管理所需的费用，包括职工薪酬、固定资产折旧费、保险费、业务招待费等。管理费用每年提取 500 万元，其他费用每年提取 30 万元，按月分摊折算。

（三）主要参与机构

隧道股份 BOT 项目专项资产管理计划的主要参与机构如表 8.10 所示。

表 8.10　隧道股份 BOT 项目专项资产管理计划的主要参与机构

机构类型	机构名称
原始权益人	上海大连路隧道建设发展有限公司
计划管理人/推广机构	上海国泰君安证券资产管理有限公司
担保人	上海城建（集团）公司
回购方	上海市城乡建设和交通委员会
托管人	招商银行股份有限公司
法律顾问	北京市奋迅律师事务所
信用评级机构	联合信用评级有限公司
会计师事务所	立信会计师事务所（特殊普通合伙）
评估机构	银信资产评估有限公司
登记托管机构/支付代理机构	中国证券登记结算有限责任公司上海分公司

（四）交易流程

（1）委托人与计划管理人签订《资产管理合同》，将认购资金以专项资产管理方式委托计划管理人管理，计划管理人设立并管理专项计划，委托人取得资产支持证券，成为资产支持证券持有人。

（2）计划管理人根据与委托人签订的《资产管理合同》以及与原始权益人签订的《资产买卖协议》，将专项计划所募集的认购资金用于向原始权益人购买基础资产，即《专营权合同》中约定的2013年4月20日至2017年1月20日期间应到期支付的，每年4月20日、7月20日、10月20日、12月20日和次年1月20日合同规定的专营权收入扣除隧道大修基金以及隧道运营费用后的合同债权及其从权利。

（3）计划管理人与托管人签订《托管协议》，托管人根据计划管理人委托在托管人处开立专项计划账户，托管人负责管理专项计划账户，并执行计划管理人的资金拨付指令。

（4）大连路隧道公司向回购方提交《关于大连路隧道专营权收入转让事宜的申请》。回购方以《关于大连路隧道专营权事宜的批复》的形式表明知悉债权转让的事实，同意原始权益人将专营权收入扣除隧道大修基金和隧道运营费用后的合同债权及其从权利转移给专项计划。在专项计划存续期间，回购方将合同规定的专营权收入款划至大连路隧道公司收益账户中，原始权益人于收到专营权收入后第一个工作日，将扣除隧道大修费用和隧道运营费用后的金额划转入专项计划账户，原始权益人于收到专营权收入后第二个工作日，向计划管理人提供资金划转相关凭证。

（5）担保人出具《保证承诺函》，向优先级资产支持证券持有人分配每一期的优先级资产支持证券预期支付额提供最高额为人民币7 000万元的不可撤销连带责任保证担保，当优先级资产支持证券无法按时、足额兑付时，担保人将启动担保，补足优先级资产支持证券短缺的部分。在启动担保的情形下，担保人可在专项计划账户适时收到政府特定月份内的专营权收入时，向计划管理人提出提前偿付已支付的担保款项。

（五）产品结构

产品发行总规模为 4.84 亿元，其中，优先级受益凭证 01 和优先级受益凭证 02 的本金规模分别为 1.09 亿元和 3.59 亿元，次级受益凭证本金规模为 0.16 亿元。具体产品结构见表 8.11。

表 8.11　隧道股份 BOT 项目专项资产管理计划产品要素

产品要素	内容		
发行总额（亿元）	4.84		
产品起息日	2013-05-14		
专项计划到期日	2017-02-21		
证券分档	优先级		次级
	优先 01	优先 02	次级
规模（亿元）	1.09	3.59	0.16
规模占比（%）	22.52	74.17	3.31
信用评级	AAA		无
预期到期日	2014-02-21	2017-02-21	2017-02-21
预期收益率（%）	5.10	5.63	无预期收益率
本息偿付方式	每半年还本付息	每半年付息，第 2 年起每半年还本	到期一次偿付

（六）信用增级

1. 优先/次级分层

进行优先/次级分层，次级资产支持证券占比 3.31%，能够为优先级资产支持证券提供一定的信用支持。次级产品由原始权益人大连路隧道公司购买，在专项计划存续期内不得转让。

2. 第三方担保

担保人上海城建集团为本计划优先级受益凭证的按期足额支付提供最高 7 000 万元的不可撤销连带责任保证担保，担保金额大于基础资产单期现金流的 2 倍，主要用于弥补优先级受益凭证按时偿付不足时的差额部分。

（七）案例点评

（1）基础资产为 BOT 项目特许经营权收入扣除日常经营成本后的净收入，项目现金流的支付方上海市级财政的支付意愿与支付能力稳定可靠。

（2）产品交易结构简单清晰，交易文件规范细致，审批流程合法到位，是国内基础设施相关资产证券化产品的经典案例，对政府付费类基础设施项目资产证券化具有借鉴意义。

（3）只是拿出特许经营期中间一定年限的净收入作为基础资产，原始权益人未能实现真正的投资退出。

十、案例 10：中信证券-首创股份污水处理费收益权资产支持专项计划

（一）产品要素

本产品管理人是中信证券股份有限公司，是国内最早设立资产证券化业务独立部门，实现资产证券化业务专业化、系统化运作的公司。公司资产证券化业务已经建立起由 40 位专业人员组成的专门团队，在基础资产选择、现金流测算、交易结构设计、产品定价和营销推介等方面积累了宝贵的实践经验，建立了较为完善的资产证券化现金流估值和分析模型，制定了完整的资产证券化业务运作流程。中信证券-首创股份污水处理费收益权资产支持专项计划的基本

要素见表 8.12 和表 8.13。

表 8.12　中信证券-首创股份污水处理费收益权资产支持专项计划的产品要素

产品要素	内容
项目名称	中信证券-首创股份污水处理费收益权资产支持专项计划
管理人/销售机构	中信证券股份有限公司（简称中信证券）
标的资产	北京首创股份有限公司（简称首创股份）旗下 6 家水务公司的污水处理收费收益权
基础资产	原始权益人在专项计划设立日转让给管理人的、原始权益人依据特许经营合同由于提供污水处理服务自基准日起对污水处理服务付款方享有的特定 18 年期间内的污水处理收费收益权
原始权益人	首创股份旗下 6 家水务公司（临沂首创博瑞水务有限公司、沂南首创水务有限公司、微山首创水务有限责任公司、菏泽首创水务有限公司、梁山首创水务有限公司和郯城首创水务有限公司）
差额支付承诺人/流动性支持机构/资产服务机构	首创股份
产品规模	【15.00】亿
分层评级情况	优先级 01~18，评级均为【AAA】
产品期限	1~18 年，其中 4~18 年期产品每 3 年附有回售、赎回选择权
增信措施	<ul><li>优先/次级分层</li><li>期间现金流对优先级证券本息偿付超额覆盖</li><li>首创股份对原始权益人的运营提供流动性支持，保障其在专项计划存续期间的持续稳定经营</li><li>首创股份对优先级本息的兑付提供差额补足承诺</li><li>首创股份对首创水务 04~18 证券的回售和/或赎回进行承诺</li></ul>

中诚信证券评估有限公司授予中信证券-首创股份污水处理费收

益权资产支持专项计划优先级 01～18 证券 AAA 级别，表示本产品的优先级证券获得及时支付和偿付的可能性极高，违约风险极低。

表 8.13 中信证券－首创股份污水处理费收益权资产支持专项计划的产品要素（续）

	产品名称	本金规模（万元）	本金和预期收益支付方式	期限
优先级	首创水务 01	2 800	每季度付息、第 1 年分 4 次还本	1 年
	首创水务 02	3 600	每季度付息、第 2 年分 4 次还本	2 年
	首创水务 03	4 000	每季度付息、第 3 年分 4 次还本	3 年
	首创水务 04	5 600		4 年
	首创水务 05	6 000		5 年
	首创水务 06	6 400		6 年
	首创水务 07	7 200		7 年
	首创水务 08	7 600		8 年
	首创水务 09	8 000	·每季度付息、第 y 年（y=4, 5……18）分 4 次还本 ·每 3 年投资者拥有回售选择权 ·每 3 年原始权益人拥有赎回选择权	9 年
	首创水务 10	8 000		10 年
	首创水务 11	8 800		11 年
	首创水务 12	9 200		12 年
	首创水务 13	9 600		13 年
	首创水务 14	10 000		14 年
	首创水务 15	10 400		15 年
	首创水务 16	11 200		16 年
	首创水务 17	11 200		17 年
	首创水务 18	12 400		18 年
	融资总规模（万元）		142 000	
次级	首创水务次级	8 000	每季度基础资产现金流偿付完优先级本息后的剩余收益支付次级，到期还本	18 年

本产品关于赎回/回售相关的关键条款见表 8.14。

表8.14　中信证券－首创股份污水处理费收益权资产支持专项计划的关键条款

项目	内容
首创水务04至首创水务18预期收益率调整	·在首创水务03、首创水务06、首创水务09、首创水务12和首创水务15的预期到期日对应的T－40至T－38日期间内,首创股份选择不赎回全部剩余证券情况下,首创股份有权决定调整未到期的全部优先级资产支持证券的预期收益率 ·首创股份决定调整优先级资产支持证券的预期收益率的情况下,需于T－36日的12:00前发布《关于调整预期收益率的公告》,公告一经确认即不能撤销
首创水务04至首创水务18回售安排	·专项计划存续期间的回售登记期内（T－34日至T－31日）,优先级资产支持证券有人有权选择将所持有的首创水务04至首创水务18的优先级资产支持证券份额全部或部分回售给首创股份 ·若优先级资产支持证券持有人决定行使回售权,须在回售登记期内进行登记,登记手续完成即视为已不可撤销地行使回售权 ·若优先级资产支持证证券持有人未在回售登记期内进行登记,则视为放弃回售权和同意继续持有其所持的首创水务04至首创水务18的优先级资产支持证券份额
首创股份对回售的流动性支持安排	·预期到期日对应T－5日,管理人向首创股份发出划款通知,通知首创股份将当期回售所需支付现金划付至回售和赎回准备金账户 ·预期到期日对应的T－4日16:00前,首创股份必须将管理人发出的划款通知所列示的金额划付至回售和赎回准备金账户,上述资金专项用于当期发生的回售所需现金支付 ·管理人于当期T－3日16:00前发布公告,公布回售和赎回准备金账户余额情况 ·T日回售和赎回资金到达投资人账户

本产品安排了优先/次级结构化分级、污水处理收入现金流超额覆盖、首创股份对优先级本息的兑付提供差额补助承诺、首创股份对运营提供流动性支持、对04～18证券的回售和/或赎回等多项增信措施,保障产品安全。本产品采用的信用增级措施见表8.15。

表 8.15 中信证券－首创股份污水处理费收益权资产支持专项计划的信用增级措施

项目	内容
优先级/次级分层	本专项计划对资产支持证券进行优先级/次级分层，次级资产支持证券能够力优先级资产支持证券提供信用支持；次级资产支持证券将全部由首创股份认购
现金流超额覆盖	在产品存续期间，污水处理费收入超额覆盖资产支持证券的预期本息支出，各期覆盖倍数预计不低于 1.2 倍；产品封包日提前于计划设立日，在设立日专项计划中已有现金流入，保证设立初期现金流充足
运营流动性支持	在产品存续期间，首创股份在资金、管理、经营等各方面给予原始权益人充分支持，保障原始权益人在专项计划存续期间的持续稳定经营，避免因划付基础资产回收款或其他任何原因导致现金流紧张或不足和影响其持续经营的情况出现
差额补足承诺	首创股份对优先级本息的兑付提供差额补足承诺，在任意一个初始核算日，若在前一个特定期间内，基础资产对应的现金流入低于相应期间须偿还给优先级投资者的本息和，则首创股份承诺进行补足
回售承诺	专项计划存续期间的回售登记期内，优先级资产支持证券持有人有权选择所持有的首创水务 04 至首创水务 18 的优先级资产支持证券份额全部或部分回售给首创股份

本产品担保人首创股份有限公司，是国有控股的大型国有上市公司，经济规模实力雄厚，得到各级政府与国内外同行的认可和尊重，最新主体信用评级为 AAA（中诚信国际信用评级有限公司，2016 年 6 月 14 日）。

首创股份的主营业务为水务、固废等环保业务，公司主营业务稳定，近年的情况见表 8.16。

表8.16 担保人首创股份有限公司近年业务收入构成情况

板块	项目	2016年1~9月 收入（亿元）	占比（%）	2015年度 收入（亿元）	占比（%）	2014年度 收入（亿元）	占比（%）	2013年度 收入（亿元）	占比（%）
环保业务	固废处理	22.01	46.90	28.06	40.06	7.87	14.30	0.35	0.84
	污水处理	8.65	18.42	10.51	15.01	13.91	25.27	13.55	32.52
	自来水生产及销售	7.65	16.30	8.71	12.44	7.62	13.84	9.26	22.22
	环保建设	4.74	10.10	11.85	16.92	4.83	8.78	6.45	15.48
	小计	43.05	91.73	59.13	84.42	34.23	62.19	29.61	71.06
其他业务	土地开发	0.26	0.54	6.21	8.87	16.20	29.43	7.36	17.66
	京通快速路通行费	3.15	6.72	3.94	5.63	3.77	6.85	3.54	8.50
	饭店经营	0.45	0.97	0.66	0.94	0.73	1.33	1.00	2.40
	采暖运营	0.02	0.04	0.10	0.14	0.11	0.20	0.16	0.38
	合计	46.93	100.00	70.04	100.00	55.04	100.00	41.67	100.00

首创股份有限公司的营业收入逐年提高，盈利能力不断增长，经营活动现金流逐年大幅度增加，筹资能力较强。担保人的主要财务指标情况见表8.17。

表8.17 担保人首创股份有限公司近年的主要财务指标情况

（单位：万元）

项目	2016年1~9月	2015年度	2014年度	2013年度
总资产	3 952 554.17	3 612 520.02	2 517 439.24	2 432 663.19
总负债	2 683 411.16	2 432 488.94	1 737 314.10	1 448 625.28
所有者权益	1 269 143.01	1 180 031.09	780 125.14	984 037.91

（续表）

项目	2016年1~9月	2015年度	2014年度	2013年度
归属于母公司股东权益合计	922 966.34	853 584.67	624 732.93	609 311.72
营业收入	472 724.05	706 149.35	558 938.32	423 065.36
营业利润	38 471.36	70 654.46	76 236.56	75 722.91
利润总额	56 521.33	92 387.52	87 195.63	109 357.15
净利润	43 381.10	70 138.75	68 813.94	84 836.72
归属于母公司股东的净利润	39 266.97	53 625.34	61 023.24	60 126.55
经营活动产生的现金流量净额	135 889.13	100 672.53	34 193.46	10 689.86
投资活动产生的现金流量净额	-281 874.57	-561 238.24	-80 307.64	74 922.51
筹资活动产生的现金流量净额	40 351.60	501 364.00	60 759.60	-16 556.19
年末现金及现金等价物净增加额	-105 760.33	38 782.71	14 734.29	68 672.49

（二）交易结构

本产品的交易结构见图8.10。

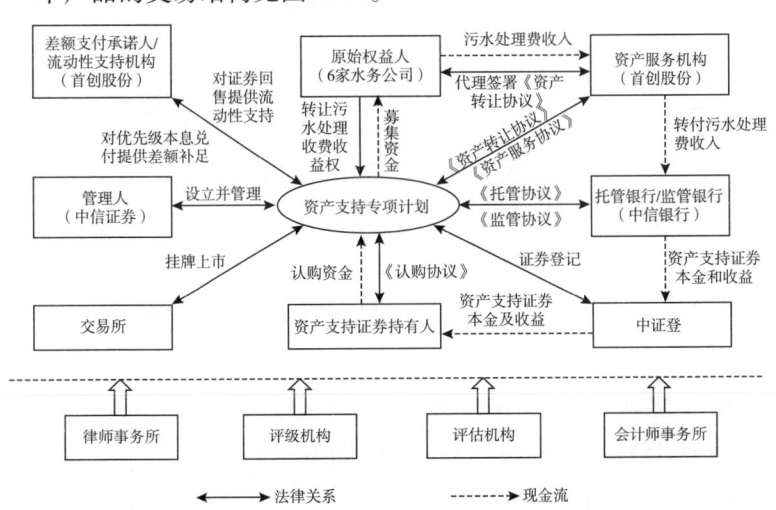

图8.10　中信证券－首创股份污水处理费收益权资产支持专项计划的交易结构图

交易结构中涉及的主要交易参与方见表 8.18。

表 8.18　中信证券－首创股份污水处理费收益权资产支持专项计划的主要参与方

角色	机构名称
差额支付承诺人/流动性支持机构/资产服务机构	• 首创股份
原始权益人	• 临沂首创博瑞水务有限公司（简称临沂首创博瑞） • 沂南首创水务有限公司（简称沂南首创） • 微山首创水务有限责任公司（简称微山首创） • 菏泽首创水务有限公司（简称菏泽首创） • 梁山首创水务有限公司（简称梁山首创） • 郯城首创水务有限公司（简称郯城首创）
管理人/销售机构	• 中信证券
代理销售机构	• 首创证券有限责任公司（简称首创证券）
法律顾问	• 上海锦天城律师事务所（简称锦天城）
信用评级机构	• 中诚信证券评估有限公司（简称中诚信证评）
会计师事务所/评估机构	• 致同会计师事务所（简称致同，特殊普通合伙）
财务顾问/托管银行	• 中信银行股份有限公司总行营业部（简称中信银行总行营业部）
监管银行	• 中信银行股份有限公司北京观湖国际支行

（三）现金流分配顺序

本产品的可分配现金流包括但不限于：（1）根据《资产买卖协议》的约定已划入专项计划账户的基础资产收入及该收入在专项计划账户中产生的利息以及合格投资产生的收益。（2）差额支付承诺人根据《差额补足承诺函》以及管理人于差额补足通知日所支付的污水处理费收益。（3）由管理人按专项计划文件约定的方式进行投资产生的其他金融资产及其收益。

差额支付启动事件指：（1）在专项计划终止日之前，指截至任何一个兑付日的前一个托管人报告日,专项计划账户内可供分配的资金不足以支付该兑付日应付的优先级证券的当期收益和/或应付本金。(2)在专项计划终止日之后,指管理人根据清算方案确认专项计划资产仍不足以支付所有优先级资产支持证券届时尚未获得支付的所有预期收益和本金。

如发生差额支付启动事件,管理人应于差额支付启动日(T-7日)向差额支付承诺人发出《差额支付通知书》。差额支付承诺人应于差额支付承诺人划款日(T-6日)15:00时前将《差额支付通知书》中载明的资金附言汇付至专项计划账户。

本产品的现金流分配顺序见图8.11。先支付专项计划各项费用后,分配当期高级证券的预期收益和本金,然后分配次级证券的预期收益和本金。

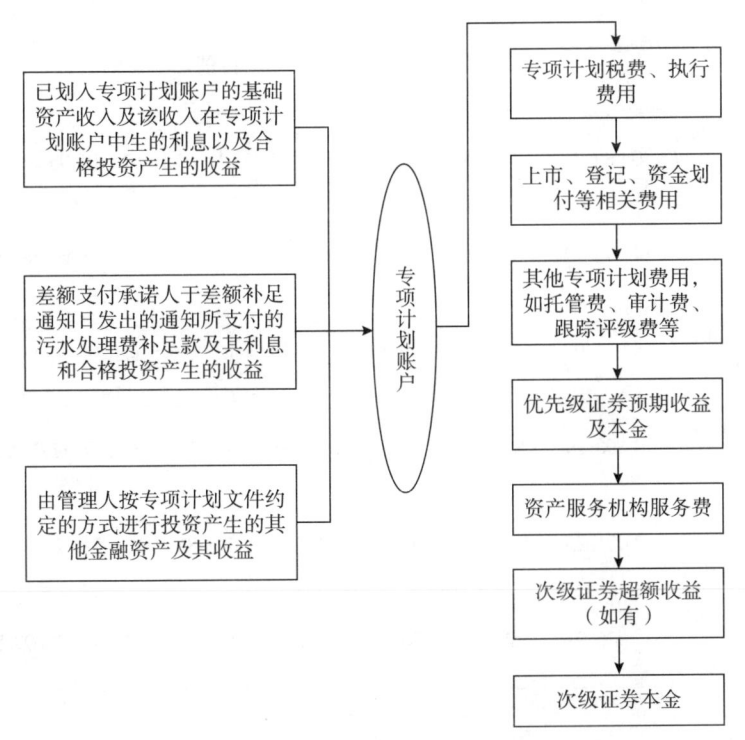

图8.11 中信证券-首创股份污水处理费收益权资产支持专项计划的现金流分配

（四）原始权益人与基础资产

6家原始权益人中，微山首创为首创股份有限公司的控股子公司，占比79.35%，微山首创占股20.65%。其余5家原始权益人均为首创股份有限公司的全资子公司。原始权益人均与地方政府签署规范有效的特许经营协议从事污水处理服务，根据污水处理量与商定的价格，按照约定的污水处理费计算公式计算应收取的污水处理费。原始权益人污水处理能力稳定、运营良好，与当地政府合作关系顺畅，具备可预期的稳定的现金流入。

2015年度6家原始权益人的经审计的主要财务数据见表8.19。

表8.19　6家原始权益人2015年度的主要财务数据

项目	临沂首创博瑞（母公司）	沂南首创	梁山首创	微山首创	菏泽首创	郯城首创	合计
总资产（万元）	30 089.31	5 309.05	5 575.41	13 009.92	24 618.01	16 634.19	95 235.89
总负债（万元）	14 875.34	3 835.86	426.27	9 671.13	20 510.33	11 463.05	60 781.98
所有者权益（万元）	15 213.97	1 473.19	5 149.14	3 338.78	4 107.68	5 171.14	34 453.90
营业收入（万元）	3 898.29	828.48	1 587.84	1 317.31	2 070.18	1 557.57	11 259.67
营业成本（万元）	2 121.95	517.46	743.71	686.56	1 093.86	868.72	6 032.26
利润总额（万元）	926.91	26.35	676.07	122.14	115.51	225.87	2 092.85

(续表)

项目	临沂首创博瑞（母公司）	沂南首创	梁山首创	微山首创	菏泽首创	郯城首创	合计
净利润（万元）	935.08	26.35	516.57	122.14	75.10	225.87	1 901.11
资产负债率（%）	49.44	72.25	7.65	74.34	83.31	68.91	N/A
营业毛利率（%）	45.57	37.54	53.16	47.88	47.16	44.23	N/A
净利润率（%）	23.99	3.18	32.53	9.27	3.63	14.50	N/A
净资产收益率（%）	6.15	1.79	10.03	3.66	1.83	4.37	N/A

中信证券－首创股份污水处理费收益权资产支持专项计划涉及6家原始权益人的7家污水处理厂，与地方政府签署特许经营权的情况见表8.20。

表8.20　7项基础资产与地方政府签署特许经营权协议的情况

原始权益人	污水处理厂	特许经营协议	特许经营期	设计产能（吨/日）	污水处理费支付方
首创博瑞	临沂市第二污水处理厂（简称市二水厂）	临沂市第二污水处理厂项目特许经营合同	2010年至2040年共30年	100 000	临沂市住房和城乡建设委员会
	临沂市罗庄区第二污水处理厂（简称罗二水厂）	临沂市罗庄区第二污水处理厂TOT项目特许经营协议	2010年至2040年共30年	30 000	临沂市罗庄区住房和城乡建设局

345

(续表)

原始权益人	污水处理厂	特许经营协议	特许经营期	设计产能（吨/日）	污水处理费支付方
沂南首创	沂南县第二污水处理厂（简称沂南水厂）	沂南县第二污水处理厂BOT项目特许经营合同	2014年至2044年共30年	20 000	沂南县财政局
微山首创	微山县污水处理厂（简称微山水厂）	微山县污水处理厂TOT项目特许经营权协议	2014年至2044年共30年	40 000	梁山县财政局
菏泽首创	东明县污水处理厂（简称东明水厂）	山东省东明县污水处理厂特许权（BOT）项目协议书	2007年至2037年共30年	60 000	微山县住房和城乡建设局
梁山首创	梁山县污水处理厂（简称梁山水厂）	山东省梁山县城市排水项目特许经营协议	2007年至2042年共35年	50 000	东明县住房和城乡建设局
郯城首创	郯城县污水处理厂及郯城经济开发区污水处理厂（简称郯城水厂）	郯城县污水处理厂及郯城经济开发区污水处理厂TOT项目特许经营协议	2014年至2044年共30年	40 000	郯城县财政局
合计				340 000	

近年来，随着全国城市污水排放总量的不断增长，国家环保政策逐步建立和完善。2015年，国务院印发《水污染防治行动计划》（"水十条"）。"水十条"一方面要求全面控制污染物排放，另一方面要求完善收费政策，修订城镇污水处理费、排污费、水资源费征收管理办法，合理提高征收标准，城镇污水处理收费标准不应低于

污水处理和污泥处理处置成本。该政策有望提高污水处理行业盈利能力,污水处理行业将进入快速发展期。

中信证券-首创股份污水处理费收益权资产支持专项计划涉及的 7 家污水处理厂的污水处理费结算价格与收入情况见表 8.21。

表 8.21　7 项基础资产近年污水处理费结算价格及收入情况

污水厂名称	含税单价（元/立方米）			含税收入（万元）		
	2014 年	2015 年	2016 年	2014 年	2015 年	2016 年
市二水厂	1.0020	1.0020	1.0020	2 043.95	3 304.48	3 695.15
罗二水厂	0.8100	0.8100	0.8100	926.25	919.08	941.62
沂南水厂	1.1000	1.1000	1.1000	302.94	756.36	805.20
梁山水厂	1.1400	1.1400	1.1400	1 626.44	1 715.93	1 843.61
微山水厂	1.2000	1.2000	1.2000	1 299.88	1 421.25	1 581.12
东明水厂	1.0200	1.0200	1.0200	2 233.80	2 233.80	2 239.92
郯城水厂	1.1200	1.1200	1.1200	638.92	1 628.13	1 703.54
合计				9 072.18	11 979.03	12 810.16

注：①沂南水厂及郯城水厂均为 2014 年 8 月正式运营；
　　②沂南水厂 2014 年 8 月开始运营,但 2014 年年底尚未达成水费结算方式,故 2014 年当年度未确认收入,2015 年达成结算方式后补记 2014 年收入,上表中结算水费按实际提供服务的期间填列；
　　③单价及结算水费数据根据企业提供资料整理。

（五）案例点评

（1）本产品基础资产所处行业发展前景良好,现金流独立、稳定、可控,担保人实力雄厚,信用增级措施扎实。

（2）本产品过多依赖原始权益人的实际控制人的担保和主体信用,未能实现资产支持产品依托基础资产现金流的核心特征。

（3）产品设定赎回/回购条款,满足了缺乏长期投资者的市场状况,但也制约了产品本身的独立性,给原始权益人带来再融资风险。